수업이란

WHAT IS
TEACHING

무엇인가

김승호 저

학지사

머리말

　이 책은 교육과정을 공부하는 학자의 입장에서 수업의 의미를 탐색한 결과이다. 이 책을 다 읽은 후에는 이러한 탐색이 너무나 당연한 것으로 여겨질 테지만, 오늘날 교육학 분과 영역의 구분이나 교육학자들의 관습적인 사고방식에 따르면, 교육공학이나 교육행정도 아닌 교육과정을 전공하는 사람이 수업을 집중적으로 탐구해 왔다는 사실 자체가 좀 의아스러울 수 있다. 교육학에서 수업은 그 무엇보다 중요한 핵심 영역이면서도 교육공학, 교육행정, 교육과정 등과 같은 상투적인 구분의 경계에 포진해 있기 때문에, 오히려 이때까지 그 누구도 본격적으로 제대로 다루어 보지 못한 측면이 있다. 필자 또한 교육과정 연구 초창기부터 수업의 중요성을 절감했던 것은 결코 아니었다. 이후 차차 해명하겠지만, 수업에 관련된 맨 처음 연구의 결과물은 '제2장 수업의 인식론'(2001)이다. 바로 이 시점에서 생각해 보아도, 이 논문은 필자의 수업 연구의 이정표와 같은 중요성을 띨 뿐만 아니라, 이 책 전체의 기본 바탕이 되었음을 부인하기 어렵다.

그러나 이 논문을 쓸 당시에는 수업에 방점을 두고 연구했다기보다는 인식론적 접근 방식을 수업에 적용해 보고자 하는 의중이 더 강했다. 반면에 '제5장 종교적 수업모형의 탐색'(2017)은 처음부터 이 책 전체의 구성을 염두에 두고 의도적으로 연구한 결과이다. '제2장 수업의 인식론'과 '제5장 종교적 수업모형의 탐색' 사이의 시차는 17년에 육박한다. 어언 17년 동안 수업에 관한 논문들을 쓰면서 항상 미묘한 느낌이 들곤 했다. '내가 수업 연구에 꽂힌 것은 우연일까, 아니면 필연일까?' 이때 필자는 "우연이 쌓이고 쌓이면 필연이 된다."라는 진부한 말이 문득 떠올랐다. 세상에 처음부터 꼭 하겠다고 다짐해서 되는 일이 몇이나 되겠는가? 어떤 일이든 주어진 여건에서 최선을 다해 오랜 기간 동안 꾸준히 하다 보면 나중에 가서야 필연임을 깨닫게 되는 것이다.

이 책의 거의 대부분은 필자가 약 17년에 걸쳐서 여러 학회지에 실은 수업 연구와 관련된 논문들을 책 체제에 맞게 약간 고치고 정리한 것이다. 따라서 이 책은 일반적인 수업에 관한 개론서로 보기는 어려울 것이며, 공부할 때에도 비교적 많은 인내와 노력이 필요할 것으로 예상된다. 참고로, 이 논문들을 장별 순서에 따라 열거하면 다음과 같다.

제2장 김승호(2001). 수업의 인식론. 교육학연구, 39(1), 267-294, 한국교육학회.

제3장 김승호(2007). 수업의 근본 구조의 탐색. 교육과정연구, 25(3), 193-214, 한국교육과정학회.

제4장 김승호(2014). Didaktik의 교육과정적 함의. 교육과정연구, 32(2), 1-19, 한국교육과정학회.

제5장 김승호(2017). 종교적 수업모형의 탐색. 교육과정연구, 35(3), 223-246, 한국교육과정학회.

제6장 김승호(2011). 수업지도안의 이론적 배경 탐색. 초등교육연구, 24(3), 97-115, 한국초등교육학회.

제7장 김승호(2017). 일의 개념에 비추어 본 평가의 한계. 통합교육과정연구, 11(4),

1-28, 한국통합교육과정학회.

제8장 김승호(2016). 교사론: 수업하는 사람. 통합교육과정연구, 10(1), 1-27, 한국통합
교육과정학회.

필자가 결례를 무릅쓰고 감히 진단해 보건대, 오늘날 수업을 받는 학생들 뿐만 아니라 교육에 종사하는 사람들까지도 모두 수업을 지나치게 가볍게 여기고 있고, 수업에 임하는 자세 또한 진중한 것과는 거리가 멀다. 물론 사람들이 비단 수업에 대해서만 그런 것도 아니고 그 원인이야 한두 가지가 아니겠지만, 우리나라 사람들의 수업에 대한 잘못된 인식 또한 한몫하고 있을 것이다. 수업에 관한 우리의 인식은 심각하게 왜곡되어 있으며, 따라서 시급한 회복이 필요하다. 이 점은 이 책의 본격적인 논의에서 지적하기로 하고 여기서 잠깐 언급하고 넘어가자면, 우리는 수업의 다양하고 풍부한 측면을 모두 배제하고 오로지 '수단과 목적의 관계'라는 한 관점에서 수업을 멋대로 재단(裁斷)해 왔음을 부인하기 어렵다. 수업은 그 자체가 하나의 아름답고 숭고한 인간 영위이다. 수업은 결코 미리 설정된 목표를 달성하기 위한 수단이 아니다. 누가 뭐라고 하든지 간에 수업 활동 또는 과정 그 자체가 절대적인 교육적 가치를 지닌다. 따라서 그 무슨 일이 발생하더라도 수업 활동 또는 과정은 그 자체로서 존중받아 마땅하고, 그 영위를 방해하는 그 어떤 것들로부터도 보호되어야만 한다.

물론 이를 위해서는 교육 운동이나 제도의 개혁을 도모할 수도 있을 것이다. 그러나 얼마 안 되는 현대 교육의 역사만 되새겨 보더라도 새로운 교육 운동이나 제도의 개혁이 유행처럼 번지면서 오히려 교육 현장을 얼마나 피폐화했는지는 어렵지 않게 알 수 있다. 사실, 우리가 아무리 외국에서 새로운 교육 제도나 방법을 직수입해서 어설프게 교육 현장에 적용한다고 한들, 교육에 직접 종사하는 사람들의 수업에 대한 인식 자체가 바뀌지 않는다면 그 모든 노력이 무슨 소용이 있겠는가 말이다. 이 책은 비록 시간이 조금 오래

걸리더라도 수업에 대한 사람들의 개념을 조금이나마 바람직한 방향으로 돌려 보고자 하는 일념으로 쓰였다. 누구나 남이 알아주기를 바라서 저서를 내는 것은 아니지만, 요즘 우리나라 교육·학술 환경에서 교재가 아닌 학문 서적을 독자적으로 내는 일은 너무나 쓸쓸하고도 고독한 일이다. 우리 사회에서 학자가 자신의 저술을 책으로 내는 일은 이미 수업 못지않게 사소하고 고루한 일이 되어 버렸다. 이럴 때마다 필자가 위로로 삼는 불가(佛家)의 글귀가 하나 있다. "우주의 미래가 내 한 손에 달려 있다는 생각을 한시도 접지 말되, 내가 하는 일이 대단한 일이라는 생각이 고개를 들 때마다 그것을 비웃으라."

우리나라가 수업이론의 불모지라고 평가하면 그것은 지나친 폄하일까? 이 책 또한 필자의 만용 때문에 그렇지, '수업이론'이라고 부르기에는 부끄러운 점이 한두 가지가 아니다. 수업이론으로서 부족한 점들에 대해서는 앞으로 공부를 더 하면서 고치고 채워 나가고자 한다. 마지막으로, 늘 공부하는 데 평생의 사표(師表)가 되어 주신 이홍우 선생님께 감사하다는 말씀을 여기서 올리고 싶고, 또 연로하시지만 늘 자식 걱정뿐이신 어머니, 오랜 세월 동안 주말 가족으로 살아온 아내와 아들 동현이에게도 이 자리를 빌려 미안하다는 말을 꼭 전하고 싶다. 더불어, 이러한 저서로 결실을 맺을 수 있도록 2018년도 연구년 교수를 허락해 준 공주교육대학교와 동료 교수님들께, 불경기에도 불구하고 이 졸저를 흔쾌히 출간해 준 학지사에도 심심한 감사의 말을 전하고 싶다.

2019년 7월
일락산 기슭에서 김승호

차례

◆ 머리말 _ 3

제1장
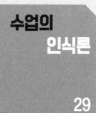
'수업의 개념'을 찾아서

11

1. 문제의식 • 13
2. 장별 내용의 소개 • 20
3. 시작하는 결론 • 25

제2장
수업의 인식론

29

1. 서론 • 31
2. 수업의 인식론 • 33
　　1) '내면화 과정'으로서의 수업 … 34
　　2) 수업의 '자득적 측면' … 39
　　3) '간접전달'로서의 수업 … 50
3. 결론 • 65

제3장

수업의 근본 구조

71

1. 서론 • 73

2. 수업의 보편적 요소와 그 역할 • 76

   1) 수업대상 ⋯ 81

   2) 학생 ⋯ 85

   3) 교사 ⋯ 88

3. 수업의 근본 구조 탐색 • 91

   1) 수업대상과 교사의 관계 ⋯ 92

   2) 학생과 수업대상의 관계 ⋯ 94

   3) 교사와 학생의 관계 ⋯ 96

4. 결론 • 99

제4장

Didaktik의 교육과정적 함의

105

1. 서론 • 107

2. Didaktik 개념의 모색 • 110

   1) Didaktik의 어원과 역사 ⋯ 110

   2) Didaktik 개념의 모색 ⋯ 113

3. Didaktik의 전개 양상 • 116

   1) 교육내용의 중요성 ⋯ 116

   2) 교육내용 결정을 위한 다섯 가지 질문 ⋯ 118

   3) 교육내용 성찰과 교수방법 설계의 관계 ⋯ 126

4. 결론 • 127

제5장

종교적 수업모형의 탐색

133

1. 서론 • 135

2. '기술적 수업모형'과 그 한계 • 139

3. 대안으로서의 '예술적 수업모형' • 145

4. '종교적 수업모형'의 탐색 • 156

5. 결론 • 165

제6장

수업지도안의 이론적 배경 탐색

171

1. 서론 • 173
2. 수업지도안과 관련된 헤르바르트 인식론 • 175
3. 수업지도안의 이론적 배경으로서 '교수 4단계' • 183
    1) '명료'의 수업적 의미 … 183
    2) '연합'의 수업적 의미 … 185
    3) '체계'의 수업적 의미 … 187
    4) '방법'의 수업적 의미 … 189
4. 결론 • 193

제7장

일의 개념에 비추어 본 평가의 한계

197

1. 서론 • 199
2. 일의 개념 탐색 • 202
    1) 일의 내재적 측면 … 203
    2) 일의 묵시적 측면 … 205
    3) 일의 여가적 측면 … 208
    4) 일의 교육적 측면 … 212
3. 일의 개념에 비추어 본 평가의 한계 • 217
    1) 일의 개념에 비추어 본 평가의 순기능 … 217
    2) 일의 개념에 비추어 본 평가의 역기능 … 219
4. 결론 • 225
    1) '수행평가' 또는 '과정 중심 평가'의 역설 • 225
    2) 대안 모색 … 228

제8장

교사론: '수업하는 사람'

237

1. 지식을 보는 두 가지 관점: '소비'와 '도야' • 239
2. 지식의 통합적 성격 • 243
    1) 폴라니의 '자득지' … 245
    2) 오우크쇼트의 '판단' … 249
    3) 키에르케고르의 '주관적 지식' … 252
3. 수업의 자득적 측면 • 257
4. 교사론: '수업하는 사람' • 266

◆ 찾아보기 _ 277

제1장

'수업의
개념'을
찾아서

1. 문제의식

수업 연구의 필요성

이 책의 제목으로 삼은 '수업이란 무엇인가'라는 주제는 연구하면 할수록 대답하기 더 어려워지는 이상하면서도 근본적인 질문이다. 비단 수업 그 자체를 연구하는 학자들뿐만 아니라 오랫동안 수업을 해 온 경륜이 높은 교사들조차도 '수업은 어떤 사회적 소임을 감당하고 있는가?' '지금 이 수업 장면에서 내가 하는 정확한 역할은 무엇인가?' '교재도 잘되어 있는데 굳이 왜 수업을 해야 하는가?' 등의 질문들에 대해서는 난감해하는 경우가 많다. 이는 물고기가 오히려 물의 존재를 잘 모르듯이, 아마도 수업이 그들의 삶과 생활에 너무 밀착되어 있어서 수업을 너무나 당연시해 온 결과인지도 모른다. 그러나 '수업'이라는 현상 또는 영위를 조금만 거리를 두고 떨어뜨려 놓고 보면 의외로 우리가 수업에 대해서 아는 것이 별로 없다는 것을 금방 깨닫게 된다.

어떤 이들은 수업 때문에 살고 죽는다. 때로 수업을 장사하듯이 하는 사람들도 있고, 수업을 통해서 사회적 신분 상승을 노리는 사람도 있다. 지금 이 순간에도 제도적으로 수업을 보장하기 위하여 수많은 종류와 수준의 학교가 존재하고 있고, 평생 수업 이외에 별다른 일은 안 하면서도 월급을 받는 교사 집단이 있으며, 매일 오로지 수업을 받기 위하여 비가 오나 눈이 오나 하루도 빠짐없이 의무적으로 학교에 가고 있는 학생들도 있다. 도대체 수업이 무엇이기에 그렇게 목숨을 거는 것일까? 이와 같이 수업이 우리 삶의 아주 중요한 부분을 차지하고 있음에도 불구하고 아직까지 어느 누구도 수업에 대한 포괄적인 정의를 내린 바 없다는 것이 오히려 신기할 따름이다.

분명히 수업은 인간을 양성하는 일과 관련된다는 점에서 농작물을 길러 내거나 상품을 생산하는 일과는 차별성을 가진다. 이렇게 1차 산업과 구별된다면, 수업을 장사나 거래 또는 유통과 같은 2차 산업으로 볼 수 있을까? 수업 시간에 교사와 학생 간에 무엇인가를 수수(授受)하기는 하지만, 그 수수하는 내용에 있어서 거래나 유통과 달리 잘 보이지 않고 불분명한 점이 너무 많다. 그렇다면 요즘 많은 사람이 생각하듯이 수업을 소위 '서비스'로 보면 어떨까? 그러나 수업 시간에 교사가 때로는 혹독하게 야단을 쳐야 할 경우도 있고 학생이 싫어하는 과제를 강제해야 하는 경우도 있기 때문에, 수업은 오로지 서비스만으로 보기 어려운 측면도 다수 포함하고 있다.

필자가 알고 있는 한, 농사, 제품 생산, 장사나 거래, 서비스만 하더라도 그것과 관련된 연구들이 수없이 많이 있다. 그러나 우리 삶의 그 밖에 다른 영위들과 비교해 볼 때 수업은 아주 특이한 인간 영위임에도 불구하고 수업에 대한 본격적인 연구는 쉽게 찾아보기 어렵다. 수업에 대한 이제까지의 연구 동향을 살펴보면 주로 미시적인 수준에서 '어떻게 하면 수업을 잘할 수 있는 가'라는 처방으로 경도되어 왔다. 일선 학교에서는 물론이고 수업과 관계되는 학자들조차도 모두 수업을 잘할 수 있는 방법을 찾는 일에만 혈안이 되어 왔으며, '열린 교육' '창의 · 융합 인재 교육' 등 교육 개혁의 간판을 무엇으로 달든지 간에 실질적으로는 외국으로부터 새로운 수업의 절차와 방식을 도입하는 데에만 전력을 다해 왔다. 이와 같이 모두들 수업과 관련하여 '미시적으로' 그 처방이나 방법론에만 몰두한 가운데 정작 '거시적으로' 수업의 정체에 대해서는 제대로 된 질문조차 제기해 보지 못해 왔다.

수업과 관련된 이러한 왜곡된 연구 분위기 속에 괴상한 영역 구분이 생겨나기 시작한다. 즉, 수업 연구는 '교육공학'의 영역이고 '교육과정'의 영역에서 배제하는 것이 마땅하다는 것이다. 이러한 주장은 주로 교육공학을 연구하는 학자들 편에서 나왔지만, 교육과정을 연구하는 사람들에게서도 종종 찾아볼 수 있다. 그러나 이것은 수업에 대한 몰이해의 소치일 뿐이다. 앞에서도 지적한 바와 같이, 수업을 오로지 처방의 시각에서만 바라보기 때문에 그러한 영역 구분이 생겨나는 것이다.

그러나 수업을 이해의 대상으로 폭넓게 바라볼 때 교육과정과 수업은 동전의 양면과도 같이 따로 분리할 수 없을 정도로 긴밀한 관련을 가진다. 수업은 다름 아닌 교육과정의 또 다른 모습일 뿐이다. 달리 말하면, 수업은 교육과정의 역동적인 양상이다. 최종적인 수업을 상상하면서 만들어진 것이 교육과정이라면, 추상적인 교육과정이 현실 속에 구체적으로 모습을 드러낸 것이 곧 수업이다. 이 점을 고려하여 '교육과정과 수업'이라는, 교육과정을 수업으로써 보충·설명해 주고자 하는 '학과명과 저서명'이 존재하는 것이다. 사실, 단순히 용어가 다르다고 하여 교육과정 영역에서 수업을 배제하고 나면 거기에 남는 것은 거의 없다고 해도 과언이 아닐 것이다. 물론 반대로, 교육공학자들이 그들의 정체성 고민을 통해서 너무나 잘 실감하고 있듯이 수업 영역에서 교육과정을 배제하고 나면 이론적 허무에 빠져서 헤어날 길이 없게 된다.

애초에 수업을 공학적으로 바라보고 연구한다고 할지라도 수업의 단계와 절차, 방법을 제대로 구안하고자 한다면, 당연히 수업을 받을 수혜자로서의 학생에 대한 분석이 선행되어야 할 것이고, 더불어 전달하고자 하는 교육내용의 성격에 대한 천착이 이루어져야 할 것이며, 또한 그 교육내용을 가르쳐서 궁극적으로 달성하려고 하는 이상적인 인간형, 곧 교육목적을 상정하지 않을 수 없을 것이다. 만약에 교육심리, 교육과정, 교육철학의 도움 없이 오로지 교육공학적 관점에서 수업의 절차와 방법만을 고집한다면, 그 결과로서의 수업의 순서나 방식은 어떤 내용 또는 상황에서도 적용될 수 있는 만능의 틀이면서 동시에 그 누구에게도 의미 없는 기계적인 틀에 불과할 것이다.

수업의 정의

아마도 우리에게 가장 널리 알려진 수업에 관한 정의는 '수업은 교사와 학생 간에 이루어지는 상호작용이다.'일 것이다. 이 정의는 시중에 나와 있는 거의 대부분의 교육공학 또는 교육행정 교재에 기본 전제로서 받아들여지고 있다. 그러나 조금만 꼼꼼하게 검토해 보면 금방 이 정의는 허점투성이라는 것이 분명하게 드러난다. 이것은 복잡한 수업현상 또는 영위를 지나치게 단순화한 설명에 해당한다. 전혀 교육과 관련이 없는 문외한일지라도 수업하는 장면을 보고 그 외현만을 간단하게 묘사한다면 얼마든지 그렇게 표현할 수 있었을 것이다.

그 정의의 근원을 더 파헤쳐 보면 그것은 수업을 특정한 한 관점에서 파악한 것에 불과하다. 그 정의는 심리학적 관점, 보다 정확하게는 행동주의적 (behavioral) 관점에서 복잡한 수업 사태를 지나치게 단순화한 것에 해당한다. 주지하다시피 교육학에서 미국의 행동주의 심리학은 그 공헌 못지않게 오랜 기간 동안 교육학 연구에 어두운 그림자를 드리워 왔다. 행동주의 심리학에서는 수업 사태 또한 문제의 가시적 해결을 위한 하나의 행동적 '처치(處置)'로 파악된다. 그러나 수업을 행동적 처치로 보는 한, 그 밖의 다른 수업의 중요한 측면이나 요소들은 배제될 것이며, 따라서 수업의 본질적 의미는 크게 훼손될 수밖에 없다.

우선, 수업을 단순히 교사와 학생 사이의 상호작용으로 설명하는 것은 '교육내용'에 대한 언급을 빠뜨리고 있다. 그것은 일단 수업에서 교육내용 또는 교과가 차지하는 비중을 과소평가한 것이다. 또 다른 시각에서 보면 수업에서 교육내용의 위치와 역할은 그야말로 절대적인 것이다. 교육내용은 임의로 선택할 수 있는 소재가 아닌 인류 문화유산의 편린일 뿐만 아니라, 교육전문가와 교사에 의해서 여러 번 정련되어 탄생된 특별한 것이다. 그러한 의미의 교육내용은 수업이 성립되게 한 아주 중요한 계기라고 말할 수 있다. 우선순위를 두자면 교사와 학생의 상호작용 이전에 교육내용이 존재한다. 먼저 절체절명의 교육내용이 있기 때문에 교사는 그것을 학생에게 전달하기 위하여 수업을 하는 것이고, 학생은 그 교육내용의 중요성을 피부로 느끼기 때문에 그것을 자기 것으로 만들기 위하여 교사에게 수업을 받는 것이다.

또 한편으로, 수업을 단순히 교사와 학생 사이의 상호작용으로 설명하는 것은 수업에 포함된 주요 요소들을 가치중립적 시각으로 보는 것이다. 가치중립적 관점은 학생, 내용, 교사 그 각각을 하나의 '객관적인 실체'로서 전제하고 수업에 관한 논의를 기계적으로 전개한다. 그러나 우선 학생만 하더라도 적절한 자극에 예상된 반응을 하는 단순 유기체가 결코 아니다. 여기서 복잡한 설명을 하기 어렵겠지만, 학생은 DNA의 조합으로 이루어진 생물학적 존재이기도 하지만, 나름대로 고유의 성장 역사와 사회·문화적 배경을 지닌 인격체이기도 하고, 더 나아가서는 어떤 자극을 받더라도 지와 정, 그리고 의가 통합적으로 반응하는 '전인(whole man)'인 것이다.

수업 사태에서 교사의 존재 또한 밑도 끝도 없이 수업 무대에 갑자기 등장한 일반인이 결코 아니다. 교사는 어떤 교육내용이든지 주어지면 무조건 잘 전달할 수 있는 일반 전달 기술자가 아니다. 교사는 학생과 관련하여 논하자면 학생과 '사제지간'이라는 특별한 인연으로 맺어진 존재이며, 교육내용과 관련하여 말하자면 지금 가르치고자 하는 교육내용의 대변자 또는 육화(肉化)된 교육내용인 동시에, 더 나아가서 인류 문화유산의 대리인을 의미한다. 그렇기 때문에 교사는 주어진 교육내용을 직접적으로 전달하는 일을 하는 가운데 간접적으로 그것에 대해 시범 또는 모범을 보여야 하는 중요한 위치에 놓여 있다. 비록 모범은 이미 구태의연한 수업방법으로 낙인찍힌 지 오래되었지만, 오늘날에도 여전히 수업은 학생의 입장에서 교사의 모범을 가까이서 보고 느낄 수 있는 흔치 않은 소중한 기회이다. 수업은 교사의 입장에서는 사고하고 있는 한 인간을 보여 주는 일이며, 학생의 입장에서는 문자화된 개념이나 원리가 아닌 육화된 교육내용을 직접 대면할 수 있는 절호의 기회이다.

📖 총체로서의 수업

이상에서 지적한 이유에서 볼 때, 교육내용, 학생, 교사 등 수업에 포함된 핵심 요소들과 그들 간의 관계를 가치중립적으로 보고 연구하는 것은 출발에서부터 잘못된 것이다. 이상에서 열거한 몇 가지 이유만 보더라도 수업이 그리 간단히 설명될 수 있는 성격의 인간 영위가 결코 아니라는 점을 분명하게 알 수 있다. 따라서 수업을 한마디 말 또는 한 문장으로 규정한다는 것은 거의 불가능에 가깝다. 수업은 하나의 총체로서 온갖 이론을 다 동원하더라도 모두 설명할 수 없는 복잡한 현상이다. 그러나 다른 한편으로, 만약에 어떤 교육이론이든지 간에 수업을 설명하는 데 조금의 도움이라도 주지 못한다면, 그것은 이미 교육이론으로 보기 어려울 것이다.

교육을 하고자 하면 수업의 과정은 반드시 거쳐야 한다. 교육의 실제에서 교육 이념, 제도, 행정, 내용, 방법, 평가 등 모든 것은 각기 별도로 작용하지 않고 오로지 수업활동에 수렴되어야 그 의의를 가질 수 있다. 그와 마찬가지로, 교육 이념, 제도, 행정, 내용, 방법, 평가 등과 관련한 이론 역시 수업을 구심점으로 하여 통합되었을 때 비로소 이론적 구실을 다하는 것이다. 예를 들면, 교육철학에서 연구하는 이상적 인간상도 수업을 통해서 달성하고자 하는 궁극적 목적을 설명하는 데 도움을 줄 수 있어야 감히 교육이론이라고 칭할 수 있을 것이며, 교육심리에서 연구하는 인간의 심리 또한 어떻게든 수업의 수혜자로서의 학생을 설명하는 데 기여해야만 교육이론으로 가치를 띠게 될 것이다.

이 책은 전체가 모두 수업의 개념에 대한 탐색에 해당한다. 이 책의 각 장들은 각각 나름대로 수업의 다양한 측면 또는 부분을 다루고 있다. 그러나 독자가 차례를 보면 알겠지만, 이 책은 어떤 순서나 체계를 갖춘 책이 아니다. 흔히 수업 연구 분야에서 관습적인 순서나 체계라고 하면, '수업의 개념, 수업의 내용, 수업의 방법, 수업의 평가 등'과 같은 연계를 일컬을 것이다. 이러한 체계를 갖춘 책들은 수업에 관한 개론서이거나 기존의 수업에 관한 아이디어들을 답습하는 경우가 대부분이다. 반면에 이 책은 수업에 관한 기존의 관념이나 편견을 뒤집어 놓는 데 관심이 있다. 예를 들면, 비단 수업의 개념뿐만 아니라 수업의 방법이나 평가에 대한 지배적인 생각들에 대해 반기를 들고 있다. 물론 반대를 위한 반대는 절대로 아니다. 다만, 수업의 기반에 대한 철저한 이론적 분석을 통하여 현재의 수업에 대한 왜곡된 통념을 깨고자 한다. 수업의 개념이 중요한 이유는 비교적 명백하다. 수업을 어떻게 생각하는가에 따라 당연히 수업의 방법, 수업에 대한 평가, 교사의 입지에 대한 의식이나 아이디어가 완전히 달라질 수 있기 때문이다.

안타깝게도 현재 우리나라에는 무작정 외국의 교육 조류나 이론을 우리 교육에 직선적으로 적용하려는 사람들이 너무나 많다. 오늘날 '열린 수업' '개별화 수업' '자기주도적 학습' '배움 중심 수업' 등이 강조되면서 수업 시간에 '교수'는 점점 사라지고 결국 '학습'만 남게 되었다. 현재 우리 교육이 본질에서 많이 벗어나 우왕좌왕 파행을 보이고 있는 것도 그 사람들의 책임이 매우 크다. 교육 분야도 정부 정책처럼 책임실명제를 시행할 필요가 있을지도 모르겠다. 다행히 그러한 우리의 교육 실제나 이론에 대해서 비판을 하는 일부 학자들도 있다. 그러나 그 비판들 또한 아쉽게도 구체적인 이론적 대안을 제시하지 못한 채, '서구의 교육이론은 다 틀렸고 옛날 동양의 것은 모두 옳다.'는 식의 선언적인 비난에 그치는 경우가 많다. 또 한편으로, 현재 이루어지고 있는 좋은 수업들을 문화인류학적으로 잘 기술(記述)하면 또는 귀납적으로 증류하면 수업의 본질이 드러난다고 보는 학자들도 있다. 그러나 거기에도 맹점이 있다. 그들은 수업을 있는 그대로 기술한다고 주장하지만, 거기에는 이미 수업에 대한 선입견이 들어 있는 경우가 대부분이다. 수업의 개념은 경험적 귀납에 의해서가 아니라, 인간이라는 존재에 대한 기본 철학과 인간의 교육에 대한 학문적인 관심에 기초하여 연역적으로 도출되어야 한다.

2. 장별 내용의 소개

이 책은 앞에서 언급한 바와 같이 기존의 수업이론 책과는 차별성을 가지지만, 나름대로 순서와 상관없이 수업의 개념, 수업의 내용, 수업의 방법, 수업의 평가 등을 모두 포괄적으로 다루고 있다. 동시에 각 장은 현재의 수업이나 수업이론의 문제점에 대하여 지적하고 그 구체적인 대안을 제시하고 있다. 여기서는 독자들의 이해를 돕기 위하여 각 장의 내용이 수업에 관한 어떤 문제의식을 가지고 쓰였으며, 또 어떤 새로운 방향을 제시하고 있는지를 간략하게 제시해 보고자 한다.

📖 수업의 인식론

서두에서도 제기한 바와 같이 우리나라의 경우 이제까지 수업을 처방하는 데에만 관심을 집중시켜 왔으며, 처방과 상관없이 수업을 제대로 이해하려고 노력해 본 적이 거의 없다고 해도 지나친 말은 아닐 것이다. 수업을 초연하게 이해해 보려고 할 때, 가장 먼저 떠오르는 질문은 '도대체 수업에서 무슨 일이 일어나는가?'라는 것이다. 그와 관련하여 지금까지 교육학은 대체로 '심리학' 내지 '교육심리학'에 의뢰하여 해명하고자 했으나, 이미 기여 못지않게 한계 또한 분명하게 드러난 바 있다.

수업에서 일어나는 일을 그 겉모습만이 아닌, 보이지 않는 교사와 학생의 내면의 문제에까지 확장시키고자 한다면, 반드시 철학에서 말하는 '인식론(epistemology)'을 수업의 맥락에 도입·적용할 필요가 있다. 이러한 문제의식에서 쓰인 논문이 바로 '제2장 수업의 인식론'이다. 어떻게 수업에 인식론이 적용되어 앞의 질문을 구체적으로 다루고 있는지는 제2장을 직접 읽어 보아야 알 수 있겠지만, 여기서 분명히 말할 수 있는 것은 '수업의 인식론'은 단순히 철학이 교육 문제에 적용된 아류에 머물지 않는다는 것을 의미한다는 점이다. 오히려 수업과 관련된 인식론을 교육의 맥락에서 연구하다 보면, 일반철학에서는 미처 보지 못한 인식론적 측면을 교육학이 보다 명확하게 짚어 줄 수 있을 뿐만 아니라, 철학적 인식론의 발전을 가져다줄 수 있다고 확신한다.

📖 수업의 구조

수업과 관련하여 제기될 수 있는 두 번째 괄목할 만한 질문은 바로 '수업의 구성 요소와 구조'에 관한 것이다. 즉, 그것은 '수업에는 어떤 중요한 요소들이 들어 있으며, 또 그것들이 상호 관련하여 전체적으로 어떤 수업의 구조를 만들어 내는가?'라는 질문으로 요약될 수 있다. '제3장 수업의 근본 구조'는 이 질문을 던져 놓고 그 답을 찾아가는 과정을 보여 준다. 이 질문에 접근하는 데 있어서 볼프강 쥔켈(Wolfgang Sünkel)의 『수업현상학(Phänomenologie des Unterrichts)』(1996)의 도움을 크게 받았다. 어떻게 보면 쥔켈의 연구를 우리의 교육 맥락에서 거의 흉내 내었다고 해도 과언이 아닐 것이다. 수업의 요소들과 그 전체 구조를 이렇다 저렇다 섣불리 판단하지 않고, 하나씩 떼어 내어 객관적으로 보려고 하는 현상학적 연구 태도는 '인간의 특정한 행위 양식으로서의 수업은 어떻게 이해해야 하는가?'라는 질문에 접근하는 데에 예상보다 큰 기여를 하였다.

📖 수업의 내용

교육학에서 '교육적 이상으로서 훌륭한 사람은 무엇인가?'라는 질문은 좋은 질문이기는 하지만, 다른 한편으로는 미완의 질문이기도 하다. 왜냐하면 '그러한 사람을 길러 내기 위해서는 어떤 내용을 가지고 또 어떻게 가르쳐야 하는가?'라는 질문이 이어서 반드시 요청되기 때문이다. 이 질문은 수업에서 다루어져야 할 '내용'과 결부된 아주 중요한 것이다. 물론 교육과정 분야에서 가장 중요하면서도 역사가 오래된 질문들은 대부분 이 질문과 관련되어 있다. 예를 들어, 이 질문에 대한 타일러(R. W. Tyler)의 접근은 아마도 측정 가능한, 수업의 최종 지점의 학습자의 행동 결과들을 교육내용으로 삼아야 한다는 것일 것이다. 이에 반하여 브루너(J. S. Bruner)는 학문을 반영하고 있는 각 과목의 '지식의 구조'를 교육내용으로 해야 한다고 주장한 바 있다. 우리나라의 경우 이 영역에 대한 연구자들의 한계인지는 몰라도, 크게 분류하면 여전히 앞의 두 가지 이론에 머물러 있다.

최근 논란이 많이 되고 있는 '역량(competence)'을 중심으로 한 교육내용 역시, 따지고 보면 타일러 식의 접근에 브루너적 요소를 덧씌운 것에 불과하다. 우리나라의 '교육내용'에 대한 연구가 제자리에서 별다른 진전 없이 돌고 도는 동안, 독일을 비롯하여 북유럽에서는 교육내용에 대한 연구가 유구한 역사를 지닌 'Didaktik'에 기반을 두고 활발하게 전개되어 왔다. 오히려 그것들이 단 한 번도 우리나라 교육과정 연구 분야에 제대로 소개된 적이 없다는 것이 신기할 따름이다. '제4장 Didaktik의 교육과정적 함의'는 이러한 문제의 식에서 Didaktik을 우리 교육과정학계에 소개하고, Didaktik에서 교육내용을 어떻게 분석하여 가려내는지를 사례를 통해 보여 주고자 했다.

📖 종교적 수업모형

독자들은 '제5장 종교적 수업모형의 탐색'이라는 주제에 좀 의아한 생각이 들 것이다. 독자들은 기독교든 불교든 특정 종교적 교육내용을 전달하는 수업모형을 우선적으로 연상하기 때문이다. 그러나 제5장의 연구는 특정 종교의 수업모형을 염두에 둔 것이 아니라, 지금 여기의 수업에 있는 '종교적 측면'을 드러내고자 하였다. 사실, 현실 수업 속에는 기술적 측면뿐만 아니라 예술적 측면과 더불어 종교적 측면이 있다. 그럼에도 불구하고 우리나라의 수업 연구는 오로지 타일러 식의 기술·공학적 측면으로 지나치게 경도되었음을 부인하기 어렵다. 기술 모형은 수업도 시작하기 전에 미리 목표를 정해 놓고 오로지 그것을 달성하기 위하여 수업의 과정 중에 다른 중요한 면모들을 모두 희생시키는 한계가 있다. 제5장에서는 그러한 한계점을 지적하면서 수업의 예술적 측면과 더불어 종교적 측면을 드러내 보이고자 하였다. 만일 수업에 관계하고 종사하는 모든 사람이 이 두 측면을 이해하고 실제 수업에 적용할 수만 있다면, 비단 우리나라 수업뿐만 아니라 교육 전반이 획기적으로 바뀔 수 있을 것이다.

📝 수업지도안의 이론적 배경

교사들은 수업을 하기 전에 수업지도안을 작성해야 할 때 기존 수업지도안의 틀을 거의 베끼면서 내용만 바꾸어 삽입하는 경향이 있다. 그러나 거기에 너무 익숙해지면 수업지도안의 틀이 어째서 '도입-전개-정리-결말'의 단계로 되어 있는지, 또 각 단계에서 기본적으로 어떤 활동이 이루어져야 하는지에 대한 정확한 이해가 결여되기 마련이다. 현재 수업의 단계가 '도입-전개-정리-결말' 또는 '도입-전개-정리'로 구분되어 있는 것은 헤르바르트(J. F. Herbart) 이론을 답습한 결과라고 알려져 있다. 그러나 그 사실은 헤르바르트의 저서에 약간 시사되어 있을 뿐, 구체적으로 어떤 이론적 절차와 진화를 거쳐서 그렇게 되어 있는지는 아무도 밝혀낸 바 없다. 물론 이제 와서 그 연원을 역사적 방법으로 추적하는 것은 관련 자료들의 확보 문제로 불가능에 가깝다. 그러나 지금 이 시점에서 '공시적으로' 헤르바르트 이론의 전모를 연구하여 그 연원을 추정해 볼 수 있는 가능성은 얼마든지 열려 있다. 이에 '제6장 수업지도안의 이론적 배경 탐색'에서는 수업지도안의 이론적 배경을 헤르바르트 이론을 통하여 모색해 보았다. 만약 앞으로 교사들이 이 연구 결과를 제대로 이해하고 수업을 할 수만 있다면, 그 수업은 매번 기계적인 활동이 아니라, 충분히 성찰을 거친 의미 있는 것이 될 수 있을 것이다.

📑 수업평가의 한계

흔히 우리나라 사람들은 평가 이론이나 방법이 정교해지면 그만큼 교육이나 수업이 더 잘될 것이라고 생각한다. 그 결과로 지금까지 우리는 외국의 설익은 평가 이론이나 방법을 직수입해서 우리 교육 현장에 무분별하게 적용하는 데에 바쁜 나머지, 역으로 평가 그 자체를 대상으로 하여 제대로 '평가'해본 적이 거의 없다고 해도 과언이 아닐 것이다. 비록 많은 전문가도 간과한 간단한 사실이지만, 평가는 그 대상인 일이나 활동의 '성격'에 의하여 크게 좌우될 수밖에 없다. 일이 어떻게 규정되는가에 따라 평가의 위치와 성격 또한 얼마든지 달라질 수 있다. 이에 "제7장 '일'의 개념에 비추어 본 평가의 한계"에서는 기존과는 정반대 방향의 연구로 평가대상으로서의 일의 성격을 본격적으로 연구하여 평가의 한계나 제약을 드러내고자 하였다.

연구의 시각이 평가라는 미시적 패러다임 안에 갇혀 있을 때에는 평가의 단점이 잘 드러나지 않는다. 그러나 평가가 절대적인 의미에서 귀속될 수밖에 없는 '일'이라는 보다 거시적인 개념에 비추어 보면, 평가의 위치가 제대로 보일 뿐만 아니라 그 한계 또한 분명하게 드러난다. 이 연구의 결과가 비단 교육에 종사하는 사람들뿐만 아니라 일반 사람들에게도 널리 받아들여진다면, 이제까지 우리 교육을 지배해 온 '평가가 교육의 모든 문제를 해결해 줄 수 있다.'는 과신 내지 미신에서 하루바삐 벗어날 수 있게 될 것이다. 욕먹을 각오하고 진솔하게 말하자면, 지금까지 평가가 인위적으로 모든 일련의 교육의 과정을 지배하고 억압하는 지나친 평가 위주의 교육이 우리의 교육과정과 수업, 더 나아가서 자연스러운 학생들의 성장을 왜곡시키고 저해해 왔다.

📖 교사: 수업하는 사람

요즘 교육 현장에서 교사들이 설 자리가 없다는 자괴가 섞인 목소리가 많이 들린다. 이쯤 되면 교육에서 교사의 중요성에 대하여 항변할 만도 한데, '모름지기 학생은 스승의 그림자도 안 밟는다.'든지 '교사는 학생을 오직 사랑으로 대해야 한다.'든지 하는 감성에 호소하는 듯한 미흡한 논거들만이 존재할 뿐이다. 이렇게 해서야 봇물같이 밀려오는, 오늘날 교사를 배제한 학생 또는 학습자 중심 수업의 흐름을 막아 낼 수 있을지 심히 의심스럽다.

"제8장 교사론: '수업하는 사람'"은 이러한 문제의식에서 교육 또는 수업에서의 교사의 위치와 역할을 '이론적으로' 해명하기 위하여 쓰였다. 이 연구는 교사의 근본적인 존재 이유를 그들이 매일 하고 있는 수업과 관련하여 '인식론적'으로 규명했다는 점에서 그 의의를 찾을 수 있을 것이다. 교육 또는 수업에서의 교사의 중요성은 결코 교사의 권위를 옹호하기 위하여 억지로 도출된 것이 아니라, 수업에서 지식 또는 교육내용의 전달과 관련하여 인식론적으로 자연스럽게 부각된 것이다. 교사는 자신이 가르치고 있는 교육내용을 몸소 대변함으로써, 플라톤의 대화편 『메논(Menon)』에서 불가능하다고 믿었던 '교육내용의 전수'라는 신비가 지금 여기 수업에서 일어나게 만드는 존재인 것이다. 현대로 오면서 교사라는 사람에 의한 '모범'은 이미 시대착오적이고 진부한 교육방법으로 각인되었지만, 그것이야말로 앞으로도 인공지능을 비롯한 첨단 교수 장비들이 절대로 대체할 수 없는 거의 유일한 수업방법일 것이다.

3. 시작하는 결론

이상에서 살펴본 바와 같이, 수업은 인간의 여러 영위 중에 가장 복잡다단하고 특별한 위치에 서 있다. 그러한 총체로서의 수업을 특정한 목적을 가지고 지나치게 단순화함으로써 생기게 되는 교육적 재앙은 이루 형용할 수 없을 만큼 지대하다. 수업을 기술적인 측면에서만 고려하고 미리 정해진 목적의 달성을 위해 무자비하게 몰아붙일 때, 그 밖의 수업의 다른 다양한 측면은 교사나 학생들이 의식하지 못하는 가운데 배제되고 손상을 입기 마련이다. 수업을 오로지 예견된 목적 달성의 수단으로 생각하는 모형은 당연히 그 모형을 실질적으로 뒷받침해 줄 수 있는 평가 위주의 수업을 더욱더 조장한다. 비록 오늘날 교육의 과정이나 수업과 평가가 긴밀히 결합되어 있는 교육과정을 보다 진일보한 정교한 것이라고 칭송하고 권장하지만, 그 관계가 밀착되면 될수록 수업은 과정의 중요성이 생략된 절차적이고 기계적인 것이 될 것이며, 점점 더 자연스럽고 풍요로운 것과는 거리가 멀어지게 된다. 필자가 보기에 현대로 오면서 엄청난 의미들이 중첩된 인간 영위로서의 수업은 마땅히 받아야 할 존중을 제대로 받지 못하고 있다. 이것은 수업에 대한 어떠한 철학이나 성찰도 없이 수업을 오로지 방법이나 절차적인 측면에서만 보려는 현대적 경향의 당연한 귀결일 것이다. 학생들이 수업을 경시하면 아직도 야단치고 또 가르치면 될 것 같은데, 교사 스스로가 자신이 하고 있는 일의 중요성을 모를 때는 어떻게 해야 할지 난감해진다.

그리 오래되지 않은 현대 교육사를 살펴보면 우리나라는 흔히 여러 교육 문제를 비판하면서 외래의 새로운 아이디어나 방법을 도입하여 현존하는 교육 방식, 제도, 규칙 등을 개혁하는 방향으로 나아왔다. 그러나 이제까지 교육 현장이나 실존은 고려하지 않은 채, '열린 교육' '수준별 학습' '배움 중심 수업' '역량 중심 교육과정' '창의·융합 인재 교육' 등등 수많은 교육적 기치나 간판이 뜨겁게 걸렸다가 그 뜨거웠던 만큼이나 빠르게 내려지곤 한다. 이러한 시행착오들을 반복하지 않으려면, 학교나 교사 그리고 인성 등에 개혁이라는 처방을 내려서는 안 된다. 요컨대, 교육적 영위는 결단코 개혁의 대상이 될 수 없음은 짧은 역사가 증명해 주고 있다. 교육의 경우에는 그것이 총체적인 영위이기 때문에 지엽적인 개혁이 아니라 그 '본질' 또는 '개념'을 찾아가게 이끌어 주는 것이 현명한 처사이다. 최근 교육 현장이나 연구에서 고전(古典) 또는 '옛것'의 중요성을 강조하는 경우가 많다. 그러나 옛것이라고 해서 무조건 좋은 것은 결코 아니다. 교육에서 옛것이 중요한 이유는 그것이 단순히 오래되었고 안전하기 때문이 아니라 현대를 사는 우리에게 교육의 본질적인 면모, 곧 개념을 시사해 주기 때문일 것이다.

이 책에 포함된 수업과 관련한 여러 논문은 미리 약속이나 한 것처럼 하나같이 현재의 교육 정책이나 처방에 반대의 기치를 들고 있다. 그러나 이 책은 일부러 반대를 위한 반대를 의도한 것이 결코 아니다. 단지 이 책은 현재 시행되고 있는 여러 교육 정책이나 처방이 교육의 개념이나 본질에서 어긋날 때, 직접 그것을 지적하기보다는 넌지시 옳은 방향을 손가락으로 가리키는 소극적인 저항의 의미를 표명하고자 했을 뿐이다. 총체로서의 교육의 본질을 모두 꿰뚫고 있는 사람이 어디에 있겠느냐만, 이 책은 그 본질적 측면을 부족하게나마 조금이라도 밝히려는 노력의 일환으로 사람들의 머릿속에 기억되었으면 하는 바람이다.

제2장

수업의 인식론

1. 서론

　요즘 초등학교에는 시청각 자료 또는 기자재를 사용하는 수업이면 무조건 좋은 수업이라고 믿는 사람들이 의외로 많이 있다. 아무런 시청각 자료 또는 기자재 없이 맨손으로 하는 수업은 잘못된 수업이 틀림없고, 심지어는 죄악으로까지 인식되는 경향이 있다. 학교 내외를 막론하고 교사들의 연수 시간은 대부분 시청각 자료 또는 기자재를 사용하는 방법을 전수하는 교육으로 채워지고 있으며, 방과 후 교사들의 대부분의 시간은 자질구레한 학습자료를 만드는 데에 할애되고 있다. 그 결과, 초등학교의 대부분의 수업은 자료의 천국으로 바뀌어 가고 있으며, 하나의 예로 40분이라는 결코 길지 않은 한 차시 수업에 학습지가 적어도 2장 이상 배포되는 경우도 허다하다.

　사정이 이렇게 되면서 수업에서 교사의 활동 내지 입지는 날로 좁혀져 가고 있다. 교사는 짧은 수업 시간에 비디오, 컴퓨터, OHP 기기 등등 여러 가지 시청각 기자재 모두를 소화해 내려고 하면 말수도 줄여야 하고, 또 요즘 유행하는 다양한 수업방법을 구사하려고 하면 그 진행 여부에만 얽매여 정작 중요하게 전달할 내용이 무엇인지조차 망각할 때도 많이 있다. 또한 시대적으로 '자기주도적 학습' '소비자 중심 교육' '열린 교육' '배움 중심 수업' 등등의 논리가 득세하고 학습자가 교육의 수혜자인 동시에 주권자임이 강조되면서, 교사의 교화나 설득에 의존하는 수업은 지나친 간섭으로 여겨지고, 따라서 전통적으로 모범에 의한 수업을 하는 교사들은 점차 설 자리를 잃게 되었다. 이러한 추세로 간다면 앞으로 머지않아 컴퓨터에 미리 프로그램화된 전자책들을 보거나 인터넷을 통하여 정보의 바다를 탐험하고 있는 학생들을 단지 '모니터링'하는 것으로 자신의 소임을 다했다고 생각하는 교사들이 많이 등장하게 될 것이다.

🖹 수업의 정의

그러나 지금 우리는 수업에 대하여 무엇인가 크게 잘못 생각하고 있는지 모른다. 비록 막연하기는 하지만 수업이 가지는 중요한 측면을 간과하고 있다는 느낌이 든다. 그렇다면, 우리가 간과하고 있는 수업의 핵심적 측면은 무엇인가? 이제까지 교육 실제에서는 물론, 교육학 연구에서도 수업 그 자체에 대한 이해가 주목을 받은 경우는 이상하리만큼 드물었다. 아마도 타일러(R. W. Tyler)가 미친 영향이라고 짐작되지만, 특히 교육과정 영역에서 우리는 교육목적, 교육내용의 성격, 학습경험의 선정 및 조직, 교육평가 등에 관한 논의는 비교적 활발하게 진행시켜 왔으면서도, 정작 그 모든 논의가 실질적으로 통합될 수밖에 없는 수업에 관한 논의는 스스럼없이 생략해 버리는 연구 관행을 보여 왔다. 또한 최근 몇몇 사람이 나름대로 '수업'을 정의하려는 시도를 해 왔지만 아직까지도 만족할 만한 성과는 보이지 않는다.

오늘날 수업이론에서 가장 일반적으로 받아들여지고 있는 전형적인 정의에 따르면, 수업은 특정 시간에 이루어지는 '교사와 학생 간의 상호작용'이라는 것이다. 그러나 이 정의 또한 '행동주의'라는 다소 치우친 관점에 입각하여 수업을 외부 관찰자 입장에서 단순 기술한 것일 뿐이며, 수업에 대하여 그다지 많은 정보를 제공해 주지 못한다. 수업은 일반적으로 영어로는 'instruction' 또는 'teaching'의 개념으로 이해되고 있으며, 한자어로는 '受業'이나 '修業'보다는 '授業'의 의미로 받아들여지고 있다. 이와 같이 동·서양을 막론하고 수업은 '가르치는 일' 또는 '학업이나 기술을 전수해 주는 것'을 의미하며, 그 의미의 초점은 당연히 '교사의 능동적 역할' 또는 '교사가 하는 일'에 놓여 있다. 수업의 이러한 측면은, 앞에서도 언급한 바 있는 '수업의 중심은 어디까지나 교사가 아니라 학생이어야 한다.'는 오늘날의 입장에서 보면 다소 의외가 아닐 수 없다. 그렇다면 오늘날과는 달리 예로부터 교사를 중심에 놓고 수업의 의미를 규정한 이유는 무엇인가?

📖 수업의 묵시적 측면

이 장의 목적은 이상에서 제기한 문제의식에서 수업의 의미를 인식론적인 측면에서 고찰하는 데에 있다. 이제까지 우리의 관심은 현대 교육공학의 발달에 발맞추어 수업을 어떻게 하면 개선할 수 있는가에 경도되어 왔지만, 수업이 도대체 무엇을 의미하며 그것이 교육에서 차지하는 위치는 무엇인가에 대해서는 실지로 단 몇 줄의 논의도 진척시킬 수 없는 처지에 놓여 있다. 어쩌면 이제까지 우리는 가르치고 배우는 일로서의 수업을 합목적적(合目的的)인 눈으로 지나치게 추상하여 파악하는 오류를 범해 왔는지도 모른다. 보다 구체적으로 말하면, 그것은 교사가 아닌 제3자 입장에서도 얼마든지 조작 가능한 수업의 명시적(또는 행동적, 절차적) 측면을 강조하다가 오로지 교사만이 할 수 있는, 수업에서 보다 크고 중요한 수업의 묵시적(黙示的) 측면을 배제하는 오류이다. 여기서 말하는 수업의 묵시적 측면은, 이후에 보다 자세히 고찰할 바와 같이 수업의 의미를, 교사이든 학생이든 그들의 마음의 변화와 결부시켜 이해하는 것이라고 미리 말해 둘 수 있다. 이후 이어지는 내용에서는 수업의 묵시적 측면을 염두에 두면서 수업을 처방이 아닌 설명의 대상으로 삼아 수업의 개념 그 자체를 이해하는 데 힘쓸 것이다.

2. 수업의 인식론

이상에서도 시사한 바와 같이, 수업의 의미를 모색하는 데에는 다소 복잡한 인식론적 논의가 요청된다. 수업은 외관상 교사나 학생이 하는 활동임에 틀림없다. 그러나 수업은 하나의 활동으로서, 교과서나 교재, 학습지도안과 같은 가시적(可視的) 실체도 아니며, 그렇다고 하여 수업에 임하는 교사나 학생의 마음처럼 완전히 보이지 않는 것도 아니다. 그러면서도 수업의 과정 하나하나는 가시적인 것과 비가시적인 것 사이를 매개하는 복잡하고 신비스러운 측면을 다분히 감추고 있다. 아직 연구가 많이 진척되지 않은 지금으로서는 수업이 교육내용과 학생의 마음의 중간 단계에서 양자를 매개하는 어떤 활동이라는 점만은 분명하게 말할 수 있다. 그렇다면 그 중간 단계에서 수업이 하는 역할은 무엇인가? "1) '내면화 과정'으로서의 수업"에서는 수업의 의미와 약간 거리가 있어 보이는 '사고'의 개념을 이해하는 일로부터 이 질문에 대한 실마리를 모색해 보고자 한다.

1) '내면화 과정'으로서의 수업

📖✎ 내면화로서의 사고

사고는 어떻게 보면 오히려 '수업'보다도 더 우리에게 너무나 익숙하면서도 명확하게 규정하기는 어려운 용어인지 모른다. '생각함 또는 궁리함' '전제에서 결론에 이르는 일련의 생각의 과정' 등 사고의 사전적 의미가 있기는 하지만, 사실상 그것들은 우리의 학문적 관심을 충족시키기에는 턱없이 부족하다. 사람들이 늘 입버릇처럼 '교육에서 사고가 중요하다.'든지 '사고를 가르치는 교육이 되어야 한다.'고 말할 때에 사고의 의미에는 틀림없이 앞에서 말한 사전적 의미 이상이 적재되어 있을 것이다. 그러나 달리 생각해 보면, 이하에 살펴볼 바와 같이 철학, 심리학, 교육학 등의 거의 모든 학문 분야에서 이제까지 많은 학자가 사고를 이론적으로 규정하고자 노력해 왔으며, 그 성과 또한 이미 상당한 정도로 누적되어 있다고 보아야 한다. 그럼에도 불구하고 아직 사고에 관한 명확한 개념이 확립되어 있지 않은 것은 우리가 다만 그것들을 미처 '사고'라는 개념 하나로 통합하여 연결시키지 못했기 때문일 수도 있다.

동서고금을 망라하여 각 분야의 여러 학자가 사고를 설명하는 데 있어서, 학자들의 학문 분야가 서로 다르고, 그들이 사용한 개념적 용어도 다름에도 불구하고, 한 가지 뚜렷한 공통적인 특성이 있다. 그것은 바로, 사고를 '내면화(internalization)'로 규정하고 있다는 점이다. 내면화는 문자 그대로, 마음으로부터 먼 바깥 세계에 존재하는 것—사물, 현상, 사건, 기술, 기능, 능력, 활동, 제도, 의식, 규칙, 이념 등등—이 마음 안의 핵심부로 들어와 자리 잡는 것을 의미한다. 여기서는 설명의 편의상 내면화를 비교적 단순하게 기술하였지만, 내면화에는 너무나 복잡하다 못해 신비스럽기까지 한 측면들이 많이 포함되어 있다. 몇 가지 예로, 바깥 세계와 마음 안은 각각 물질(또는 실체)과 정신에 속한다는 점에서 엄연히 차원을 달리함에도 불구하고 어떻게 양자 사이에 교섭이 일어날 수 있는가 하는 것도 그렇고, 그러한 교섭의 결과로서 사람 자체가 단순히 관념 수준에서가 아니라 '전 신체적'으로 변화되는 것도 그러하며, 그 교섭의 맨 처음과 맨 마지막 지점에서의 인간의 상태(또는 경지)가 비슷한 점도 그렇다.

📖 사고: 격물과 치지

아마도 이러한 문제들을 제대로 취급하려면 '세계와 마음의 관계'라든지 '선천적인 인식능력'이라든지 하는 형이상학적인 논의에 봉착할 수밖에 없겠지만, 일단 여기서는 오직 사고를 내면화로 설명하는 이론들의 형식상의 공통점만을 문제 삼고자 한다. 먼저, 성리학에서는 사고를 '격물(格物)'과 '치지(致知)'로 설명하고 있다. 『대학(大學)』의 논의에 따르면, 격물은 사물의 이치를 끝까지 추구하는 것을 가리키며, 치지는 그러한 격물의 결과로서 앎이 지극한 경지에까지 나아가는 것을 의미한다. 그런데 격물과 치지는, 이와 같이 개념상 구분될 수 있다고 하여 실지로 순차적으로 일어나는 두 가지의 인식 활동으로 이해되어서는 안 된다. 보다 정확하게 말하면, 격물과 치지는 내면화라는 동시에 일어나는 한 가지 활동의 두 가지 상이한 측면이며, 격물이 사물에 초점을 둔 인식의 객관적 측면이라면, 치지는 마음에 주안점을 둔 인식의 주관적 측면이라고 할 수 있을 것이다. 내면화라는 것은 인식의 객관적 측면과 인식의 주관적 측면인 격물과 치지가 '격물에서 치지의 방향'으로, 또 거꾸로 '치지에서 격물의 방향'으로 서로 번갈아 가며 일어나면서 끊임없이 이루어지는 것으로 보아야 한다(이홍우, 2000a: 14).

이상에서 고찰하였던 사고에 대한 성리학적 설명 방식은 헤르바르트(J. F. Herbart)의 설명 방식과 매우 흡사하다. 헤르바르트의 교육이론은『중용(中庸)』에서 제시하는 사고방식의 서양 버전이라고 감히 말할 수 있다. '사고권(思考圈)'을 반영하고 있는 여러 다양한 교과를 배운 최종적인 마음의 상태로서 '다면적 흥미(多面的 興味)'는『중용』에서 말하는 이상적인 마음으로서의 '중(中)'에 상응한다. 시대와 동서양을 초월한 헤르바르트와 성리학 교육이론 사이의 유사성은 비단 이 점만이 아니다. 헤르바르트가 사고(또는 통각)의 과정을 설명할 때 사용하는 두 개념인 '전심(專心, Vertiefung)'과 '치사(致思, Besinnung)'는 거의 그대로, 앞에서 고찰한 '격물'과 '치지'에 들어맞는다. 헤르바르트에 의하면, 전심은 일반적으로 외부의 어떤 대상에 관한 표상을 받아들여 그 표상을 의식하고 있는 상태라고 한다면, 치사는 그렇게 하여 새롭게 받아들인 표상을 기존의 표상체계 속에 통합하거나 기존의 표상을 재해석하는 것, 결국 사고체계 전체를 재정립하는 것을 의미한다. 물론 전심과 치지의 경우도 격물과 치지의 관계와 마찬가지로 별개의 인식활동이 아니라 동일한 내면화 과정의 상이한 두 측면으로 이해될 수 있다(이환기, 1998: 87-91). 전심은 '격물'과 마찬가지로 인식의 거점이 인식주체 바깥의 객관적 세계에 있다고 한다면, 치사는 '치지'와 마찬가지로 인식의 거점이 인식주체 마음 안의 주관적 상태에 놓여 있다고 볼 수 있다.

이상에서 고찰한 '격물과 치지' 그리고 '전심과 치사'의 설명 논리는 현대인들에게 전혀 낯설지 않다. 그 이유는 우리는 이미 피아제(J. Piaget)의 '발생적 인식론'을 통해서 그러한 내면화의 설명 방식에 익숙해져 있기 때문이다. 물론 성리학에서 말하는 이상적 마음으로서의 '중(中)'이나 헤르바르트가 말하는 '다면적 흥미'와, 피아제가 말하는 '도식(scheme)'이나 '구조(structure)' 사이에는 형이상학과 생물학이 학문의 성격상 보여 주는 차이와 같은 근본적인 차이가 엄연하게 존재한다. 그러나 이 세 이론은 사고의 역동성, 곧 내면화를 설명하는 방식에 있어서만큼은 뚜렷한 공통점을 보여 주고 있다. 피아제에 의하면, 인간에게 있어서 사고활동은 생물의 환경에의 적응과 마찬가지로 인식주체와 인식대상 간의 상호작용의 과정이라고 볼 수 있는데, 이 과정은 크게 인식대상을 구조에 흡수하고 해석하는 '동화(assimilation)', 주어지는 인식대상의 새로운 특성과 기질에 부합하도록 이미 가지고 있는 구조를 변형시키는 '조절(accommodation)'로 나누어 생각해 볼 수 있다. 동화는 인식주체가 바깥 세계와 관련을 맺는 내면화의 객관적 측면을 나타낸다는 점에서 앞에서 말한 '격물'과 '전심'과 동일선상에서 이해될 수 있으며, 이와 마찬가지로 조절은 인식주체의 마음 안의 주관적 변화를 나타낸다는 점에서 '치지'와 '치사'와 같은 맥락에서 받아들일 수 있다.

📑 수업: 교과의 내면화 과정

이상에서 고찰한 성리학, 헤르바르트의 교육이론, 피아제의 발생적 인식론, 이 세 이론은 공통점 못지않게 적지 않은 차이점이 있다. 아마도 그 차이점을 밝혀낼 수만 있다면 내면화에 관한 보다 상세한 정보를 얻을 수 있을지 모른다. 그러나 여기서의 관심은, 내면화에 관하여 이제까지 살펴본 설명 논리에서 수업의 새로운 의미를 추출하는 데에 있다. 성리학, 헤르바르트의 교육이론, 피아제의 발생적 인식론, 이 세 가지 이론 모두 각 이론이 창출되었던 그 당시나 지금의 시각에서 보아 독창적인 학문을 전개했으며, 지역이나 시대로 보아 상호 간에 별다른 학문적 교류가 있었다고 보기는 어렵다. 그럼에도 불구하고 이들이 사고를 내면화로 설명하는 형식 논리에 있어서 뚜렷한 공통점을 보여 주는 것은 그만큼 내면화야말로 사고의 핵심적인 의미 요소라는 점을 잘 대변해 준다.

사고는 분명 인식의 객관적 측면과 주관적 측면을 모두 포함하는 활동이며, 한마디로 말하여 외부 세계의 사물이 마음 안에 들어와 자리를 잡는 내면화 과정이다. 보다 엄밀하게 말하면, 사물이 마음 안에 들어와 자리를 잡는다는 것은, 이미 '치지(치사 또는 조절)'의 의미에서 알 수 있었던 바와 같이 사물 스스로도 변형을 거치면서 인식주체의 마음 전체를 변화시킨다는 것을 의미한다. 물론 여기서 마음의 변화, 곧 사고는 단순한 머릿속의 관념만의 변화가 아니라 우리의 몸 전체에 뻗쳐 있는 신경세포 하나하나의 변화이며, '나'라는 존재의 마음, 몸, 정서와 행위를 포함한 총체적인 변화를 뜻한다.

수업의 의미는 정의하고자 하는 사람의 학문적 시각에 따라 다양하게 규정될 수 있겠지만, 결국 실지로 수업에서 이루어져야 하고 또 이루어지고 있는 일은 앞에서 설명한 대로의 '내면화 과정'이라고 말할 수 있을 것이다. 요컨대, 수업은 학생이 주어진 어떤 교육내용을 내면화하는 과정, 곧 '교과의 내면화 과정'이라고 말할 수 있다. 내면화는 교육내용 또는 교과가 학생의 마음 안에서 겉돌지 않고 마음 안에 온전하게 달라붙는 것으로 수업의 핵심적인 의미 요소 중 하나임에 틀림없을 것이다. 이 점에서 볼 때, 이제까지 사람들이 교육 또는 수업을 논할 때마다 사고나 사고의 개발의 중요성을 강조해 온 것은 결코 우연만은 아닐 것이다. 그러나 수업을 이상에서 고찰한 의미대로 내면화 과정으로 규정하는 것이 곧 수업의 개념을 완성시킨 것이라고 보기는 어렵다. 좀 더 완전한 의미의 수업은 이상에서 미처 밝혀내지 못한 내면화의 또 다른 여러 측면을 모색하는 가운데 보다 분명하게 드러나게 될 것이다. 내면화의 또 다른 여러 측면은 이후 이어지는 "2) 수업의 '자득적 측면'"과 "3) '간접전달'로서의 수업"에서 보다 상세하게 다루어 보겠다.

2) 수업의 '자득적 측면'

📖 메논의 패러독스

수업의 실제에서는 이상에서 설명한 대로의 신비스러운 내면화가 늘 일어 나고 있다고 보아야 한다. 그러나 내면화가 수업의 실제에서 늘 발생하는 사 건이라고 하여 내면화를 범상하게 보아서는 안 된다. 적어도 내면화를 통해 서 수업의 의미를 모색하려고 한다면 더욱더 그렇다. 왜냐하면 내면화는 어 떻게 보면 사실상 늘 일어나는 흔한 사건인 동시에 논리적으로는 도저히 불 가능한 것이기 때문이다. 내면화의 논리적 불가능성에 대한 논란은 교육의 역사만큼이나 오랜 역사를 가지고 있다고 보아야 한다. 널리 알려진 '메논의 패러독스(Menon's paradox)' 또한 내면화의 논리적 불가능성에 대한 논란이 라고 볼 수 있으며, 서양철학에서의 인식론의 역사는 면밀히 따져 보면 결국 '메논의 패러독스'에 대한 주석이라는 해석이 설득력 있게 받아들여지고 있 다. 메논의 패러독스에 따르면, 이미 아는 사람에게는 가르쳐 줄 필요가 없고 아직 모르는 사람은 가르쳐 주더라도 그것이 자신이 모르는 것인지 알지 못 하기 때문에, 어떤 지식이든지 다른 사람에게 가르쳐 주는 것은 불필요하거 나 불가능하다(Menon, 80d). 이것을 앞의 성리학 용어로 바꾸어 말하면, 치지 하고 있는 사람은 격물할 필요가 없고, 치지가 안 된 사람에게 격물은 애당초 불가능한 것이다. 이와 같이 메논의 패러독스에 따르면, 앞에서 말한 치지에 서 격물로, 또 격물에서 치지로의 역동적인 교섭, 곧 내면화는 부정된다.

실지로 아동의 입장에서 독자적으로 '물(物)을 격(格)하여', 즉 사물을 직접 적으로 대면하여 거기에서 어떤 이치를 파악해 낸다는 것은 거의 불가능에 가까운 일이다. 말하자면, 치지의 바탕이 없는 아동이 격물을 한다는 것은 결 코 가능한 일이 아니다. 연령이 낮은 아동이나 배우는 입장에 있는 대부분의 사람의 경우에, 격물은 거의 사물을 직접적으로 파악하는 원초적인 형태로가 아니라 서책이나 교사의 설명에 의존하여 간접적으로 이루어지게 된다. 그러나 아무리 서책이 상세하고 교사의 설명이 정교하다고 하더라도, 배우는 사람의 입장에서 보면 그것들은 또한 모두 그들의 마음 바깥 세계에 존재한다는 점에서 지금 여기서의 사물이나 사건과 별반 다를 바 없으며, 따라서 서책이나 교사의 설명 또한 내면화의 불가능성을 충분히 완화해 주었다고 보기는 어렵다. 요컨대, 이 논의가 어느 정도 진행된 이 시점에서도 메논의 패러독스는 여전히 설득력을 지닌다.

📖 오우크쇼트의 정보와 판단

오우크쇼트(M. Oakeshott)는 그의 글 「Learning and Teaching」(1967)에서 교육은 학생들로 하여금 인류 공동의 업적인 문화유산에 입문하게 하는 일이라고 보았으며, 그 문화유산의 내용을 크게 '정보(information)'와 '판단(judgement)'이라는 두 가지로 구분한 바 있다. 정보는 사실 또는 지적 활동의 가시적 결과를 뜻하며, 이것은 바깥으로 명백히 드러내어 말할 수도 있고, 항목으로 나열될 수도 있는 것이다. 정보는 이와 같이 명시적인 것이기 때문에 당사자가 구해 보려고만 한다면 학교 교재 또는 교과서, 백과사전, 신문, 방송, 인터넷 등의 매체들을 통해서도 얼마든지 구할 수 있다. 그러나 정보에 비하여 판단은 쉽게 획득할 수 있는 것이 아니다. 왜냐하면 판단은 '사람의 몸'을 숙주(宿主)로 하여 존재하는 것으로서, 지식의 표면에 명시적으로 드러나지 않기 때문이다. 판단은 정보와는 달리 항목으로 나열하여 제시할 수도 없으며, 따라서 쉽사리 암기하거나 복제할 수도 없는 것이다. 판단은 정보라는 지식의 요소로 환원될 수 없기 때문에, 우리 입장에서 어떤 판단이라는 것이 있음을 아는 것은 오직 판단을 가진 사람에 의하여 그것이 활용되는 순간 또는 그 활용 결과를 통해서만 가능하다. 판단은 그것과 관련된 세세한 정보들을 모두 잊어버린 뒤에도 남는 지식의 잔영이며, 이미 그것을 몸에 익힌 사람의 입장에서는 더 이상 말로 설명하지 못할 수도 있고 또 너무나 자명하여 말로 표현할 필요도 없는 그런 것이다.

우리가 흔히 지식이라고 말할 때에는 이상에서 설명한 지식의 명시적(明示的) 측면으로서의 정보와 지식의 묵시적(黙示的) 측면으로서의 판단, 이 두 가지 모두를 포괄하는 것으로 보아야 하겠지만, 이 둘 중 어느 것이 더 중요한 것인가를 결정해야 한다면 그것은 당연히 판단이다. 정보는 오로지 판단을 위해서 존재하는 것이라고 말해도 과언이 아닐 것이다. 바꾸어 말하면, 판단이 존재하기 때문에 정보가 그 가치를 띠게 되는 것이다. 예를 들어, 문학 분야에서 자세히 명문화하여 제시할 수 있는 지식의 내용(즉, 정보)이 아무리 많이 있다고 하더라도, 그것들은 실지로 문학적 감수성, 상상력, 표현력 등등을 포함하는 문학 분야의 활동을 잘할 줄 아는 방법 또는 능력(즉, 문학적 판단)과 모종의 관련을 떠나서는 아무 소용이 없다. 이 점은 비단 문학 한 분야에 국한되어 성립하는 것이 아니며, 우리가 인간임을 스스로 자부할 수 있을 만큼의, 또 우리가 후손에게 반드시 전수해 주고 싶을 만큼의 근사한 여러 분야의 활동들, 그리고 그것들이 구성하고 있는 인류의 문화유산 전체는 세부적 내용으로서의 정보라기보다는 여러 정보가 결부되어 통합된 능력으로서의 판단에 속한다고 보아야 한다.

아마도 수업을 통해서 학생들에게 전수하고자 하는 것 역시 단순 정보라기보다는 판단일 것이다. 그렇다면 수업에서 판단은 어떻게 가르칠 수 있는 것인가? 바꾸어 말하면, 어떻게 학생들이 수업을 통하여 판단을 획득할 수 있는가? 이 질문에 대답하기 위해서는 오우크쇼트가 말하는 정보와 판단의 관계를 보다 면밀하게 고찰할 필요가 있다. 오우크쇼트에 의하면, 정보와 판단은 사실상 각각 별도로 존재하는 서로 다른 두 종류의 지식을 가리키는 것이 아니다. 오우크쇼트가 정보와 판단의 구분을 통하여 드러내려고 한 것은 오히려 동일한 지식의 두 가지 상이한 전달 양태이다. 동일한 지식이라고 하더라도 학생에게 정보의 양태로서 전달될 수도 있고 판단의 양태로도 전달될 수 있다. 이 점에서 정보와 판단의 구분은, 학생에 의한 지식의 내면화의 정도 차이로 해석되어야 하며, 더 나아가서는 교육 또는 수업에 있어서의 내면화의 중요성을 부각시킨 것으로 이해될 수 있다.

📖 브루너의 지식의 구조

비록 사용한 용어가 다르기는 하지만, 이상에서 고찰한 교육내용으로서의 판단 내지 교육내용의 내면화의 중요성을 교육과정의 분야에서 직접적으로 언급한 학자는 아마도 브루너(J. S. Bruner)일 것이다. 브루너가 학교 수업에서 반드시 가르쳐야 할 것으로 강조한 바 있는 '지식의 구조(structure of knowledge)'는 이상에서 설명한 '판단'의 위치에 있다고 보아도 크게 틀리지 않다. 브루너가 보기에 그가 살고 있던 시대의 미국 학교에서는 각 학문의 지식의 구조가 아닌, 각 학문에서의 학자들의 발견이나 탐구활동의 결과들을 학생들에게 전달해 주는 언어, 곧 '중간언어(middle language)'를 가르치는 일에 급급했다. 그러나 앞에서 고찰한 정보와 판단의 불가분의 관계를 고려해 볼 때, 수업내용을 오로지 중간언어의 양태로 가르치는 것이 잘못된 수업이라는 것을 인정한다 치더라도, 과연 학교에서 다루는 학문적 성격을 띤 교육내용들을 중간언어의 매개 없이 직접 가르칠 수 있는 것인가 하는 것 또한 의문이다.

지식의 구조는 판단과 마찬가지로 지식의 묵시적 측면에 속하며, 따라서 결코 교육의 직접적인 대상이 될 수 없기 때문에, 지금도 일선 학교의 수업에서 그렇게 하고 있는 것처럼 지식의 명시적 측면으로서의 중간언어의 도입은 불가피한 일이다. 아이로니컬하게도, 판단은 정보가 전달되는 방식으로는 도저히 전달될 수 없는 것이면서 동시에 정보를 전달하는 일을 하는 가운데 전수되어야 하는 것이다. 판단을 넣어 주는 일은 결국 정보를 일러 주는 일과 별개로 이루어지는 것이라기보다는 오히려 역설적으로 주어진 정보 또는 활자화된 교과를 가능한 한 '잘 가르치는 일'이 된다. 그렇다면, 학생 마음 바깥 또는 언저리의 정보가 그의 마음 안 핵심부의 판단이 되게 만들려면 어떻게 가르쳐야 하는가?

사실, 브루너는 한편으로 각 학문 특유의 사고방식으로서 지식의 구조를 학생들에게 가르쳐야 한다는 교육과정상 아주 중요한 제안을 했으면서도, 다른 한편으로는 그에 못지않게 중요한 또 하나의 원리를 간과하였다. 그것은 바로 중간언어와 지식의 구조 사이의 '연속성'이다(김승호, 1997: 39). 브루너는 중간언어와 지식의 구조 사이에 도저히 메워질 수 없는 간극이 존재하는 것으로 생각했지만, 중간언어와 지식의 구조 사이에 '사람'이라는 요소를 개입시키면 그 간극이 좁혀질 가능성이 전혀 없는 것도 아니다. 앞에서 말한 바와 같이, 정보와 판단의 구분을 지식 또는 교육내용의 내면화 정도의 차이로 해석한다면, 당사자의 내면화 능력 여부나 정도에 따라서 보잘것없는 중간언어가 지식의 구조가 될 가능성도 있고, 그 반대로 명시적으로는 지식의 구조에 근접한 것으로 여겨지던 교육내용이 한낱 중간언어로 변질될 우려도 없지 않다. 요컨대, 사람이라는 존재에 의하여 비로소 중간언어와 지식의 구조 사이의 간극, 오우크쇼트의 용어로는 정보와 판단 사이의 간극이 메워지고 정보와 판단이 연속적인 것이 된다.

지식의 이러한 측면을 고려해 보면, 일체의 지식은 '개념상' 그 지식을 자신의 것으로 내면화하고 있는 사람을 포함한다. 어떤 지식이 사람의 몸에 내면화되어 있는 양태로 있는 것이 바로 판단이며, 판단은 그 사람의 몸을 숙주로 하여 기생하고 있기 때문에 묵시적 차원에 머물 수밖에 없다. 그러나 숙명적으로, 묵시적 차원의 판단을 가르치기 위하여 판단을 명시적으로 드러내면 그것은 이미 판단이 아닌 다른 그 무엇으로 변질된다. 요컨대, 판단은 그것을 소유하고 있는 당사자를 떠나 외부로 표현되고 나면 결국 정보에 지나지 않게 된다. 아무리 학문의 정통성을 잘 반영하고, 현대의 발달된 미디어를 빌려 참신한 방식으로 구성된 교육내용이라고 할지라도, 그것이 사람의 마음 밖에

존재하는 한 그것 역시 본질상 중간언어의 범주에서 조금도 벗어난 것으로
보기 어렵다.

📑 폴라니의 자득지

지식의 이러한 측면을 오우크쇼트 못지않게 뚜렷하게 인식하고 있던 사람
은 아마도 폴라니(M. Polanyi)일 것이다. 양자 사이에 차이가 있다면 그것은
지식의 동일한 측면을 서로 다른 방향에서 설명하고 있다는 점일 뿐이다. 오
우크쇼트는 정보와 판단의 관계를 통하여 지식이 학생의 마음 바깥에서 안으
로 내면화되는 측면을 설명하고 있다면, 폴라니는 초점지(focal awareness)와
보조지(subsidiary awareness)의 관계를 통하여 어떤 지식을 이미 내면화하고
있는 사람이 실제로 보여 주는 초점적으로 몰입된 활동에 거점을 두고 그 이
면에 있을 수밖에 없는 여러 가지 보조적 능력을 문제 삼고 있다. 그의 대표
적인 저서의 이름 『Personal Knowledge』(1958)가 시사하듯이 '사람이 곧 지
식이다.'라고 말할 수 있을 정도로, 해당 지식과 그 지식을 내면화하고 있는
사람은 서로 불가분의 관계에 놓여 있다.

폴라니에 의하면, 어떤 기술을 숙달하거나 어떤 능력을 획득하는 데에는
초점지와 보조지라는 상이한 두 가지 과정이 반드시 존재한다(Polanyi, 1958:
55-57). 초점지는 어떤 활동을 수행할 때에 당사자가 그 활동에 너무나 숙달
되어 있거나 몰입되어서 그 활동이나 그 활동의 대상이 되는 것과 혼연일체
가 되어 있는 마음의 상태를 가리키며, 반면에 보조지는 초점지 전체를 이루
는 데에 없어서는 안 될 세부적 요소이기는 하지만, 초점지가 활용되는 순간
에는 좀처럼 의식의 대상이 되지 않는 지식을 말한다. 어떤 글의 주제를 파악
하는 활동을 예로 들자면, 지금 막 주제를 파악하는 독해활동을 할 때 활용되
는 마음이 초점지이고, 그 안에 들어 있을 수밖에 없는 철자에 대한 판독 능
력, 개별 단어들의 의미 파악, 문장 구조에 대한 문법적 이해 등등은 보조지

에 해당한다.

　글의 주제 파악 행위라는 초점지는 앞에서 열거한 특수한 세부 항목들인 보조지들이 통합되어 이루어진 것이지만, 그 통합의 결과는 그것을 가져오게 한 보조지들에서는 그 흔적조차도 찾아볼 수 없는 성격을 띤다. 초점지는 오우크쇼트가 말한 판단과 마찬가지로 어떤 활동을 잘 수행하는 데에 요구되는 능력이나 자질을 아무리 세세하게 열거한다고 하더라도 그 목록 속에 들어갈 수가 없으며, 오히려 보조지의 산술적 총합이 더 이상 효력을 발휘할 수 없는 시점에서부터 초월적으로 발휘되기 시작하는 것이다. 투수가 신들린 듯이 공을 던져 연속 삼진을 잡는 순간, 과학자가 자아를 망각할 정도로 실험에 몰두하다가 순간적으로 만끽하게 되는 발견의 희열, 배우가 마치 실제 인물처럼 배역을 완벽히 연기하는 모습 등등이 바로 그 전형적인 예라고 할 수 있다. 요컨대, 초점지는 말로 표현할 수 있는 보조지의 산술적 총합 이상이며 결코 보조지로 환원될 수 없다. 인식 당사자가 세부적인 항목들에 대하여 필요 이상의 관심을 두는 순간, 그것들이 가져오는 통합적 의미는 상실되고 만다. 예를 들어, 어떤 사람이 복잡한 시내에서 아주 자연스럽게 자동차 운전을 하다가도 클러치와 기어의 조화로운 조작에 정도 이상으로 신경을 쓰는 순간, 그의 자동차는 시동이 꺼지게 되고 그는 충돌사고의 위험에 직면하게 된다.

　폴라니에 의하면, 일체의 지식은 사람의 몸 내부에 그 근원을 두고 있으며, 그 몸이 구심점이 되어 이미 내면화한 보조지들에 터하여 초점지에 주목함으로써 양자를 묵시적으로 통합하는 과정－그의 용어로 'from～to relation'－의 산물이다. 배우는 사람의 경우, 보조지는 인식주체에게 이미 내면화되었다는 의미에서 항상 '근접항(proximal term)'이고 초점지는 아직 통합되지 않았다는 의미에서 '원접항(distal term)'이라고 할 수 있으나, 초점지 또한 일단 인식주체에게 '체득(interiorizing)'되고 나면 당사자에게는 근접항(또는 보조지)이 되어 한층 더 높은 수준의 초점지를 모색하는 데에 동원된다. 이 점에서 보면, 초점지와 보조지의 관계는 항시적으로 고정된 것이 아니라 인식주체를 중심으로 역동적으로 순환하면서 인식주체로 하여금 점차 세계에 대한 정밀하고 확장된 이해를 가능하게 해 준다.

폴라니는 이와 같이 보조지를 단서로 하여 외부 세계를 우리 몸의 일부로 동화시켜 나가는 과정을 '내주(indwelling)'라고 부르며, 반면에 초점지를 그 보조적 세부 단서들로 환원할 때 통합적 의미가 상실되는 과정을 '외화(exteriorizing)'라고 일컫는다. 초점지는 앞에서 말한 판단과 마찬가지로 그것을 내면화하고 있는 사람의 몸을 떠나서는 그 통합적 의미를 간직할 수 없다. 이상에서 논의한 바와 같이, 어떤 지식이나 활동이든지 그것이 '사람'에게 내면화되었을 때 비로소 그 본연의 모습이 드러나게 된다. 거꾸로 말하면, 바깥 세계가 신체의 일부가 되는 내면화 없이 인간의 세계에 대한 진정한 이해는 불가능하다. 물론 이 점은, 이상에서 든 예들에서도 약간 시사되었듯이 비단 신체적 활동이나 기술 우위의 분야에만 국한되지 않고 예술, 학문, 종교 등등 인간이 하는 모든 활동 분야에 적용될 수 있다.

자득지로서의 교사

이상에서 고찰한 오우크쇼트와 폴라니의 내면화에 관한 이론은 지식의 묵시적 측면을 강조하고 있다는 점에서 동양 성리학의 인식론적 전통과 일맥상통한다고 볼 수 있다. 오우크쇼트의 판단이나 폴라니의 초점지는 곧바로 성리학 이론체계 내에서의 '자득(自得)'의 위치에 상응한다. 맹자가 시사하는 바에 따르면, 자득은 "정신적 긴장에서 벗어나 도를 깊은 수준에서 자유자재로 활용할 수 있을 정도로 실재에 도달한 경지(自得之 則居之安 則資之深 資之心 則取之左右逢其原)"(『孟子』 離婁 下14)를 뜻한다. 주희가 이러한 맹자의 말에 대한 주석에서 "언설이 완전히 자신의 생각으로 바뀌어 더 이상 언설에 의존할 필요가 없는 상태가 되는 것이 자득이며, 말을 이리저리 둘러대고 꿰맞추는 것은 모두 자득이 아니다(學不言 而自得者 乃自得也 有安排布置者 皆非自得

也)."(『近思錄』論學41)라는 정호(程顥)의 말을 인용하고 있는바, 여기서 자득은 '안배포치(安排布置)'와 정면으로 대비되어 있다(이홍우 외, 2000: 31).

자득은 판단이나 초점지와 마찬가지로 인식주체가 바깥 세계의 사물이나 현상을 완전히 자기 것으로 터득하고 있는, 물 흐르듯이 자연스럽고 자유로운 경지를 가리키며, 잔뜩 긴장을 해서 억지로 말을 이리저리 둘러대고 꿰어 맞추는 것, 곧 정보의 수준과는 애당초 거리가 멀다. 자득은 언설이 언설로서의 그 형태를 잃어버리고 우리 존재의 한 부분이 되는 것을 의미하며, 이때에 모든 언설은 이미 의식적 노력의 대상이 아니고, 우리의 앎은 '아는 것 같지 않게 아는 것', 곧 묵식(默識)에 가깝게 된다(이홍우 외, 2000: 33). 그러나 자득과 판단이나 초점지 사이에는 그 공통점 못지않게 결코 간과할 수 없는 뚜렷한 차이점도 존재한다고 보아야 한다. 오우크쇼트의 판단이나 폴라니의 초점지에서는 비교적 불분명했던 점이 하나 있다. 각각의 개별적 지식이나 활동에서 정보와 판단(또는 보조지와 초점지)이라는 두 측면이 존재한다는 점을 인정한다손 치더라도, 그 정보와 판단(또는 보조지와 초점지)이 서로 역동적으로 순환하면서 궁극적으로 이루어 내는 마음의 최종적인 상태, 달리 말하여 '세상에서 제일 큰 판단'은 무엇인가에 대한 대답은 오우크쇼트나 폴라니의 논의에서 분명하게 찾아보기 어렵다. 이와 달리, 성리학에서의 자득은 단순히 개별적 지식 또는 활동의 내면화에만 국한되는 문제의식이 결코 아니다.

자득은 개별적 지식이나 활동뿐만이 아니라 그것들 전부가 모여 이루어 내는 최종적인 판단을 획득하게 되는 것, 다시 말하여 이 세계 전체를 자기 것으로 내면화한 연유로 일상적인 생각과 말과 행동이 본인 스스로 노력하지 않아도 자연스럽게 시의적절하게 되는 도덕적 이상이기도 하다. 바로 이러한 의미에서 성리학에서의 자득은 『중용』에서 성인(聖人)의 경지를 표현한 "애쓰지 않고도 사리에 들어맞으며 머리를 짜내지 않고도 이해한다(不勉而中 不思而得)."(『中庸』20章)와 동일한 의미를 나타내며, 앞에서 말했듯이 '중(中)'의 현상적 대응물에 해당한다고 볼 수 있을 것이다(이홍우 외, 2000: 31-33). 이상의 논의에 비추어 볼 때, 내면화의 이러한 총체적 의미를 고려한다면, 앞에서 언급한 폴라니의 책 『Personal Knowledge』의 가장 합당한 번역은 우리에게 아직은 좀 낯설기는 하지만 마땅히 '자득지(自得知)'가 되어야 할 것이다.

이 장의 "1) '내면화 과정'으로서의 수업"에서 발굴해 낸 수업의 핵심적인 의미 중의 하나는 '내면화'이었다. 그러나 메논의 패러독스에서 잘 시사되어 있듯이 내면화는 논리상 불가능한 일이다. 하지만 이상에서 살펴본 바와 같이, 내면화의 구조를 면밀하게 분석해 보면 내면화에는 정보와 판단(보조지와 초점지)의 두 측면이 필연적으로 포함되어 있으며, 더 나아가서 반드시 지식의 이 두 측면 또는 간극을 메워 주는 요소로서 살아 있는 인식주체, 곧 사람이 있어야 한다. 아마도 교육에 있어서 이러한 사람의 역할을 하는 존재는 교사일 것이다. 적어도 교육 또는 수업의 사태에서는 교사라는 살아 있는 사람을 통하여 정보와 판단(또는 보조지와 초점지) 사이에 간극이 메워지며, 따라서 메논의 패러독스는 실지로 기우에 불과한 것이 된다.

교사는 자신의 몸을 지식의 화신(化身)으로 만듦으로써 안배포치적 지식과 자득지 사이의 간극을 이어 주는 역동적인 가교 역할을 수행한다. 수업을 할 때 교사는 그의 온몸이 언어가 되며, 그 몸을 통하여 활자 또는 그 밖의 상징으로 이미 화석화된 교과서에 실린 지식들에 생기를 불어넣어 그것들을 살아 있는 판단의 모습으로 승화시켜 준다(김승호, 1997: 40). 이를 폴라니의 용어로 설명하자면, 살아 있는 유기체로서의 교사는 보조지가 통합되어 이제까지 상상도 못했던 수준의 초점지를 이루는 모습을 몸소 보여 줄 수 있는 사람이다. 만약 이 점이 개별적 지식 또는 활동 분야의 기술이나 지식들을 잘 가르치는 데에만 적용되는 것이라면, 아마도 각 분야에서의 교사의 역할은 그다지 대단한 것이 아닐지 모른다. 그러나 앞서 자득에 대해 살펴본 바와 같이, 자득은 한 개인이 어떤 분야의 지식이나 활동을 완전히 내면화했을 때 보여 주게 되는 탁월성이라는 의미를 넘어서서, 이 세상 전체를 내면화했을 때, 곧 성인의 마음의 상태에서 저절로 우러나오게 되는 생각과 말과 행동의 수준도 포함한다. 물론 교사가 불가피하게 어느 한 교과목 또는 기능을 전문적으로 담당하여 가르친다손 치더라도, 이미 그의 일거수일투족은 여러 교과가 한 사람의 몸에 들어와서 어떻게 마음 전체를 이루게 되는지를 시범 보이고 있는 것이다. 요컨대, 교사는 지식이 결코 개인의 사유물이 아니라는 점, 함린(D. W. Hamlyn)이 말하는 지식의 공적(公的) 성격을 온몸으로 대변한다. 바로 이 점으로 볼 때, 수업에서 교사는 결국 자득지의 위치에 있다고 말할 수 있다.

　이상에서는 '내면화'와 '자득지'라는 수업의 핵심적 의미 두 가지를 발굴해 내었다고 본다. 이상의 고찰을 통하여 드러난 바와 같이, '교사와 교육내용은 따로 분리될 수 없다.'라든가, '교사는 교육내용의 구현체이다.'라든가 하는 말들은 단순히 교사의 떨어진 사기를 올리기 위한 인사치레가 아니라 지식 또는 수업의 성격을 치밀하게 분석한 결과에서 논리적으로 따라오는 교육의 근본 원리이다. 이제 이 장의 서두에서 제기한 질문, '예로부터 오늘날과는 달리 수업의 의미를 교사를 중심에 놓고 규정한 이유는 무엇인가?'에 대한 의문이 어느 정도 해소되었다고 본다. 그러나 이상에서는 주로 수업과 자득지의 관계를 살펴보고 지식 전달자로서의 교사의 역할이 중요하다는 것을 강조했지만, 교사가 자득지의 위치에 있다는 것이 구체적인 지식의 전달에 있어서 무엇을 의미하는지, 또는 학생의 지식 내면화 과정에 있어서 교사가 구체적으로 어떤 역할을 수행하는지, 달리 말하여 교사의 판단이 학생의 판단으로 전수되는 데에 있어서 교사는 구체적으로 어떤 일을 하는지는 미처 규명하지 못하였다. 다음에서는 이 점을 좀 더 자세하게 규명해 보겠다.

3) '간접전달'로서의 수업

🔳 비고츠키의 근접발달영역

비고츠키(L. S. Vygotsky)에 의하면, 인간의 고등정신기능은 '집단적 삶의 형식(forms of collective life)'에 바탕을 두고 있다(Vygotsky, 1987: 164-165). 우리가 자신의 내부에 있는 것이라고 생각하는 정신기능도 잘 따져 보면 원래 바깥 세계의 존재, 특히 '사회적인 것'이 내면화된 것임에 틀림없다. 우리는 이제까지 인간의 정신기능을 IQ 검사의 예에서 충분히 확인할 수 있다시피 순전히 현재의 개인 내적인 차원에서만 파악해 왔지만, 앞의 비고츠키의 생각에 비추어 보면 그것은 사실상 필연적으로 다른 사람과 더불어 무엇인가를 할 수 있는 능력을 포함한다.

비고츠키는 인간의 정신기능을 크게 두 수준, '개인 간(interpersonal)' 수준과 '개인 내(intrapersonal)' 수준으로 나누고, 이 장의 이상에서 논의한 바 있는 '내면화'를 이 두 수준의 정신기능 간의 관계로 규정하고 있다. 특히 비고츠키는 개인 간 수준에서부터 개인 내 수준으로 정신기능이 형성되는 내면화 과정을 '점유화(appropriation)'라고 부르는데(Vygotsky, 1978: 52-57), 그가 사용한 그 유명한 '근접발달영역(zone of proximal development)' 개념도 결국 그러한 내면화를 설명하기 위한 개념적 장치로 볼 수 있다. 비고츠키의 정의에 따르면, 근접발달영역은 '발달의 현실적 수준(level of actual development)'과 '발달의 잠재적 수준(level of potential development)' 간의 거리를 의미한다(Vygotsky, 1978: 85-86). 보다 자세하게 설명하면, 근접발달영역은 아동이 혼자서도 문제를 해결할 수 있는 '발달의 현실적 수준'과 성인의 안내나 보다 능력 있는 또래들과의 협동을 통해 문제를 해결할 수 있는 '발달의 잠재적 수준' 간의 거리를 말한다.

근접발달영역에서의 '근접'은 결국 무엇이 무엇에 가깝게 된다는 뜻일까?

물론 비고츠키의 개념에 충실하자면, 그것은 발달의 현실적 수준과 잠재적 수준 간의 거리가 좁혀지는 것을 의미한다. 그러나 비고츠키가 의식했든지 그렇지 않았든지 간에 근접은 앞서 고찰한 바 있는 폴라니의 '근접항' 개념이 시사하듯이 바깥의 세계가 인식주체 내면에 좀 더 근접한다는 의미로 이해될 수 있다. 달리 말하면, 근접발달영역에서의 '근접'의 의미는 마음 밖의 실재가 신체의 중심—성리학에서 말하는 '마음의 가장 깊숙한 핵심부', 곧 '중(中)'—에 점점 가까이 간다는 뜻으로 이해될 수 있을 것이며, 따라서 그 명칭도 근접발달영역보다는 '구심적(求心的)' 또는 '중추적(中樞的)' 발달영역이 더 좋은 번역일 수도 있다(이홍우, 2000b: 254).

그렇다면 근접발달영역은 어떻게 확장되는 것인가? 비고츠키에 의하면, 앞에서 시사한 바와 같이 근접발달영역 내에서의 아동의 발달은 주변 사람들의 도움 또는 사회적 상호작용에 의하여 결정된다. 특히 비고츠키 계열의 학자 로고프(B. Rogoff)에 의하면, 현실적 발달 수준과 잠재적 발달 수준 간의 거리를 좁히는 데에 있어서, 달리 말하여 실재가 마음의 핵심부에 근접하는 데에 있어서 이른바 교사나 부모의 '안내된 참여(guided participation)'가 매우 중요하다(Rogoff, 1990). 수업에서 교사는 아동의 현실적 발달 수준과 잠재적 발달 수준 사이를 '매개'한다. 근접발달영역은 고정된 것이 아니며, 그때그때 교사의 매개에 의하여 아동이 좀 더 수준 높은 사고와 지식을 획득함에 따라 잠재적 발달 수준이 현실적 발달 수준이 되고, 또다시 그 현실적 발달 수준에 새로운 잠재적 발달 수준이 생기는 식으로 계속하여 순환적 연결고리를 맺으면서 확장된다. 이렇게 볼 때 결국 근접발달영역은 '교사로부터 배워서 자기 것으로 만들 수 있는 지적 영역'이라고 규정될 수 있을 것이며, 이 영역이야말로 교육에서 가장 중요한 측면, "2) 수업의 '자득적 측면'"에서 다룬 내용을 심리학적으로 잘 뒷받침해 주고 있다.

그러나 여기에도 한 가지 의문이 남는다. 그것은 앞에서 언급한 교사에 의한 매개, 로고프의 용어로 '안내된 참여'가 구체적으로 무엇을 의미하는가 하는 것이다. 다시 말하여, 학생의 근접발달영역의 끊임없는 확장을 위해서 수업에서 교사가 하는 역할은 구체적으로 무엇인가 하는 것이다. 사실, 우리말로 옮기기조차 어려운, 로고프가 말하는 '안내된 참여'가 무엇인가에 대해서는 비고츠키 계열의 학자들 간에도 의견이 분분하지만, 비고츠키가 인간의 고등정신기능은 결코 직접 가르칠 수 있는 대상이 아니라는 것을 강조했다(Vygotsky, 1987: 170)는 점에서 보면, 안내된 참여는 교사의 언어에 의한 직접적인 전달이나 지시만이 아님이 분명하다.

🔖 키에르케고르의 간접전달

그러나 그렇다고 하더라도 교사가 고등정신기능을 전수하기 위하여 정보를 언어로 '직접 전달'하는 것 이외에 과연 또 무슨 일을 할 수 있으며, 또 무슨 일을 해야 하는지는 여전히 의문으로 남아 있다. 또한 한편으로는, 근접발달영역의 확장을 위해서 교사가 학생에게 줄 수 있는 '도움'이, 요즘 그렇게 되어 가고 있는 것처럼 기껏해야 수업의 조력자나 안내역으로 한정될 수밖에 없는가 하는 의문도 든다. 이러한 의문들을 해결하기 위해서는 키에르케고르(S. Kierkegaard)가 주장한 '간접전달(indirekte meddelelse, indirect communication)'을 면밀히 고찰할 필요가 있다. 왜냐하면 키에르케고르의 간접전달은 하나의 교육방법으로서, 이하에서 좀 더 구체적으로 살펴볼 바와 같이 '교사의 내면화'와 '교육내용의 전달'의 관계에 대한 예리한 통찰을 보여주기 때문이다.

🔖 키에르케고르의 자아관

키에르케고르가 살았던 시대에 기독교 사회의 대부분의 사람들은 그가 보기에 성경을 그 언어적 의미에만 집착하여 단순히 관념적으로 이해하는 수준에 머물고 있으면서도 스스로가 실존하는 기독교인이라고 착각하는 경향을 농후하게 띠었으며, 키에르케고르는 이에 대한 반성에서 진정한 기독교인을 양성하기 위한 구체적인 방안으로서 간접전달을 제안하게 된다. 물론 키에르케고르의 간접전달은 그의 관심이 주로 기독교인 양성에 초점이 맞추어졌다는 점에서 특정한 종교에 국한하여 그 의미를 가진다고 볼 수 있다. 그러나 키에르케고르의 간접전달은 교육의 가장 보편적인 동시에 핵심 문제인 '교육내용의 내면화와 전달의 관계'를 그 어떤 이론보다도 심도 있게 파헤치고 있다는 점에서 보다 폭넓게 일반 교육방법으로 해석될 필요성이 있다. 이러한 의미에서, 이하에서는 키에르케고르의 간접전달에 관한 생각을 있는 그대로 고찰하기보다는 이 글의 현재 관심에 맞게 번역하여 논의를 진행시키고자 한다.

키에르케고르에 있어서 인간의 자아는 독특한 방식으로 규정된다. 자아는 자신의 현재 그대로의 모습인 '현실적인 자아', 그 현실적인 자아를 토대로 하여 가능성으로 품을 수 있는 '이상적인 자아'라는 두 축으로 이루어져 있으며, 이 '관계' 속에서 이상적 자아를 현실적 자아로 실현하는 것이 진정한 자아의 모습이라고 할 수 있다. 이 정의에 따르면 이상적 자아와 단절되어 관계를 맺지 못하는 현실적 자아는 물론, 실현 가능성으로만 확인된 이상적 자아는 결코 진정한 자아가 못 된다. 비고츠키의 경우에서 정신기능이, 현실적 발달 수준과 잠재적 발달 수준이 서로 엇바뀌며 관계를 맺는 상승활동으로 규정되었던 것처럼, 키에르케고르에게 있어서도 자아는 완결될 수 있는 고정된 실체가 아니라, 현실적 자아가 이상적인 자아가 되고 그 현실화된 이상적 자아가 또다시 새로운 이상적 자아와 관계를 맺어야 하는 역동적인 '활동'임을 의미한다.

키에르케고르는 이상에서 설명한 자아를 '심미적 자아' '윤리적 자아' '종교적 자아'라는 세 가지 상이한 양상(또는 단계)으로 구분한다. 인간이 온전한 자아 발달을 이루려고 하면 그의 자아는 앞의 세 단계를 순차적으로 거쳐 나가야 함은 물론이고, 단계마다 그의 현실적 자아에 대하여 가능성이 되어 줄 수 있는, 즉 지나치게 높지 않은 이상적 자아가 제시되어야만 한다. 물론 이 점도 중요하지만 온전한 자아의 발달을 위하여 더욱 명심해야 할 것은 앞에서 말한 단계들이 결코 '관념적' 단계가 아니라 '실존적' 단계라는 점이다. 그것들은 머리로 이해하면 금방 도달하거나 뛰어넘어 설 수 있는 것이 아니라, 반드시 당사자의 몸 또는 실존적 삶이 따라 주어야만 도달할 수 있는 단계들이다.

메논의 패러독스에도 시사되어 있듯이, 상이한 실존적 단계에 있게 되면 애당초 서로 간의 '직접적인' 의사소통은 불가능하며, 이 점 때문에 일반적으로 사람들은 현실적 자아에 안주하여 새로운 자아를 상상하기조차 어렵게 된다. 사람들은 스스로의 실존은 심미적 단계에 있으면서도 마치 종교적 단계에 놓여 있는 것처럼 이성적으로 착각하기도 하고, 심지어는 높은 단계의 자아를 보다 낮은 자기 수준의 실존에 억지로 끌어다 맞춘다. 이러한 오해와 왜곡에서 자아 발달에 관건이 되는 현실적 자아와 이상적 자아 간의 적절한 긴장과 균형은 상실되며, 진정한 자아를 이루는 일은 더욱더 요원해진다. 학생들의 입장이 대개 이러한 형편에 놓여 있다고 볼 수 있는데, 학생들은 현재 자신들이 위치한 현실적 자아가 지닌 한계를 알지 못하며 이상적인 자아는 상상조차 하기 어렵기 때문에, 직접적인 언어나 지시로서 그들에게 이상적 자아를 제시하는 것은 애당초 불가능하다고 보아야 한다.

🔳 간접전달의 의미

이러한 단계의 난점을 해결하기 위해서는 '간접전달'이 필연적으로 요청된다. 학생의 진정한 자아 발달을 위해서는 학생에게 관념적인 형태의 자아가 아닌 실존하는 이상적인 자아, 곧 교사의 존재가 반드시 있어야 한다. 학생이 실제 수업상황에서 교사와 직접적으로 만나는 일은 무엇보다도 중요하다.

앞서 수업의 자득적 측면에 관한 논의에서 알 수 있었던바, 교육내용의 온전한 전달을 위해서는 실존하는 사람, 곧 교사가 반드시 필요하다. 왜냐하면 교사는 전달하고자 하는 교육내용이 통합되어 이루어 내는 이상적 자아의 모습을 학생들에게 몸소 시범 보여 주는 위치에 서 있기 때문이다. 교사는 화석화된 교육내용의 실존적 구현체이며, 학생들은 교육내용을 구현하고 있는 이러한 교사의 실존 자체에 직접 접하게 됨으로써 비로소 교육내용을 온전히 전수받게 된다. 간접전달은 이와 같이 교사의 실존 그 자체를 전달하는 방법이다. 간접전달은 전달하는 사람의 실존과 분리될 수 없는 지식을 전달받는 사람의 실존과 분리되지 않는 방식으로 전달하는 방법이다(임병덕, 1998).

키에르케고르의 간접전달은 전달받는 사람, 곧 학생의 현실적 자아가 새로운 이상적 자아와 관계를 맺을 수 있도록 돕는 교육방법이라고 할 수 있다. 어떤 분야에서든지 간에 학생들은 대부분 무엇인가를 배우기 전에는 자신이 현재 놓여 있는 위치, 곧 현실적 자아에 안주하여 새로운 이상적 자아에 대해서는 모를 수밖에 없다. 교사의 일은 해당 분야에서 학생들에게 이상적 자아의 가능성을 열어 주는 일이라고 할 수 있는데, 이 일은 학생들에게 이상적 자아를 언어로 설명하여 이성적으로 이해시키는 것만으로는 결코 달성될 수 없다. 학생의 입장에서 기존의 자아의 틀을 깨고 새로운 자아를 획득한다는 것은, 교사가 설명한 바를 단순히 언어의 형태로 암기했다가 필요할 때마다 반복하여 사용하는 정도가 아니라, 교사의 실존을 모델로 하여 자신의 것으로 완전하게 내면화함으로써 자신의 실존(행위, 생활, 삶 등)과 일체를 이루게 되는 것, 곧 키에르케고르의 용어로 '복제(reduplication)'하는 것을 뜻한다.

키에르케고르는 그와 같이 학생이 교사가 제시한 자아를 자신의 실존으로 서서히 복제해 나가는 과정을 가리켜, 비고츠키와 마찬가지로 '점유화'라고 부른다. 다시 말하여, 점유화는 학생이 교사에 의하여 시범이 된 이상적 자아의 모습을 그의 가능성으로 받아들이고, 그것을 적극적으로 자신의 것으로 자득해 나가는 과정을 의미한다. 학생은 점유화 과정을 통하여, 비로소 자신의 실존과 지식, 또는 현실적 자아와 이상적 자아 사이의 간극을 좁힐 수 있게 된다. 키에르케고르의 지식관을 요점적으로 설명해 주고 있는 "진리는 주관성이다."(Kierkegaard, 1941: 181)라는 유명한 말은, 결국 폴라니가 시사한 "사람이 곧 지식이다."라는 명제와 마찬가지로 그 흔해 빠진 진리의 상대성을 주장하는 것이 아니라, 이상에서 말한 점유화의 중요성, 즉 지식의 자득적 측면을 강조한 것으로 이해되어야 한다.

📑 키에르케고르의 이중반사

키에르케고르는 자신의 저서 여기저기에서 간접전달을 소위 '이중반사 (double reflection)'라는 개념을 가지고 설명하기도 하는데, 그에 의하면 이중반사 중 '일차반사(first reflection)'는 전달자가 자신이 전달하고자 하는 내용에 대하여 사고하고 그것을 적절한 언어로 표현하는 것이며, 이어서 '이차반사(second reflection)'는 일차반사를 통하여 얻은 사고의 결과 또는 관념―키에르케고르의 용어로 '의관념(義觀念)'―이 전달자 자신의 실존(행위, 생활, 삶)에 다시 한 번 반사되어 인식주체를 새롭게 규정하는 것을 의미한다(임병덕, 1998: 96-97). 요컨대, 일차반사는 전달 내용이 인식주체의 머릿속에 반영되어 그 결과로서 사고 또는 관념이 남게 되는 것이라면, 이차반사는 인식주체의 실존을 그 사고 또는 관념에 비추어 일치시키는 것이라고 말할 수 있다.

여기서는 비록 구분하여 설명하였지만, 일차반사와 이차반사는 시간상 따로따로 이루어지는 것이라기보다는 동시에 성립하는 과정이며, 굳이 이중반사라고 부른 이유는 세계와 자아가 마치 서로 마주 보고 있는 거울처럼 서로를 번갈아 가며 비춘다는 점 때문일 것이다. 여기서 관념과 실존의 차이를 말하자면, 관념은 사고에 의하여 구체적 현실에서 추상된 논리적 구성물로 현실 속에 존재하지 않는 이상적 상태를 나타내는 데에 반하여, 실존은 시간 속에서 전개되고 있는 삶의 구체적인 현실 그 자체를 가리킨다(임병덕, 1998).

일차반사의 결과로 전달자의 사고 결과가 피전달자에게 반사되어 그를 새롭게 만들지만 단지 관념의 형태로 제시된 것은 뿌리 없는 나무와 같아서 피전달자의 실존과 따로 떨어져 짐짓 지식을 소유하고 있다는 착각만 하게 한다. 예를 들어, "네 이웃을 사랑하라."라는 성경 말씀을 관념적으로 이해하는 일은 그리 어렵지 않을지 모른다. 그러나 실지로 멀리 있는 이에게는 쉽게 사랑을 베풀면서도 자신의 주변 이웃에게 사랑을 몸소 실천하는 일은 무척이나 어렵다. 진정한 의미의 전달을 위해서는 일차반사의 결과로서의 관념이 피전달자의 현실적 자아에 다시 한 번 반사되어 개인의 실존에 구체적으로 나타나는 이차반사가 반드시 요청된다. 일차반사의 결과는 기껏해야 자아의 관념의 변화를 가져다줄 뿐이지만, 이차반사의 결과는 자아의 전 신체적인 변화를 초래하게 된다.

교사는 항상 스스로의 자아 성장을 도모해야 하는 사람이지만, 분명 다른 한편으로 다른 사람, 특히 학생의 자아 발달에 관심을 기울여야 하는 존재이다. 교사가 이상적 자아를 자신의 실존으로 복제하여 학생들에게 시범 보여 줄 때에 교사가 복제하는 자아는 반드시 가장 이상적인 자아이거나 고정된 단계의 자아의 모습일 필요는 없다. 교사가 도달한 자아의 상태가 학생의 자아의 수준에 비하여 너무 높을 경우, 교사는 학생의 점유화를 위해서 학생의 현실적 자아에 긴장이나 갈등, 또는 열정을 야기할 수 있을 정도의 보다 낮은 단계의 자아의 모습을 복제하여야 한다. 요컨대, 예수가 '종의 모습'을 연출하였듯이 교사가 학생으로 하여금 위계의 차이를 느끼지 않도록 학생의 위치로 내려오는 것은 간접전달의 성패에 있어서 결정적인 관건이 된다.

물론, 간접전달을 위해서 교사가 그의 진정한 실존과는 다른 자아의 모습을 띨 수밖에 없는 경우도 허다할 것이다. 키에르케고르의 표현을 빌리면, 교사는 학생을 가르치기 위해서 관념에 반사되어 있는 상위의 가능성을 '반사의 범위에서 뽑아내어 그 뒤쪽으로 돌려놓아야 한다'(Kierkegaard, 1941: 148). 때로는 교사의 진정한 자아의 모습은 감추고 그것과는 다른 것을 마치 자신의 진정한 실존인 것처럼 복제하여 학생들에게 제시할 수도 있다. 이뿐만 아니라, 교사는 자신이 전달하고자 하는 교육내용에 따라 키에르케고르가 유형화한 것보다 더욱 다양하고 많은 자아의 모습을 복제하여 구현해야만 할 것이다. 물론 교사에게 이 일이 가능한 것은 그 다양하고 많은 자아의 모습 역시 실존적 인물인 교사가 과거에서부터 이제까지 거쳐 온 실존들이기 때문일 것이다.

🏷️ 학생의 이중반사

이상의 설명은 간접전달을 주로 교사의 활동 편에 서서 설명하였다. 그러나 간접전달은 교사가 하는 활동의 맞은편에서 동시에 이루어지는 학생의 변화를 더불어 분석하여 설명하지 않는다면, 결코 완전한 교육이론이 되지 못한다. 학생 또한 교사가 제시하는 자아의 가능성을 자신의 것으로 만들기 위해서는 이중반사를 해야만 한다. 교사의 편에서의 간접전달이 '하향식 이중반사'라면 학생 편에서의 간접전달은 '상향식 이중반사'라고 부를 수 있을 것이다. 사실상, 교사가 복제하여 보여 주는 실존적 삶 역시 학생에게 있어서는 마음 밖에서 벌어지는 현상 또는 사태에 불과한 것이다. 그러나 교사에 의하여 복제된 실존적인 삶은 직접적인 언어적 표현이나 지시에 의한 전달과는 달리, 단순히 머릿속에 기억·저장해 두는, 학생에 의한 일차반사에만 머물지 않는다.

학생들은 교사에 의하여 복제된 실존적인 삶을 직접 만나 보고, 스스로 키에르케고르의 한 저서의 제목이기도 한 '이것이냐 저것이냐' 하는 양자택일의 상황에서 놓이게 된다. 물론 이 상황은 언어적 지시나 설득에 의하여 강요될 수 있는 것이 아니라 팽팽한 긴장과 균형이 있는 실존적 상황이며, 이러한 실존적 상황에서는 이상적 자아가 학생에게 순전한 관념의 수준에 머물지 않고 그의 현실적 자아와 긴장관계에 놓이게 된다. 이제까지 침잠했던 학생의 마음은 극도로 고조되며, 이것으로부터 열정적인 정서가 용솟음치게 된다. 물론 이 주체적 선택의 순간에 현실적 자아를 선택하여 절망 또는 상심할 가능성도 얼마든지 있을 수 있지만, 교사의 간접전달의 효과를 긍정적으로 본다면, 학생은 그의 현실성이 해체된 가운데에서 교사가 제시한 가능성을 열정적으로 붙잡으려고 할 것이며, 이러한 선택 이후에는 그 가능성을 자신의 현실적 자아로 구현하려는 점유화의 노력, 곧 '이차반사'는 저절로 수행되지 않을 수 없게 된다. 수업 시간에 학생들이 하는 부단한 모방, 연습, 탐구학습, 여러 가지 시행착오 등등은 결국 이성적으로 파악한 교육내용을 자신의 몸으로 점유하려는 노력, 곧 학생 편에서의 간접전달을 나타낸다. 학생 스스로가 자기 결단을 통하여 몸소 실천해 보지 않은 교육내용은 결코 학생 자신의 것이 될 수 없다.

아마도 이상에서의 설명을 보다 일반적인 수준에서 말한다고 하면, 교사가 수업 시간을 통하여 보여 주는 여러 가지 활동에는 일차반사와 이차반사 모두가 포함되어 있다고 할 수 있다. 수업 시간에 교사는 잘하든 못하든 일종의 간접전달을 하고 있다고 볼 수 있는데, 한편으로 자신이 가르치고자 하는 내용을 말로 설명할 수 있을 정도로 머릿속에 넣고 있어야 하며, 다른 한편으로 그와 같이 머릿속에 파악하고 있는 교육내용을 자신의 몸을 통하여 점유화하는 과정을 시범 보일 수 있어야 한다. 그러나 역시 교사가 수업에서 해야 할 가장 핵심적인 역할은 '이차반사'이다. 교사는 '의관념'이 추상적인 수준에 머물지 않고 학생들의 실존에까지 연결되게 만들기 위해서는 스스로의 몸을 통하여 의관념을 자신의 실존과 결부시켜 보여 줄 수 있어야 한다. 수업에서 이러한 이차반사가 이루어질 때 비로소 학생들은 거기에 비추어 교육내용을 자신의 실존과 결부시켜 몸으로 이해할 수 있게 된다. 학생들은 때로 의관념 정도는 교사 없는 수업을 통해서도 얼마든지 획득할 수 있을는지 모른다. 그러나 원칙상, 교사의 이차반사 없이는 학생들이 교육내용을 진정한 의미에서 자신의 것으로 점유화할 수 없다고 보아야 한다.

🖥️ 로고프의 안내된 참여

수업 시간에 일반적으로 교사들은 간접전달을 위하여 별의별 수단과 방법을 다 동원하면서 애를 쓴다. 때로 소극적으로 질문을 제기하고 가만히 기다리기도 하고, 간혹 알고 있으면서도 모르는 척하기도 하며, 보다 적극적으로는 여러 가지 몸짓과 표정을 짓고 어조와 어투를 바꾸어 가면서 교육내용을 설명하기도 하고, 여러 실험 및 실습용 기자재를 다루는 시범을 보이기도 한다. 이러한 실존의 순간순간에 있어서 교사는 학생들 앞에서 가르치고 있는 지식에 몰입한 한 인간의 모습, 폴라니의 용어로 '당사자적(當事者的) 참여'를 보여 주고 있는 것이며, 교사의 몸은 한 유기체로서의 개인의 몸 이전에 지식의 화신, 앞서 말한 '자득지' 그 자체가 된다. 요컨대, 수업을 통해서 교사는 지식을 완전히 내면화하여 지식과 하나가 된 모습을 학생들에게 시범 보인다. 교사의 몸이 자득지가 된다는 것은 결국 교사가 가르치고 있는 지식이 학생의 이차반사를 유발하리만큼 교사 스스로의 실존과 분리되지 않은 채 실존 자체로 전달되는 것을 의미하며, 따라서 교사에 의한 교육내용의 복제, 키에르케고르의 용어로 '간접전달'로 이해될 수 있을 것이다. 또한 앞서 제기한 로고프의 '안내된 참여'라는 것은 이상에서 설명한 간접전달을 의미한다고 보아야 한다.

안내된 참여는 단순히 수업 시간에 이루어지는 교사의 도움이나 보조 정도가 아니라, 교사 스스로가 자신이 가르치고자 하는 지식에 참여하여 그 지식과 하나가 된 모습을 학생들에게 시범 보이는 것을 의미한다. 그것은 단순한 교육방법의 합리적 적용이 아니라 교사의 몸을 통한 교육내용의 구현을 의미한다. 즉, 교사가 스스로의 몸 또는 실존을 지식의 화신, 곧 '자득지'로 만들어 가는 것이다. 때로 수업 사태에서 외견상 교사가 가만히 쉬거나 침묵하고 있는 것처럼 보일지라도 그 사태 또한 교사 입장에서는 간접전달을 하기 위해 애쓰고 있는 것으로 보아야 한다. 간접전달의 의미에 비추어 보면, 교사가 수업에 와서 가만히 서 있기만 해도 그것은 결코 보통 일이 아니다. 디어든(Dearden, 1967: 151)은 학생에게 원리를 가르치기 위해서는 언어를 미묘하게 구사하고 경험을 안내하는 교사의 역할이 중요하다는 주장을 한 바 있다. 여기서 '교사에 의한 언어의 미묘한 구사나 경험의 안내'로밖에 달리 설명될 수 없었던 것도 결국은 이상에서 설명한 간접전달에 비추어서 보다 분명하게 이해될 수 있다.

이상의 고찰에서도 드러났듯이, 아마도 이 장을 통하여 규명하고자 한 가장 중요한 결론은, 학생의 입장에서 주어진 지식을 지식답게 온전히 자기 것으로 만들게 하기 위해서는 무엇보다도 먼저 교사 스스로가 전달하고자 하는 지식을 완전히 자기 것으로 만들어야 한다는 것일 것이다. 요컨대, 학생에 의한 지식의 점유화를 위해서 간접전달은 필연적으로 요청된다. 키에르케고르의 간접전달은 문자 그대로 '전달'의 의미를 부각하기보다는 오히려 교사 스스로에 의한 지식의 점유화(또는 내면화)를 강조하고자 한 것으로 보아야 한다. 이 점에서 보면, 간접전달에서 '간접'은 결국 지식의 온전한 전달은 지식을 전달하고자 하는 사람, 곧 교사 스스로에 의한 지식의 점유화를 통하여 간접적으로 이루어질 수밖에 없다는 의미로 이해되어야 한다. 우리는 이상에서 살펴본 간접전달을 이제까지 수업 시간에 교사가 해 오던 활동에 별도의 색다른 방법이나 기법을 추가하는 것으로 이해해서는 안 된다. 어떻게 보면 점유화 자체가 곧 전달을 의미하며, 사실상 점유화보다 더 효율적인 교육방법은 있을 수 없다고 보아야 한다.

로쉬타인의 강의

로쉬타인(Rothstein, 1996)에 의하면, 강의는 중세에서는 원래 여러 교육방법 중 하나이기 이전에, 교사가 되려는 사람이 여러 사람 앞에서 자신의 배움을 연시(演試)하는 것이었다고 한다. 이것이 시사하는 것은 강의의 중요한 측면이 연시 이전에 교사의 배움의 정도, 교육내용에 대한 자득의 정도이며, 연시라는 것도 인위적인 것이 아닌 자득의 자연스러운 결과라는 점일 것이다. 이렇게 볼 때, 강의는 '교사가 이제까지 자신의 배움을 통하여 자득하게 된 교육내용을 자신의 몸을 매개로 하여 밖으로 자연스럽게 드러내는 것'이라고 재규정될 수 있다. 강의는 지식을 내 것으로 만든 사람의 입장에서 가르치지 않으려고 해도 그렇게 할 수 없는 그야말로 '부득이(不得已)'한 활동이다. 강의를 통하여 교사의 몸 핵심부에 묵시적으로 자리 잡고 있던 것들이 교사 스스로도 알 수 없는 과정을 거쳐서 바깥으로 드러나게 된다. 지식과 사람이 거의 하나에 근접했을 때 그 사람에게는 다양하고 많은 변화가 일어날 것이며, 그 변화는 부분적인 것이 아닌 총체적인 것이다. 그 당사자는 단순히 이때까지와는 다른 사고나 관념만을 소유하는 것에 머물지 않고 머리끝에서 발끝의 신경세포 하나하나에 이르기까지 '실존적' 또는 '전 신체적인' 변화를 겪게 될 것이다.

교사가 어떤 분야의 지식을 내면화했다는 것은 지식과 자신의 몸이 결합해 있음을 보여 주는 자기 나름의 신체적 조건이나 감각적인 특질에 가까운 '스타일'—표정, 몸짓, 어조, 태도, 정서 등—을 가지게 되는 것이다. 교사는 여러 지식 또는 교과내용들이 한 사람의 몸에 들어와서 통합되는 실존적 모습을 자신의 스타일에 실어 학생들에게 보여 준다. 학생 입장에서는 교사가 전달한 수업의 세부적 내용 자체보다는, 수업 내용을 전달하면서 교사가 보여 주는 정서, 태도, 분위기 등과 결부된 그의 스타일이 오래도록 기억에 남는다. 오우크쇼트에 의하면, 학생 입장에서 교사의 스타일을 간파하지 못하면 사실상 그는 교사가 가진 판단의 피상적인 것밖에는 배우지 못하게 된다.

이상의 논의에 비추어 볼 때, 강의는 교사의 간접전달의 일환으로 이해되어야 할 것이다. 앞에서 말한 바와 같이, 교사 스스로에 의한 지식의 점유화 자체가 이미 간접전달을 함의하고, 이때 이루어지는 간접전달은 앞에서 살펴본 바와 같이 단순한 가르치는 기술(技術)이기보다는 교사가 몸 전체로 보여 주는 '전 신체적인 반응'이며, 달리 말하면 '중(中)의 정서적 표현'으로서의 예술에 가까운 것이라고 말할 수 있을 것이다. 이 점에서 수업은 치밀하고 선명한 체제 계획을 통하여 가시적 목적을 달성하는 일과는 애당초 거리가 멀며, 어떻게 보면 수업에는 마치 한 편의 드라마처럼 잡담, 에피소드, 파안대소, 유머, 여백 등등 교사의 체취가 묻어나는 온갖 지저분하고 복잡한 것이 뒤섞여 있는 것이 오히려 자연스러운 것이다. 아마도 자신의 사소한 동작이나 표정 하나하나에도 '중(中)'이 실려 있는 그와 같은 자연스러운 수업을 한번 해보는 일은 모든 교사의 소원일 것이다.

🖹🖊 수업은 간접전달이다

대학 강의와 학교 수업 사이에는 분명 다른 점이 있을 것이다. 그러나 강의와 수업 모두, 이상에서 고찰한 바와 같이 반드시 교사의 내면화를 전제로 이루어져야 하는 활동이라는 점에서 근본적으로는 크게 다르지 않다고 본다. 또한 이 점에서 수업 또한 강의와 마찬가지로 교사에 의한 간접전달의 일환으로 해석될 수 있다. 우리는 이제까지 별도의 시공간에서 이루어지는 수업을 통해서 지식의 실존적 모습을 만날 수 있는 기회를 후손들에게 하나의 전통적인 제도로서 애써 보장해 왔다고 볼 수 있다.

'수업은 간접전달이다.'라는 것이 바로 이 장에서 발굴해 낸 수업의 최종적인 결론이다. 키에르케고르가 말한 '간접전달'을 수업 사태에 적용한다면, 수업 자체가 곧 간접전달이라고 말할 수 있다. 교사의 입장에서 보면, 판단은 직접적으로 전해 줄 수 있는 것이 아니라 자신의 몸을 통하여 간접적으로 전달해야 하고, 학생의 입장에서 보면 판단은 정보처럼 직접 얻을 수 있는 것이 아니라 교사의 몸을 통하여 간접적으로 획득할 수 있는 것이다. 물론 간접전달은 오직 신만이 완벽하게 구사할 수 있는 것이며, 따라서 인간은 완벽한 간접전달을 구사할 수 없다는 점에서 키에르케고르의 간접전달을 일반적인 수업의 개념으로 볼 수 있는가 하는 의문의 여지가 남아 있다. 그러나 예수의 행적 또는 소크라테스의 산파술 또는 키에르케고르의 저작술만이 유일무이한 간접전달은 아니며, 교사들이 보여 주는 여러 형태의 수업에서 찾아볼 수 있듯이 간접전달에는 여러 수준과 다양한 예가 있을 수 있다는 것이 이 장의 기본 입장이다. 여기서 이를 뒷받침해 주는 몇 가지 구체적인 예를 제시하면서 이 절을 끝맺고자 한다.

중학교 사회 수업 시간에 어떤 교사가 선거가 갖추어야 할 여러 요건 중의 하나로 '비밀선거'를 설명하고 있었다고 한다. 그런데 학생들은 교과에 등장하는 언어적 설명만으로는 비밀선거가 얼마나 중요한 것인가를 잘 깨닫지 못했다. 그래서 사회교사는 이런저런 궁리 끝에 아주 오래된 자신의 군대 시절 에피소드를 들려주었다. "군대에서 선거를 하는데 병사들이 줄을 죽 서서 대대장이 보는 앞에서 공개적으로 특정 후보의 칸에 표기할 것을 암암리에 강요받은 적이 있다. 이때 나는 순간적으로 극심한 내면적 갈등을 느꼈으며, 투표 후에도 자괴감에서 오랫동안 헤어 나올 수 없었다. 나는 이때 비로소, 비밀투표가 올바른 선거를 치르는 데, 더 나아가서 민주주의 실현에 얼마나 결정적인 관건이 되는지를 절실히 깨달았다. ……" 이렇게 설명하자 학생들은 이전까지와는 달리, 큰 눈을 굴리면서 진지한 자세로 공감하는 표정을 지었다고 한다. 이번에는 어느 초등학교 교사의 수기(手記)를 간접전달의 사례로서 직접 인용해 보겠다.

사회근대사 수업이었습니다. 저희 반 아동들은 일제 36년에 대한 아무런 느낌도, 감각도 없는 듯이 시간 내내 즐겁게 웃고 있었습니다. 저는 그 모습에 하도 속이 상하고 화가 나서 제가 알고 있는 일제 36년에 대해 온몸으로 제가 가지고 있는 지식의 120%를 동원해서 한참을 설명하고 났더니, 차츰 2명, 3명, …… 10명의 아이들 표정이 분노로 넘치기 시작하는 것을 목도할 수 있었습니다. 이렇게 되자 그 순간부터는 학생들 스스로가 오늘날에 진정으로 해야 할 일들을 지도하는 것은 그리 어

렵지 않았으며, 그 수업 순간순간의 몰입이라고 할까, 그 희열은 앞으로도 결코 잊을
수 없을 것입니다.

3. 결론

민감한 교사라면 누구나 한번쯤은 자신이 월급을 받는 이유에 대하여 질
문을 가져 본 적이 있을 것이다. 교사의 일은 특별히 무슨 물건을 생산하거나
그 유통에 관여하는 것도 아니고, 그렇다고 하여 고객의 필요나 애로 사항을
해결해 주는 서비스 산업에 종사하는 것도 아니다. 만약 다른 점이 있다고 한
다면, 그것은 교사가 다른 직업의 종사자들이 하지 않는 활동으로서 '수업'을
한다는 점일 것이다. 그러나 한편 일반 사회의 생산활동의 논리에 비추어 보
면, 수업 또한 보수나 대가가 따르는 일정한 시간 동안의 노동일 뿐이다. 수
업은 40분이든 50분이든 학생들을 상대로 교재에 거의 그대로 드러나 있는
지식을 단순히 부연 설명하는 일에 불과하고, 또한 그 부연 설명도 여러 학급
을 가르치는 경우에는 뚜렷한 가시적 결과물도 없이 자꾸 반복될 수밖에 없
는 일상적이고 상투적인 활동일 수 있다.

📖 총체로서의 수업

그러나 이상 본론의 수업에 대한 인식론적 고찰에서 드러난 수업의 새로운
의미를 고려해 보면, 교사가 하는 일로서의 수업은 결코 생산활동과 동일선
상에 놓고 파악될 수 없는 '총체적인' 활동이라는 것을 알 수 있다. 수업은 학
생이 주어진 교육내용을 내면화하는 과정이며, 이러한 내면화 과정에 있어서
이미 그 교육내용을 완전히 자신의 것으로 만들고 있는 자득지로서의 교사
에 의한 간접전달은 '개념적' 조건이다. 교사가 가르치고자 하는 내용을 학생

이 현재 처해 있는 자아의 수준을 고려하여 여러 가지 단계와 양태로 몸소 복제하여 드러내는 일은 학생의 입장에서 교육내용을 점유화하는 데에 있어서 '선행적' 관건이 된다. 비록 단순한 어떤 한 정보나 기능을 전수한다고 할지라도 교사는 그것들을 자신의 총체적 인격과 관련지어 자신의 온몸으로 드러냄으로써 결국 묵시적으로 학생의 마음 전체의 변화를 도모하게 된다.

간접전달로서의 수업

이 점이 바로 1절 서론에서 제기한 바와 같이 옛날 사람들이 오늘날과는 달리 수업의 의미를 교사를 중심에 놓고 규정한 진정한 이유일 것이다. 학생의 자아는 결코 저절로 깨지지 않으며, 단지 스스로 깨질 수 있다고 착각할 뿐이다. 제도적으로 격리된 시공간의 수업을 통하여 비로소 드러나는 교사의 실존적 자아는 학생으로 하여금 현실적 자아의 한계를 깨닫게 해 주며, 다른 한편으로는 끊임없는 점유화를 통하여 새로운 이상적 자아에로의 도약을 가능하게 만들어 준다. 세상에서 교육만큼 포괄적인 의미로 사용되고 있는 개념도 드물지만, 좀 엄밀하게 규정하자면 교육은 곧 '간접전달로서의 수업'을 의미한다. 물론 현실적으로 어떤 분야에서든지 교사의 간접전달 없이도 지식의 점유화는 얼마든지 가능하며 그 사례 또한 결코 적지 않다고 할 수 있다. 그러나 항상 세계 전체를 내면화한 '자득' 수준에서의 완전한 간접전달을 기준으로 할 때, 그 개개의 점유화는 단지, 만약 교사의 존재가 있었다면 그보다 더 잘할 수도 있었는데 그렇게 되지 못한 불완전한 사례들일 뿐이다.

그러나 오늘날 우리는 1절 서론에서 언급한 바와 같이 수업의 이러한 의미를 간과하고 그것들에 거스르는 방향으로 교육 또는 수업에 관한 논의를 진행시키고 있다. 학생의 주도적 체험이나 활동을 무조건 우선시하는 맹목적인 교육방법들과 현란한 시청각 기재 및 학습자료들이 동원되는 '이벤트성 수업' 등이 난무하는 가운데, 교사가 자신의 단련된 인격으로 보여 주어야 하는 교화, 시범, 모범, 강의 등 교사의 간접전달은 점차 오간 데 없이 사라져 가고 있으며, 또 그만큼 학생들의 점유화 기회도 상당한 정도로 줄어들거나 아주 박탈당하고 있는지도 모른다. 원칙상 교사가 전달하고자 하는 교육내용과 교사의 실존 또는 언행이 분리될 때, 그 전달은 성공할 수 없게 된다. 아마도 이와 같이 수업의 자득적 의미가 상실되는 경향은 앞으로 최신 정보통신기술·공학의 발달에 힘입어 더욱 심화될 것으로 보인다. 그러나 사실, 자득지로서의 교사에 의한 간접전달이 없는 수업을 과연 수업이라고 부를 수 있을지 의심스러우며, 또한 이러한 시대적 조류에 편승하여 교사 스스로가 수업에서 간접전달을 포기하는 것은 결국 교사 스스로의 직무유기에 해당할 뿐만 아니라 교사가 월급을 받아야 하는 거의 유일한 이유를 스스로 제거해 버리는 일이 된다.

📖 수업: 교학상장의 마당

교사는 항상, 비록 완전하지는 않더라도 보다 나은 간접전달을 위하여 자신의 내면화에 힘써야 하는 존재이다. 사실 교사의 경우에는 직업의 성격상, 비단 일상의 실존적 삶 속에서의 여러 가지 행적뿐만 아니라 매일매일 하는 수업 그 자체가 스스로의 몸을 자득지로 만들어 가는 일, 곧 '지식의 자기복제'에 해당한다. 배우가 여러 배역을 성심성의껏 소화해 내다 보면 그 배역 하나하나에서 소중한 삶의 진실을 배울 수 있듯이, 교직은 분명 학생들을 가르치기 위하여 인류 문명의 다양한 양상(樣相)을 부족한 대로 열심히 복제해 나가다가 자신도 모르는 사이에 삶에 대하여 많은 것을 깨달을 수 있게 되는 별로 흔치 않은 직업 중의 하나일 것이다. 수업은 교사에게는 일종의 '교학상장(敎學相長)'의 마당이라고 할 수 있다. 가르치며 자신과 삶을 반성하여 고치지 않고 가르치며 스스로 배우지 않는 것은 이미 수업이 아니다.

📖 참고문헌

大學

孟子

中庸

김승호(1997). 교육의 자득적 측면. 중등 우리교육. 36-41.

박은주(1999). 교육이론으로서의 주희와 왕양명의 격물치지론. 서울대학교 대학원 석사학위논문.

유한구(1998). 교육인식론 서설. 서울: 교육과학사.

유한구, 김승호(1998). 초등학교 통합교과 교육론. 서울: 교육과학사.

이재호(2000). 비고츠키 발달이론의 도덕교육적 함의. 한국교원대학교 대학원 석사학위논문.

이홍우(2000a). 이십 일세기 학교교육의 과제. 교육과정연구. 18(1), 1-19.

이홍우(2000b). 교과의 내면화. 아시아교육연구, 1(1), 249-271.

이홍우, 박재문, 유한구, 장성모, 이환기, 조영태, 임병덕, 김승호(2000). 성리학의 교육이론. 도덕교육연구, 12(1), 1-67.

이환기(1998). 헤르바르트의 교수이론. 서울: 교육과학사.

임병덕(1998). 키에르케고르의 간접전달. 서울: 교육과학사.

주삼환(1998). 수업관찰과 분석. 서울: 원미사.

Bruner, J. S. (1960). *The process of education*. New York: Harvard University Press.

Dearden, R. F. (1967). Instruction and learning by discovery. In R. S. Peters (Ed.), *The concept of education* (pp. 135-154). London: Routledge & Kegan Paul.

Kierkegaard, S. (1941). *Concluding unscientific postscript to the philosophical fragment*. D. Swenson & W. Lowrie. trans. Princeton: Princeton University Press.

Oakeshott, M. (1967). Learning and teaching. In T. Fuller (Ed.) (1989). *The voice of liberal learning*. New Haven: Yale University Press. 차미란 역(1992). 학습과 교수. 상·하. 교육진흥, 봄-여름 (pp. 126-143, 155-169). 서울: 중앙교육연구소.

Polanyi, M. (1958). *Personal knowledge*. London: Routledge & Kegan Paul.

Polanyi, M. (1966). *The tacit dimension*. New York: Doubleday & Company, Inc.

Rogoff, B. (1990). *Apprenticeship in thinking: Cognitive development in social context*. New York: Oxford University Press.

Rothstein, A. M. (1996). Lecture and learning. *AAUP Bulletin*. 214–219.

Vygotsky, L. S. (1978). *Mind in society: The development of higher psychological process*. Cambridge, MA: Harvard University Press.

Vygotsky, L. S. (1987). Thinking and speech. In R. W. Rieber & A. S. Carton, eds. and trans., *The Collected Works of L. S. Vygotsky*, Vol. 1. New York: Plenum Press.

제3장

수업의
근본 구조

1. 서론

📑 수업이론의 필요성

요즘도 양산되고 있는, 학교 현장을 대상으로 하는 연구들을 보면 수업과 관련된 것이 그 대부분을 차지하고 있다. 이 사실은 수업이 그만큼 학교교육에서 핵심적 위치를 차지하는 영위라는 것을 잘 말해 준다. 바람직한 교육행정을 편다고 하더라도 그것이 수업장학에 수렴되도록 힘써야 할 것이고, 학교평가를 실시해야 하는 경우에 있어서도 수업평가가 모든 평가의 구심점이 되도록 해야 할 것이며, 교사와 그의 삶을 연구함에 있어서도 교사들이 매일 하는 일로서의 수업을 배제하는 일은 상상하기 어려울 것이다. 요컨대, 수업은 학교교육의 거의 모든 국면에 총체적으로 관계되어 있다.

그러나 학교교육에서 수업이 차지하는 비중이 이와 같이 지대함에도 불구하고, 지금까지 많은 교육자와 연구자의 관심은 주로 수업의 방법적 개선에만 경도되어 왔음을 부정할 수 없다. 현재 현장에서 일상적으로 이루어지고 있는 수업의 문제점들을 지적하면서, '어떻게 하면 수업을 획기적으로 개선할 수 있는지' '구태의연한 기존의 수업방법을 대체할 새로운 것은 없는지' 등등의 대안을 모색하는 데 열중해 왔다. 그러나 탐구 수업, 활동 중심 수업, 열린 수업, 수준별 수업, 자기주도적 학습 등등 서구에서 비롯된 다양한 수업방법을 현장 수업에 무리하게 적용해 보았지만, 그 결과는 그다지 신통치 않았다. 어느 한 수업방법이 제대로 정착되기도 전에 또다시 새로운 수업방법이 하나의 유행처럼 성급하게 도입되기도 했으며, 가르치는 교사나 주어진 여건은 고려하지 않은 채 외래 수업방법의 형식만을 본따서 실패하는 경우도 비일비재하였다.

그간 비교적 오랫동안 겪어 온 이러한 시행착오는 수업을 보는 우리의 시각이 앞으로는 가급적이면 많이 달라져야 한다는 것을 잘 말해 준다. 그렇다면 수업을 방법적 개선 이외의 관심으로 볼 가능성은 없는가? 수업의 방법상의 문제점을 성급하게 진단하고 설익은 개선책을 제시하기보다는 수업에서 이루어지는 여러 가지 사건이나 일, 그리고 그 의미들을 정확하게 기술해 낼 수는 없는가? 그리하여 결국 이러한 문제의식은 '수업이란 무엇인가?'라는 수업의 개념 문제에 봉착하게 된다. 물론 어느 분야에서든지 개념의 문제가 가장 근본적이면서도 어려운 문제라는 것을 충분히 감안하더라도, 특히 수업을 대상으로 한 이론적인 연구는 더더욱 어려울 수밖에 없다. 모든 교육연구 대상이 그러하듯이 수업에 관한 한 사람들은 적절한 이론적 거리를 두기 어렵다. 수업은 하나의 사실 이전에 실천이 압도하는 영위이기 때문에, 그 속에서 있는 그대로의 현상과 누군가의 행위 의지를 구분하여 설명한다는 것 자체가 무척 어렵다.

쥔켈의 수업현상학

이러한 난점에도 불구하고, 가능한 한 수업을 특정한 사람의 실천행위로서가 아니라 이해의 대상으로 파악하고자 하는 거시적 노력이 요청된다. 이 같은 노력이 아직 우리나라에서는 매우 낯설게 느껴지지만, 독일이나 북유럽만 하더라도 하나의 전통으로 자리 잡은 지 이미 오래이다. 특히 독일의 교육학 연구 전통에서는 이와 같이 교육현상에 대하여 순수 이론적 연구를 지향하는 '일반교육학', 성인교육, 학교교육, 특수교육 등과 같이 현장 교육의 문제를 경험적으로 연구하고 직접적인 해결책을 제시하고자 하는 '실천교육학'의 구분이 명확한 편이다. 최근에 필자는 『수업현상학(Phänomenologie des Unterrichts)』(1996)이라는 현대에 출간된 독일어 번역서를 탐독한 적이 있다. 이 책에서 저자인 볼프강 쥔켈(Wolfgang Sünkel)은 이해대상으로서의 수업과 실천대상으로서의 수업을 구분하는 데 많은 지면을 할애하였을 뿐만 아니라 현상학이라는 방법에 기초하여 수업의 논리적 구조를 파악하고 제시하고자 하였다. 쾬켈은 교사가 수업을 어떻게 해야 하는가가 아니라 특정한 행위 양식으로서의 수업은 어떻게 이해될 수 있는가에 관심이 있었다 (Sünkel, 1996: 7).

📖 연구 문제

이 장은 바로 앞 페이지에 나온 쾬켈의 현상학적 연구에 힘입은 바 크다. 이뿐만 아니라 이 장의 제목 또한 쾬켈의 표현을 그대로 빌려 왔다. 이 장의 목적은 제목에 나타난 바와 같이 수업의 근본 구조를 밝히는 데에 있다. 여기서 '구조'라는 표현은 쾬켈의 취지와 마찬가지로 특별한 학파의 전문용어라기보다는 일상언어로 사용한 것이다. 일상어법에서 구조는 여러 요소 또는 부분이 모여 서로 긴밀한 관련을 맺어서 전체를 이루고 있는 모습을 가리키며, 이때 전체는 요소 또는 부분들의 산술적인 합 이상의 그 어떤 것을 의미한다. 이러한 정의에 따라 이 장에서는 크게 두 가지의 근본적인 질문을 제기하고 그에 대한 답을 모색하고자 한다.

첫째, 수업 전체에 들어 있는 보편적 요소는 무엇이며, 그것들은 각기 어떤 역할을 수행하는가?
둘째, 수업의 보편적 요소들은 서로 어떤 관련을 맺고 있으며, 그것들이 모여 어떤 모습의 전체를 이루게 되는가?

이 두 질문은 어떻게 보면 이미 그 답이 명백한 어린아이의 것처럼 보일 수 있다. 그러나 면밀하게 따지고 보면 모든 근본에 관한 질문이 그렇듯이 답이 그리 명백한 것도 아니다. 적어도 필자가 아는 한, 이제까지 우리나라의 교육학 분야에서 이 질문을 치열하고 면밀하게 본격적으로 다룬 연구를 찾아보지 못했다. 굳이 비근한, 비교적 주목할 만한 최근 연구물을 거론한다면,「수업의 인식론」(김승호, 2001),『수업을 왜 하지?』(서근원, 2003),「좋은 수업에 대한 관점과 개념: 교사와 학생 면담 연구」(서경혜, 2004) 등을 꼽을 수 있을 정도이다. 물론 이 점에서 이 장 또한 배경지식이나 자료의 절대적 부족으로 여러 가지 제한점을 안을 수밖에 없다. 앞의 질문이 제대로 해명되기 위해서는 수업이론 분야에 있어서 누적된 문헌이나 연구들이 뒷받침되어야 하기 때문이다.

그럼에도 불구하고, 이 장을 통하여 이러한 방면의 연구의 초석을 놓아 간다는 자세로 수업의 개념과 골격에 대한 근본 문제를 제기하고 부족하나마 그 답을 모색해 본다는 것은 나름대로 의의가 있을 것이다. 이 장은 문헌을 기반으로 수행된 연구의 결과물이다. 2절에서는 수업의 보편적 요소와 그 역할에 대하여 알아볼 것이고, 이어서 3절에서는 수업의 보편적 요소들 간의 관계 및 상호작용에 대하여 고찰할 것이며, 마지막으로 4절인 결론에서는 이상의 논의를 토대로 하여 수업의 총체적인 모습을 모색해 보고자 한다.

2. 수업의 보편적 요소와 그 역할

아마도 현실 속에는 무수히 다양한 수업현상이 존재할 것이다. 또한 그러한 구체적인 수업 속에는 통제하거나 예측할 수 없는 수많은 요소 또는 변인이 들어 있을 것이다. 이 장에서는 수업이 이루어지고 있는 구체적인 사태의 종류와 양상 그리고 여건에 상관없이 수업 그 자체를 연구하고자 한다. 수업이 숙련된 전문가에 의해서 이루어지는지, 아니면 어설픈 교생에 의하여 수행되는지를 문제 삼지 않고, 수업을 받는 학생의 나이, 가정환경, IQ 정도 등에 개의치 않으며, 수업에서 다루어지는 구체적인 수업내용에 대해서도 일단 판단을 유보한다. 구체적이고 다양한 수업현상을 대상으로 하여 그것들 각각의 특성들을 추상시켜 놓고 보면 아마도 수업의 근본 골격과 보편적 요소들만 남게 될 것이다. 그리하여 그것들은 수업의 개념에 반드시 있어야 하는 필수적인 것일 뿐만 아니라 모든 구체적인 수업현상에 공통된 것이 될 것이다. 그렇다면 수업의 개념에서 제외되어서는 안 되는 근본 골격 또는 보편적 요소는 무엇인가?

📖 교사와 학생의 개념

오우크쇼트(M. Oakeshott)에 의하면, 어떤 사람들이 책을 읽고 무엇인가를 '배웠다'고 하고, 하늘을 응시하다가 혹은 파도 소리를 듣다가 무엇인가 '배웠다'고 말을 할지 모르지만, 그러한 경우들을 가리켜 책, 하늘, 바다가 우리에게 무엇인가를 '가르쳤다'거나 우리가 스스로에게 무엇인가 '가르쳤다'고 말한다면, 그것은 아무리 비유라고 하더라도 불행한 것이다(Oakeshott, 1967: 44). 그러나 모란(G. Moran)에 의하면, 오우크쇼트는 그것이 왜 불행한 것인지에 대해 자세한 언급을 하지 않는다. 하늘, 바다와 같은 자연현상은 그렇다고 하더라도 저자가 무엇인가 의식적으로 전달하고자 하는 책에 쓰이는 그와 같은 비유가 어째서 불행하기까지 한 것인지에 대한 구체적인 설명이 없다(Moran, 1997: 43-46). 단지, 오우크쇼트의 그러한 주장 주변의 전후 내용을 잘 살펴보면 그 이유를 미루어 짐작할 수 있을 뿐이다. 그 이유는 학습은 혼자서도 얼마든지 가능한 학습자 한 사람의 활동인 데 비하여, 가르침 또는 '수업(teaching)'은 반드시 사람과 사람 사이에서만 이루어질 수 있는 실천적 활동이기 때문이다. 적어도 수업이라고 말하려면, 배움을 주는 사람과 그 상대방으로서 배움을 얻는 사람, 곧 두 사람이 반드시 필요하다. 우리는 관례적으로 배움을 주는 사람을 '교사'로, 배움을 얻는 사람을 '학생'이라고 불러 왔으며, 교사의 상대방은 앞에서 예시한 바와 같이 책, 하늘, 바다에서 배움을 얻는 일반적 학습자가 아니라 그로부터 배움을 얻는 학생이다.

　물론 앞에서 말한 의미에서의 가르침 또는 수업은 교사와 학생 사이에서만 이루어지는 것이 아니다. 정치인이나 정신과 의사의 경우도 그 상대방이 유권자이든지 환자이든지 간에 그에게 무엇인가 전달하고자 하는 내용이 분명하게 있고 어떤 방향이든지 간에 그의 변화를 도모하는 실천적 활동을 한다는 점에서 교사가 하는 일과 흡사하다. 그러나 그들이 하는 일이 교사가 하는 일과 명백하게 다른 점은 그 일이 학생을 대상으로 하여 이루어지지 않는다는 것일 것이다. 오우크쇼트에 의하면, 비록 동일한 활동을 하더라도 그 상대방이 무엇을 하는 사람인가에 따라 활동의 성격, 즉 수업인가 아닌가가 규정된다(Oakeshott, 1967: 44). 앞에서도 지적했듯이 세상에는 무수한 학습과 학습자가 있겠지만 교사의 밑에서 학습하는 사람이기 때문에 학생인 것과 마찬가지로, 교사는 유권자나 환자가 아닌 바로 학생을 상대방으로 하여 가르침을 베풀기 때문에 교사인 것이다. 요컨대, 양자 사이에 전달 또는 소통되는 내용이 있다고 하더라도 그것이 교사와 학생의 관계를 전제한 것이 아니라면 수업이라고 보기 어렵다.

🔖 수업대상

　이상에서 살펴본 바와 같이, 수업의 개념과 따로 떼어서 생각할 수 없는 두 축(軸)으로서 교사와 학생이라는 개념이 존재한다. 교사와 학생이라는 보편적 요소가 존재하지 않는 수업은 있을 수 없다고 하더라도, 과연 교사와 학생이라는 두 축만으로 수업을 지탱할 수 있을까? 이상에서는 교사와 학생의 개념을 상대방에 대비시켜 수업을 지지하는 두 개념으로 정립한 바 있다. 그러나 전달자에게서부터 피전달자에게 전수되는 내용 또는 대상의 성격에 따라서 교사와 학생의 관계가 성립될 수 있다는 관점에서 보면, 수업 내용 또는 대상—이하에서는 '수업대상'으로 통칭하기로 한다.—이라는 요소 또한 수업의 개념으로서 큰 비중을 가지지 않을 수 없다.

가르칠 만한 가치가 있는 내용이나 대상이 이미 주어져 있기 때문에 이를 전수할 사명을 띤 교사가 존재하고, 이를 배우기 위하여 학생들이 모여들고 비로소 수업활동이 가능해진다는 것이다. 동서양을 막론하고 주로 전통적인 교육관에 해당하는 이러한 견해에 따르면, 주어진 인류 공동의 문화유산이라든가 여러 가지 제도와 문물 등이 곧 수업대상이며, 그것을 연마하는 것으로서의 수업활동이 학생의 인격과 직결된다고 믿었다. 학생의 흥미와 필요를 항상 수업의 중심에 두는 오늘날에 있어서도 그것이 무엇이든지 간에 수업대상이 없는 수업은 결코 상상할 수 없다. 비록 다소 불분명한 경우라고 할지라도 수업대상이 교사와 학생 간에 전제되지 않은 상황, 또는 일상에서의 교사와 학생 간의 막연한 만남 그 자체를 수업이라고 부르기는 어려울 것이다. 수업대상의 존재야말로 수업을 다른 교육현상과 구별해 주는 가장 뚜렷한 징표이다(Sünkel, 1996: 96).

📖 수업의 삼각구도

이상에서 수업을 크게 떠받치고 있는 세 가지 주춧돌로서 수업대상, 학생, 교사가 확인되었다. 이 세 가지 요소야말로 서로가 서로를 정당화해 주는 항상적(恒常的)인 용어이다(Hopman & Riquart, 1995: 9). 수업대상, 학생, 교사는 수업이 있는 한 필수적으로 포함될 수밖에 없는 요소이다. 코메니우스(J. A. Comenius)와 헤르바르트(J. F. Herbart) 모두 수업에 대하여 연구할 때마다 이 세 가지를 늘 염두에 두었다고 한다. 그렇다면 이 밖에 이 세 가지와 대등한 위치를 점유할 수 있는 수업의 요소는 없는가? 아마도 수업이 어디서 이루어지는가 하는 문제와 관련하여 제기될 수 있는 수업의 요소로서, 장소나 환경이 성립될 수 있을지 모르겠다. 특히 이와 관련하여 여기서 수업과 학교의 관계에 대해서도 간략하게 언급하는 것이 좋을 듯하다. 생각하기에 따라서는 학교 안에서 이루어지는 수업만 수업의 개념에 포함시켜야 한다는 주장이 있을 수 있다. 그러나 분명 학교라는 의미의 특수성을 감안하더라도 수업은 학교 안 또는 학교라는 제도권 교육에서만 이루어질 수 있는 것은 아니다. 수업은 단지 학교만의 '기능'은 아니며, 오히려 학교를 제도화한 '목적'이다 (Sünkel, 1996: 22). 수업은 비단 학교뿐만 아니라 학원, 산업체 등등 여타의 장소 또는 환경에서도 얼마든지 이루어질 수 있다는 점에서 학교는 수업의 보편적 요소에서 일단 제외하기로 한다. 그와 동일한 논리에서 비단 학교뿐만 아니라 여러 다른 장소나 환경 또한 수업의 외적 변인으로 보고 수업의 보편적 요소에서 배제하고자 한다.

어쩌면 여기서 미처 파악하지 못한 수업의 보편적 요소가 더 있을 수도 있겠지만, 이 장에서는 수업의 보편적 3요소로서 수업대상, 학생, 교사를 '수업의 삼각구도(didaktik triangle)'로 삼아 이하 논의를 전개하고자 한다. 아마도 독일에서는 비단 수업뿐만 아니라 교육현상을 이러한 삼각 축을 기초로 하여 이해하려는 시도가 부정된 역사를 가지고 있는 것으로 알고 있다. 크게 보아, 교육자, 교육내용, 피교육자라는 도식적인 생각은 다양하고도 구체적인 실제 교육현상을 은폐할 수도 있는 지나친 단순화라는 것이다. 그러나 다른 한편으로 생각해 보면, 오히려 현실의 교육현상이 지닌 다양성, 구체성, 유동성, 복잡성 등을 제대로 파악하기 위해서는 이론적인 틀을 설정하는 일은 불가피하다. 이론적 도식의 단순함 속에 특수성이 녹아들 여지가 확보될 수 있기 때문이다.

물론 온전한 수업의 모습을 이론적으로 드러내기 위해서는 수업대상, 학생, 교사 간의 관계 또는 구조를 해명하는 것이 무엇보다도 중요하다. 그 일은 다음 절에서 하기로 하고, 이하에서는 그 일을 위한 선행 작업으로서 수업대상, 학생, 교사를 각각 따로 떼어 내어 그 각각이 수업에서 차지하는 위치 내지는 역할을 고찰해 보기로 한다. 수업의 삼각구도를 이루는 수업대상, 학생, 교사 간에는 등변 삼각형과 같이 우열이 있을 수 없다. 왜냐하면 각 축은 오로지 서로 간의 관계에 의하여 지지될 수 있을 뿐만 아니라 분석·기술될 수 있기 때문이다. 학생을 전제하지 않은 '교사와 수업대상', 수업대상을 전제하지 않은 '교사와 학생', 교사를 전제하지 않은 '학생과 수업대상' 등은 상상하기 어렵다. 따라서 이하에서 어느 축을 비중 있게 또는 먼저 다룰 것인가 하는 것은 중요하지 않다. 다만, 논의의 편의상 여기서는 수업대상에서부터 시작한다.

1) 수업대상

'교육내용은 어떤 성격의 것인가?' 또는 '수업대상은 무엇인가?'와 같은 질문들은 수업의 개념을 결정적으로 규정하는 것으로서 매우 중요한 의의를 갖는다. '수업대상이 무엇인가?' 하는 질문을 다루기 위해서는 무엇보다도 먼저 수업의 발생 내지는 역사를 상상해 볼 필요가 있다. 여기서는 퀸켈이 수업의 본질을 규명하기 위하여 상상해 낸 '활 제작자' 비유를 요약하여 소개한다.

> 문명의 여명기, 신석기 시대쯤에 숲 속에 어느 활 제작자가 살고 있었다. 그는 항상 그의 종족 모두에게 훌륭한 활을 제작하여 공급해 주었으며, 활을 만들어 온 오랜 시간 동안 이미 활 제작 기술을 예술의 경지로까지 승화시켜 놓았다. 그러던 어느 날, 10살짜리 소년이 그의 작업장에 찾아와 그의 일에 호기심을 보이기 시작했다. 그 소년은 활 제작자의 작업을 흉내 내기도 하고 때로는 질문을 하기도 했다. 이러한 작업 방해에 활 제작자는 귀찮기도 해서 화를 내어 쫓아 보냈으나 소용이 없었다. 그래서 활 제작자는 일단 소년을 시험 삼아 받아 주기로 하고, 가끔 짬을 내어 하루에 한두 시간씩 소년을 가르치기 시작했다. 그 과정에서 활 제작자는 자신의 일과 그 기술의 체계적 전수에 대한 새로운 인식과 통찰을 깨닫게 되었다. 이로부터 활 제작자는 활 제작 기술의 개선에 숙고했듯이, 이제는 어떻게 하면 소년에게 보다 확실하게 활 제작 기술을 전수할 수 있는가에 대하여 고민했을 뿐만 아니라, 자기 작업 시간 이외에 소년을 가르치는 시간을 별도로 정하여 열심히 가르쳤다. 이렇게 몇 해가 지

081

난 후에, 비록 부족하지만 소년은 자기 스스로 활을 완성해 냈으며, 또 몇 해가 지나
자 활 제작자와 동업할 수 있을 정도로 거의 활 제작자의 기술 수준에 도달하게 되었
다(Sünkel, 1996: 51-54).

수업대상의 격리

앞의 활 제작자 비유는 작업상황에서 수업상황으로의 전화(轉化)를 잘 드
러내 보여 준다. 앞의 인용문에서 무엇보다도 주목해야 할 것은 활 제작자가
소년을 가르치기 위해서 별도의 관심과 시간을 들인 일, 곧 수업의 발생이다.
수업상황에서 활 제작자는 활 만드는 일을 쉬어야 하며, 소년은 오로지 학습
에만 전념할 수 있다. 이 사건은 결국 사회 전체에 확대시켜 생각해 보면 사
회구성원의 의식주 문제를 해결하는 생산활동으로부터 수업이 특별한 형식
의 인간 영위로 분화된 것을 의미한다. 수업은 학습이 주목적인 상황이며, 따
라서 삶의 문제를 직접적으로 해결하려는 활동에서 일정한 거리를 두고 비껴
있다. 수업은 그 이전에 어른들이 치열한 삶의 터전 속에서 자연스럽게 생산
활동을 위주로 하면서 곁다리로 아이들을 가르치는 시절과는 전혀 다른 양상
을 띤다.

사회가 점차 확대되고 복잡다단해지면서 수업의 필요성은 더더욱 절실해
진다. 삶의 유지와 개선에 필수 불가결한 활동, 지식, 기능, 태도 등은 갈수
록 분화되고 복잡하게 얽히고 어렵게 되어, 아이들이 그것들을 단순히 관찰
하거나 어른과 함께 몇 번 경험해 보는 것만으로 배울 수 없는 상황이 도래한
것이다. 이제는 삶의 문제를 직접적으로 해결하는 일과는 별도로, 즉 또 다른
시·공간에서 오로지 아이의 학습만을 위한 대상을 가르칠 필요가 생긴 것이
다. 이러한 생산활동으로부터의 수업대상의 분리는 수업의 발생에 결정적인
기여를 하게 된다. 구체적인 수업대상이 그것을 획득하고자 하는 학습주체,
곧 학생의 외부에 독자적으로 그리고 객관적으로 '이미 주어져(given)' 있을

때에 비로소 수업이 출현할 수 있게 된다. 모든 인간 활동 그 자체가 직접적으로 수업대상이 될 수 있는 것은 결코 아니다. 수업대상은 오로지 학생들을 가르칠 목적으로 생산활동을 비롯한 그 밖의 여러 인간 활동으로부터 분리된 결과물들이어야 한다.

수업대상의 객관화

또한 수업대상은 반드시 객관화되어 있어야 하며, 나름대로 체계적으로 진술되어 있어야 한다. 객관화 또는 대상화할 수 없는 것들은 수업대상이 될 수 없다. 예를 들어, '내 신앙심을 배워라!' 하는 식으로 객관화될 수 없는 대상을 전달하고자 한다면, 그것은 이미 수업의 영역을 벗어나 일반교육이나 교화의 영역에 들어선 것을 의미한다. 아무리 훌륭한 교사라고 하더라도 그의 마음속에 들어 있는 주관적 능력, 태도 등 그 자체는 결코 수업대상이 될 수 없다. 우리는 일반적으로 이상에서 말한 객관화된 수업대상을 가리켜 '교육과정(curriculum)' 또는 '교과(subjects)'라고 부르기도 한다. 사실상 모든 인간 활동이 수업대상이 될 수 있음에도 불구하고 오로지 순수한 학습활동을 목적으로 인간 활동에서 교육과정 또는 교과를 분리해 내었다는 의미에서의 '격리(seclusion)'는 결코 교육과정 또는 교과의 핵심 개념으로 빼놓을 수 없을 것이다.

수업대상의 존재 의의

한편, 역사적으로 그러한 수업대상으로서의 교육과정 또는 교과는 대체로 학문의 전통적 구분에 의거하여 성립되었을 뿐만 아니라 학문의 흥망성쇠에 따라 조금씩 변천을 거듭하게 되지만, 그 기본 골격은 신비하게도 오늘까지 계속하여 유지되고 있다. 시대적 필요라는 압박에도 불구하고 학문으로서의 교육과정 또는 교과가 그 골격을 나름대로 유지하여 온 비결은 무엇보다도 그러한 수업대상 자체의 강인한 흡인력에 있다고 할 수 있다. 그러한 수업대 상은 이때까지 살아온 무수한 천재들을 비롯한 많은 사람의 사고방식, 통찰, 상상력, 세계관 등을 반영하고 있으며, 역사적으로 그러한 것들에 탄복하고 몰입한 사람들의 몫까지도 계속하여 누적되어 온 것이다.

수업대상은 한편으로는 학생의 흥미를, 다른 한편으로는 교사의 관심을 끌 어들인다. 달리 말하면, 수업대상은 한편으로는 학생의 호기심을 유발하고 다른 한편으로는 교사의 가르침에 대한 의욕을 불러일으킨다. 바로 이러한 의미에서 수업대상은 수업의 개념에서 빠뜨려서는 안 될 핵심적 의미 요소 이다. 요컨대, 결국 수업대상이 먼저 존재함으로써 그것이 수업을 야기했다 고 말할 수 있다. 퇴계 이황의 「도산십이곡(陶山十二曲)」을 보면, "[고인(古人) 이……] 걷던 길이 앞에 놓여 있거늘 어찌 아니 갈 수 있겠는가."(후6곡 제3수 종장)라는 구절이 나온다. 이와 같이 고인의 도(道), 곧 수업대상이 '이미 주어 져 있는(given)' 것 자체가 수업의 성립에 결정적인 역할을 한다. 요즘 한 치 의 의심도 없이 수업의 성패를 오로지 학생 편에서만 입각하여 판단하는 경 우가 많다. 그러나 수업대상의 중요성을 고려해 볼 때 그것은 역으로 대단히 위험한 발상일 수도 있다. 수업을 통하여 수업대상이나 교육내용이 한 세대 에서 다음 세대로 이어지는 가운데서도 퇴보하지 않고 일정한 수준을 유지하 는 것도 수업을 보는 중요한 관점이 될 수 있기 때문이다.

최근에 들어서, 학문의 분류에 기초한 교육과정 또는 교과가 지녀 온 신비 감은 이미 사라진 지 오래이며 현재의 모든 인간 활동 그 자체가 각각 하나의 소재(素材)로서 직접적인 수업대상이 될 수 있다고 하는 이상론이 대두되고 있다. 이것은 수업대상을, 그것에 배어 있는 전통적 측면을 배제하고 가치중 립적인 것으로 보는 것이다. 비단 학문으로서의 교과뿐만 아니라 모든 대상 이 잘 구성되기만 하면 수업대상으로서의 역할을 충분히 할 수 있다는 주장 이 압도하고 있다. 이러한 분위기에서 학문으로서의 교육과정 또는 교과를 지지하는 언급은 오히려 큰 위험을 무릅써야 할지 모른다. 그러나 가드너(H. Gardner)에 의하면, 아직까지 우리는 여러 가지 학문으로서의 교과를 대체할 그 어떠한 타당한 이유를 발견하지 못하였다(Gardner, 2000: 147).

2) 학생

'1) 수업대상'에서 특정한 구체적인 수업대상이 아닌 일반적인 수업상황에서 수업대상의 위치를 다룬 것과 마찬가지로, 여기서는 특정한 개인으로서의 학생이나 그들의 특성이 아닌 일반적인 수업상황에서의 학생의 위치에 대하여 다루어 보고자 한다.

수업상황에서 학생의 위치는 수업대상 못지않게 매우 중요하다. 엄밀한 의미에서 수업은 학생이 없는 상태에서는 불가능하다. 또 교사 곁에 학생이 있다고 하더라도 교사는 가르치려고 하였지만 학생은 배우지 못했다면, 그것은 수업이 제대로 이루어진 사태라고 말할 수 없을 것이다. 아이즈너(E. Eisner, 1979)에 의하면, 이 점은 어떤 사람이 그 물건을 사지 않은 이상 감히 물건을 팔았다고 말할 수 없는 것에 비유될 수 있다. 수업상황에서의 학생은 결코 막연한 학습자가 아니다. 앞서 오우크쇼트(1967)의 논의에서 언급한 바와 같이, 그는 책, 하늘, 바다로부터 홀로 고독하게 배움을 얻는 일반적 학습자가 아니라, 교사가 알고 있는 학습자이며 교사로부터 그가 전달하고자 작정한 내용을 흔쾌히 받아들일 준비가 되어 있는 사람이다. 여기서 받아들일 준비라는 것은 단순히 학습의 심리적 조건이나 선수학습내용을 의미하는 것이 아니다. 그것은 교사의 실력과 전문성에 대한 승복과 그가 전달하고자 하는 수업대상에 대한 신뢰를 가리킨다. 물론 이 점은 현실 속에서 학생이 수업에 임하는 순간에 이미 암묵적으로 전제되어 있는 것이며, 대부분 하나의 제도로서 보장되어 있는 경우가 많다.

📖 수업대상의 주관적 재구성

만약 수업에서 학생이 없다면 또는 학생이 증명사진을 찍는 것처럼 꼼짝 않고 가만히 있다면, 아무리 수업대상이 흥미롭고 교사가 각고의 노력을 경주한다고 한들 수업은 제대로 이루어질 수 없다. 앞서 퀸켈의 '활 제작자' 비유에서도 살펴보았듯이 기존의 작업상황을 새로운 수업상황으로 전화시킨 단초는 오로지 소년의 학습에 대한 의지였다. 즉, 소년이 학생이 되기를 희망했기 때문이었다. 외부적 변인을 제외한 순수한 수업상황이라는 내재적 관점에서 학생의 위치를 고려해 볼 때 수업을 받는 학생의 '활동(activity)'은 근본적으로 중요한 의의를 지닌다. 물론 여기서의 활동은 학생이 수업대상을 '획득'하는 행위를 의미한다. 수업대상의 획득은 학생이 수업을 받음으로써 흔히 교과라고 불리는 객관적으로 드러나 있는 지식, 기술, 태도 등을 자기만의 것으로 내면화하는 것이다. 달리 말하면, 그것은 학생의 입장에서 주어진 객관화된 수업대상을 자기 나름대로 주관적으로 재구성하는 것을 의미한다.

📖 자발성

이러한 학생의 활동은 원칙상 누군가가 주입한다거나 강요한다고 하여 가능한 것이 결코 아니다. 그것은 어디까지나 학생의 내면에서 발생하는 것이며, 항상 학생의 '자발성(spontaneity)'을 전제로 하기 때문이다. 수업에서의 획득은 수업대상에 대한 주관적 재구성을 기본 전제로 하는 학생의 내적 행위이다. 외적 행위는 강제될 수 있을지 몰라도, 적어도 내적 행위는 결코 강요될 수 없다. "소를 물가에까지는 데리고 갈 수 있어도 강제로 물을 먹일 수는 없다."는 우리 격언이 이에 가장 적절하게 들어맞는다.

수업의 최종 결과는 학생에게 나타나야 한다(Rothstein, 1966: 214). 학생의 활동이 곧 수업의 과정을 이루며, 수업의 과정은 학생의 내면에 수업대상이 가능한 한 제대로 자리 잡았을 때에 비로소 완성된다. 수업 중에 이루어지는 모든 활동은 결국 학생의 내면적 변화나 발달에 수렴되어야 한다는 의미에서, 학생은 수업을 궁극적으로 실현하는 위치에 서 있다. 불행인지 다행인지 교사는 으레 그러한 수업 과정의 진행과 결과를 주도하지만, 그것이 수업의 완성이나 목적을 전적으로 보장할 수는 없다. 교사가 보기에 아무리 정교하고 화려한 수업일지라도 학생의 마음속에서 어떤 사태가 벌어지고 있는지를 모르는 한, 그 수업은 제대로 평가받기에는 아직 이른 감이 있다. 교사의 입장에서 아무리 수업대상을 상세하고 친절하게 구체화했다고 할지라도, 학생의 수업대상 획득에 있어서는 원천적으로 교사가 고려할 수 없는 무수히 많은 변수가 존재하기 마련이다.

🗐 흥미

앞서 언급한 바와 같이 학생의 관심 또는 흥미(interest)는 수업 발생의 원동력이 되었다. 이뿐만 아니라 학생들이 잘 따라오지 않는 수업을 한 번이라도 경험해 본 교사라면 누구나 학생의 흥미는 수업을 지속적으로 지탱해 주는 결정적인 원동력이라는 사실을 어렵지 않게 알 수 있다. 물론 여기서 학생의 흥미는 어떤 막연한 대상에 대한 관심이 아니라 어떤 수업대상을 자기 것으로 획득하려는 특정한 관심이다. 학생의 흥미는 수업을 성립시키는 기반일 뿐만 아니라 그 후로도 계속하여 수업을 지속시키는 전제조건이기도 하다. 요컨대, 모든 수업의 필수적인 기본 전제는 수업대상에 대한 학생의 흥미이며, 그 흥미야말로 수업상황과 그 과정을 어그러지지 않게 지탱시켜 준다.

물론 수업대상에 관한 학생의 흥미는 시간의 흐름에 따라 수업대상의 변모 및 그 획득 과정의 추이와 더불어 끊임없이 변화하고 발전한다. 그러다가 학생이 수업대상을 나름대로 완전하게 획득하게 되면 그 대상이 더 이상 존재하지 않게 되며, 학생의 흥미 또한 더 이상 필요하지 않게 된다. 이때 흥미는 객관적 거리 없이 수업대상과 완전하게 하나가 되며, 이제 수업대상은 더 이상 겉돌지 않고 활동주체인 학생의 진정한 소유가 된다. 이러한 변화와 종결의 측면에서 보면 학생의 흥미는 수업의 출발점이기도 하지만 수업의 종착점이기도 하다. 이와 같이 학생의 흥미는 수업의 전제조건이기도 하지만, 수업의 과정을 모두 이수하게 되면 그 결과로서 자연스럽게 생기게 되는 결과라고 볼 수 있다. "학생의 흥미는 수업의 전제조건일 뿐만 아니라 수업의 결과요, 목적이기도 하다."라는 헤르바르트의 언급은 아마도 이를 염두에 두고 한 말일 것이다.

마지막으로, 수업상황에서 학생은 단순한 백지나 밀랍과 같은 가치중립적인 존재가 결코 아니다. 학생은 이미 자발성과 흥미를 가진 존재일 뿐만 아니라, 그 이전에 모든 학습을 가능하게 만드는 '전인(whole man)'인 것이다.

3) 교사

이상에서는 수업상황에서 수업대상과 학생의 위치 및 역할에 대하여 살펴보았다. 앞서 지적한 대로, 수업의 핵심적인 세 가지 축으로서 수업대상, 학생, 교사는 어떤 특정한 순서대로 다루어야 할 그 어떤 이유나 근거가 없다. 다만, 여기에서는 이미 이상에서 살펴본 두 가지 축, 수업대상 및 학생과 관련하여 교사의 위치와 역할에 대하여 고찰해 보고자 한다.

여기서 다루고자 하는 교사 요소는 이상에서 살펴본 학생과 마찬가지로 어떤 한 인간에 영원히 귀속된 것이 아니라 수업상황에 따라 그 위치가 달라질 수 있는 성격의 것이다. 예를 들어, 현실의 수업 속에서 학생 B에게 수학을 가르치고 있는 교사 A가 일요일에 학생 B로부터 테니스를 배운다고 가정한다면, 교사 A는 학교의 수업 구조에서는 교사의 위치에 있다가 일요일에는 학생 A에 위치에 서게 된다. 이와 같이 위치의 변화가 일어나더라도 여기서 모색하고자 하는 수업대상, 학생, 교사라는 세 가지 축에 의하여 지지되는 수업의 구조 자체는 조금도 손상을 입지 않게 된다. A는 서로 다른 수업의 구조 두 가지에서 단지 상황적 위치만 달리한 것이다. 이하에서는 이러한 관점 또는 의미에서 교사의 요소를 다루고자 한다.

앞서 말한 바와 같이, 교사의 전수활동은 그가 전수하고자 하는 수업대상을 학생을 대상으로 하여 베푼다는 점에서 다른 여타의 전수활동과는 크게 구분된다. 그렇기 때문에 교사의 관심은 전수하려고 하는 수업대상뿐만 아니라 전수받는 학생에게도 지대할 수밖에 없다. 수업에서 교사의 관심은 수업대상에도 그리고 학생에게도 있다. 요컨대, 이것은 수업에서 교사의 관심이 양방향 모두를 향하고 있다는 것을 의미한다. 이러한 교사의 양방향성 관심이야말로 수업의 근본 구조의 가장 큰 특징 중 하나일 것이다(Sünkel, 1996: 141).

📖 수업대상에 대한 관심

여기서는 먼저 수업대상에 대한 교사의 관심에 대하여 알아보고자 한다. '활 제작자' 비유에서 활 제작자의 관심이 자신의 제품 생산에서 활 제작 자체의 전수, 곧 활 제작과 관련된 객관적인 수업대상으로 옮겨 가게 되면서, 비로소 수업이 발생하기 시작하고 그 또한 교사의 위치로 탈바꿈하게 된다. 이때 수업대상은 학생에게는 단순한 획득대상일지 몰라도 교사에게 있어서는 학생에게로의 전수를 염두에 둔 매개과제가 되며, 이제부터 그는 활의 제작에 대한 관심보다는 오로지 매개에 몰두하게 된다. 현실 수업 속에서 교사들이 으레 하는 일은 수업대상과 학생 사이를 매개하는 활동, 이른바 '매개작업' (Sünkel, 1996: 143)일 것이다. 매개작업은 교사가 수업대상을 자기 나름대로 해석하고 재배열하여 학생으로 하여금 수업대상을 가능하면 용이하게 획득할 수 있도록 돕는 일, 이른바 '수업대상의 구체화'를 의미한다. 이렇기 때문에 매개작업은 앞서 고찰된 학생의 수업행위인 획득활동과 필연적으로 관계를 맺을 수밖에 없으며, 더 나아가서는 학생의 획득활동 자체를 그 궁극적인 목적으로 한다.

📖 학생에 대한 관심

수업에서 수업대상에 대한 교사의 관심은 수업대상 그 자체를 위한 것도 아니고, 교사 자신의 목적을 위해서도 아니며, 오로지 학생과 그의 획득활동을 위한 것이다. 교사는 늘 수업대상을 단지 자신의 눈으로만 보지 않고 학생의 입장과 시각에서 보려고 노력한다. 교사는 항상 어떻게 수업대상이 학생에게 잘 전수될 수 있는가에 관한 용이한 조건을 탐색하여 학생의 편에 서서 재해석한다. 설사 교사 자신이 수업대상의 완전한 획득에 관심이 있다고 하더라도 그것 또한 오로지 학생에게 모범이 되기 위함이다. 즉, 학생으로 하여금 그 대상을 통달하게 하는 데 있어서 필수적으로 요구되는 전제조건으로서 본보기를 보이기 위함일 것이다. 한편, 수업에서 학생에 대한 교사의 관심은 개별적인 또는 개인적인 것이기는 하지만 결코 사적(私的)인 것은 아니다. 보다 정확하게 말하자면, 수업에서 학생에 대한 교사의 관심은 그가 전달하고자 하는 수업대상과 관련하여 변화하게 될 학생의 인성 또는 인격이다. 그러므로 결국 교사의 궁극적인 관심은 학생 마음 내부의 변화에 초점이 맞추어져 있다.

물론 그러한 변화의 주체는 학생 자신이다. 인성 또는 인격의 변화는 누군가가 시켜서 되는 일이 아니라 학생의 마음 내부에서 스스로 이루어져야 가능한 것이기 때문이다. 그러나 분명한 것은 그 변화를 유발하기 위해서는 어떤 매개체로서 수업대상이 반드시 필요하다는 것이다. 다시 말하면, 그 변화의 실현은 어떤 특정한 수업대상의 획득을 통하여 가능해진다. 그러므로 학생에 대한 교사의 관심은 수업대상과 무관하지 않으며 수업대상에 관한 관심으로부터 독립적이지도 않다. 이와 같이 학생에 대한 관심이 수업대상에 관한 관심에 의하여 영향을 받듯이, 앞에서 살펴본 바대로 수업대상에 관한 관심 역시 학생에 대한 관심에 의하여 제약을 받을 수밖에 없다. 현실 수업 속에서 교사 관심의 두 방향, 곧 수업대상에 관한 관심과 학생에 관한 관심은 영원한 평행이 아니라 결국은 하나의 관심, 곧 학생의 인성 또는 인격 성장으로 귀결된다. 물론 양방향 사이의 균형점은 하나의 진동하는 추처럼 수업의 상황과 필요에 따라 늘 끊임없이 변화할 것이다.

3. 수업의 근본 구조 탐색

2절에서는 수업을 지탱하고 있는 수업의 핵심적인 세 가지 축으로서 수업대상, 학생, 교사를 각각 따로 떼어 내어, 그 각각이 수업에서 차지하는 위치와 역할에 대하여 살펴보았다. 그러나 사실 수업대상, 학생, 교사는 각각 따로 떼어서 고찰될 수 있는 성격의 주제가 결코 아니다. 왜냐하면 수업의 내부 구조를 이루고 있는 이 세 가지 상수(常數)는 독자적으로 아무런 의미를 가질 수 없기 때문이다. 이들은 오직 서로 간의 관계에 의해서만 성립될 수 있으며, 따라서 서로 다른 것에 의한 규정에 의해서만 기술되고 분석될 수 있다. 원래 '구조'라는 의미에는 '상호 연관성'이라는 의미 요소가 포함되어 있다. 이를 충분히 존중하여 이 장에 있어서도 수업대상, 학생, 교사 간에 상호 연관성, 다시 말하여 세 가지 요소 상호 간의 연관 및 작용을 면밀하게 탐색할 필요가 있다. 그러나 한편, 이상에서 논의된 바에 따르면 수업대상, 학생, 교사는 상호 간의 규정에 의해서만 기술되고 분석될 수 있다는 점에서 볼 때, 이하에서 다루고자 하는 세 요소 간의 연관 구조는 아마도 이미 2절에서 논의되었던 것과 다소간의 중복은 피할 수 없을 것이다. 그러한 가운데에서도 이 절에서는 세 요소 간의 연관 구조에 초점을 맞추어서 그것을 보다 부각하고 명료화하는 데 역점을 두고자 한다.

1) 수업대상과 교사의 관계

수업대상의 구체화

분명 현재의 교사 역시도 인생의 어느 한 시기에 있어서는 현재 가르치고 있는 수업대상을 열렬하게 배우고 싶어 했던 학생이었을 것이다. 그러나 이제 수업대상은 그에게 단순한 획득이나 점유의 대상이 아니라 학생에게 전수하는 것을 목적으로 한 매개과제이다. 앞서 말한 바와 같이 매개과제를 수행하기 위한 교사의 주된 작업은 수업대상의 구체화이다.

교사가 수업대상을 구체화하는 데 있어서 따라야 할 기본 원리들은 수업대상의 성격이나 내용 그 자체에서 도출되며, 다른 한편으로 학생의 획득활동으로부터 나온다(Sünkel, 1996: 150). 사람들에게 보다 익숙한 용어로, 전자는 '교과의 논리적 측면', 후자는 '교과의 심리적 측면'이라고 일컬을 수 있을지 모른다. 보다 구체적으로 말하여, 수업대상의 성격이나 내용을 구체화한다는 것은 대체로 교사가 수업에서 다루어질 주제, 개념 체계, 이론의 구조 등을 그 나름대로 재해석하고 체계나 계열을 정하는 것을 의미한다. 반면, 학생의 획득활동을 구체화한다는 것은 주어진 수업의 상황과 과정, 특히 학생 편의 획득 자질, 태도, 속도 등에 따라 학생의 획득활동의 진행을 조절하고, 때로는 획득활동의 방향을 제시하고, 획득활동의 각 단계를 점검하며, 연습이나 적용의 형식을 부여하여 획득활동의 결과를 평가하는 것을 가리킨다.

교사의 수업자유

이 두 가지 구체화 모두 일차적으로는 교사가 책임져야 할 과제이다. 그러나 학생의 획득활동의 구체화의 경우에 있어서는 교사의 참여가 근본적으로 제한적일 수밖에 없다. 왜냐하면 원칙상 획득활동의 구체화는 학생 스스로의 몫이기 때문이다. 학생마다 획득활동의 스타일, 보다 평이하게 말하여 학습 양식이 모두 다르다. 극단적인 경우, 학생의 획득활동 스타일에 거스르는 교사의 수업대상의 구체화는 오히려 그것에 장애나 방해가 될 수도 있다. 한편, 국가나 학교 차원에서 교사의 구체화 작업 이전에 수업대상의 구체화가 지나치게 획일적으로 이루어져 제시되는 경우, 그것이 오히려 수업에서의 교사의 재량이나 자유를 제약할 수도 있다. 교사가 사용할 교재나 교수계획안이 수업대상의 내용 자체의 구체화를 넘어서서, 학생의 획득활동까지 요목조목 상세하게 지시하는 경우가 더러 있다. 예를 들면, 어떤 교재의 저자는 수업대상을 학습하기 쉽게 계열화, 체계화, 문제화하고 있을 뿐만 아니라, 학생들에게 다양한 방식으로 조언, 동기 부여, 암시를 하기도 하고, 심지어는 역사적으로 '완전학습 모형'에서 겪었던 것처럼 현 단계에서 학생들이 모르거나 못 푸는 문제는 이전 단계로 돌아가서 다른 방식으로 해결할 수 있도록 배려하기도 한다. 그러나 이러한 성격의 교재 또는 미리 표준화되어 제안되는 교수계획안이 국가나 학교 차원에서 교사에게 강요될 경우, 교사의 수업자유는 유보될 수밖에 없을 것이며, 그만큼 수업상황은 악화일로를 걷게 될 것이다.

그러나 다른 한편, 아무리 전제적인 국가에서 통제적인 교재와 교수계획안을 교실에 투입하더라도, 교사의 수업자유를 무제한적으로 억압할 수는 없다. 교사는 한편으로 수업대상에서 비롯되는 실재의 힘에 의존하여, 또 다른 한편으로 학생이라는 실존의 축에 의거하여, 강요된 교수계획안의 허용 범위 안에서도 얼마든지 수업자유를 구가할 수 있다. 예를 들어, 구체화된 교수계획안과는 다른 방식으로 학생들을 가르칠 수도 있고, 거기에 제시된 예와는 다른 예시를 들 수도 있을 것이며, 국가나 학교에서 필요로 하는 획득활동 결과보다는 학생의 과정적 성취감을 보다 중시할 수도 있을 것이다. 이러한 교사의 수업자유를 감안해 볼 때, '일제 식민지 시대의 수업에서 우리 학생들이 일본인 교사로부터 아무것도 배운 것이 없다.'라고 단정 짓는 것은 너무 지나친 단순화가 아닐까 한다. 요컨대, 수업대상의 구체화는 결코 외적으로 결정될 수 없으며, 궁극적으로 교사의 수업자유에 의존할 수밖에 없다. 흔히 교사를 가리켜 교실 속의 제왕이라고 부른다. 아마도 그것은 이상에서 다룬 교사의 수업자유를 빗대어서 하는 말일 것이다. 결론적으로 말하여, 주어진 수업대상은 그 자체로서 수업대상이 될 수 없으며, 그것이 실제 수업의 과정을 통하여 교사에 의하여 구체화되었을 때 비로소 진정한 수업대상이 된다.

2) 학생과 수업대상의 관계

수업은 학생과 수업대상의 유익한 만남을 그 목적으로 한다. 클라프키(W. Klafki)에 의하면, 일반적인 상식과는 달리 수업방법의 문제는 수업대상에 대한 숙고에 의존할 수밖에 없다. 수업방법의 계획은 '어떻게 하면 학생과 수업대상 사이에 결실 있는 만남이 일어날 수 있도록 만들 수 있는가?' 하는 질문과 관련된다(Klafki, 1995: 28). 이와 같이 이후 고찰할 학생과 수업대상의 관계는 그것이 수업방법의 문제의식에 직결된다는 점에서 매우 중요하다.

📖 수업의 간섭

학생과 수업대상의 관계가 1대1의 대응인 이상적인 경우도 있겠지만, 동일한 수업대상을 복수의 학생들이 함께 학습을 하고 있는 보다 일반적인 경우를 가정해 볼 수 있다. 이 경우, 학생들은 각기 독자적으로 동시에 동일한 수업대상을 대면하고 있다고는 하지만, 그 수업의 과정 동안 그들과 동일한 위치에 있는 다른 학생들로부터 전혀 영향을 받지 않는다고 말할 수는 없을 것이다. 짐작건대 학생들은 수업의 시작에서부터 서로의 존재를 의식하지 않을 수 없을 것이다. 또한 수업이 진행됨에 따라 학생들은 서로서로 자신의 학습뿐만 아니라 다른 학생들의 학습에 끼어들기도 하고, 때로는 서로서로 주의를 분산시키고 방해하기도 할 것이며, 때로는 서로서로 경쟁하면서 학습을 촉진하고 학습 내용과 결과 모두를 보다 풍부하게 만들어 공유하기도 할 것이다.

이와 같이 수업의 삼각구도에서 학생의 자리에 복수의 학생들이 들어섬으로 인하여 학생들의 획득활동 간에 서로 '간섭(interference)'이 생기게 된다 (Sünkel, 1996: 221). 이 문제는 수업대상의 주제, 개념 체제, 이론 구조 등을 구체화하는 일과는 전혀 관계가 없으며, 수업의 과정 중에 이루어지는 학생의 획득활동의 구체화와 밀접한 관계가 있다. 물론 간섭의 문제는 수업에서는 불가피한 것이지만, 그렇다고 예측하고 대처 가능한 것도 아니다. 왜냐하면 수업 중에 일어나는 간섭은 학습하는 학생들 모두의 다양한 인성이나 기질만큼이나 다양하고 복잡하기 때문이다.

이러한 간섭의 문제를 해결하는 데에는 원칙상 두 가지 방안이 있을 수 있다(Sünkel, 1996: 221-223). 하나는 간섭이 애당초 전혀 발생하지 않도록 원천봉쇄하는 것이고, 다른 하나는 오히려 간섭 자체를 있는 그대로 받아들여 수업 중에 긍정적인 방향으로 활용하는 것이다. 첫 번째 방안은, 예를 들어 '개별화 수업'과 같이 수업 중에 학생들 간의 모든 접촉을 사전에 방지하는 것이다. 물론 첫 번째 방법이 더 확실히 간섭을 막는 것이기는 하지만, 그러한 방식으로 문제를 해결하게 되면 '더러운 목욕물을 버리려다가 아이까지 버리는' 논리적 오류처럼 수업에서 정작 필요한 긍정적인 간섭까지도 함께 날려버리는 우를 범하게 된다. 그러나 두 번째 방안과 같이 간섭 자체를 수업에 적극적으로 활용하려고 할 때에는, 학생과 수업대상의 관계에 있어서 학생들 간에 협력을 도모하게 한다든지, 서로 경쟁하게 한다든지, 지그소(jigsaw) 방식을 도입한다든지 등등 여러 가지 학생 편성방안이 있을 수 있다.

📖 획득 성향

어떤 수업대상이 학생에게 획득되었을 때 그 여파는 단지 특정 수업대상의 획득에만 그치지 않는다. 학생은 특정 수업대상의 획득을 통하여 그 수업 대상과 관련된 능력을 자신의 것으로 소유할 뿐만 아니라, 획득활동 그 자체를 선호하고 추구하려는 어떤 '성향(disposition)'을 지니게 된다. 그리하여 그러한 성향은 특정한 수업대상을 획득하는 데 국한되지 않고 이후에 계속 이어지는 획득활동에 모종의 지대한 영향을 미치게 된다. 이러한 성향의 범위가 어디까지이고 역할이 무엇인지 정확하게 밝혀지지는 않았지만, 막연하게 나마 학생의 마음속에 이러한 획득 성향이 더불어 획득되고 성장한다는 가정(假定) 없이 수업을 계획하거나 진행한다는 것은 매우 비경제적인 일처럼 보인다. 더 나아가서, 개개의 수업을 통해 한 가지 수업대상을 가르치면 항상 오로지 그것만 학생에게 획득된다는 가정은 교육 영위 자체를 부정하는 것이나 다름없다.

신식 교육을 좀 안다는 사람일수록 학생의 자연적 발달 단계와 패턴에 근거한 교육과정이나 수업을 운영해야 한다는 일종의 강박관념을 가지고 있다. 그러나 거기에는 수업대상, 달리 말하여 문화와 그것을 반영하고 있는 교육내용에 대한 고려가 지나치게 생략되어 있으며, 또한 앞에서 설명한 바에 따르면 수업대상과 학생 간에 있을 수 있는 여러 가지 상호작용이 결여되어 있다. 적어도 수업의 구조라는 틀 안에서 볼 때, 수업이 제대로 이루어지기 위해서는 학생의 자연적 발달 단계와 패턴만으로는 부족하며, 반드시 수업대상과 학생이라는 두 축에 대한 동시적 배려가 있어야 할 것이다.

3) 교사와 학생의 관계

📖 수업에서의 정서

교사와 학생의 관계는 수업의 삼각구도에서 유일한 인간 사이의 관계이다. 그것은 그만큼 나머지 다른 두 관계에 비하여 허점투성이인 불완전한 관게이며, 따라서 보다 세밀한 배려와 보완을 필요로 한다. 상식적으로 교사와 학생의 인간관계는 수업에 지대한 영향을 미친다고 말할 수 있다. 교사와 학생의 인간관계가 좋은가 아닌가에 따라 수업의 결과가 판이하게 달라질 수 있다는 것이다. 최근의 몇몇 연구를 보면 교사와 학생 간의 정서적 유대관계가 학습의 성패를 크게 좌우하는 것처럼 말하고 있다. 특히 학생이 교사에 대하여 개인적으로 긍정적인 감정을 가진 경우, 수업의 매끄러운 진행은 물론이고 그 결과 역시 바람직해진다는 것이다. 그러나 분명 나쁜 감정을 포함하여 교사에 대한 학생의 개인적 감정은 수업의 내부 구조에 속하는 것이 아니다. 수업의 내부 구조적 측면에서 볼 때 그것은 주관적인 심리이며 주변적인 변인에 불과하다. 그것은 수업에 있어도 좋고, 없어도 좋은 것이다. 교사와 학생 간의 정서적 유대관계는 수업을 촉진할 수도 있고 방해할 수도 있겠지만 수업과 전혀 상관이 없을 수도 있다. 극단적인 예로, 교사에 대하여 부정적인 감정을 가진 학생도 그 교사로부터 얼마든지 잘 배울 수 있다. 어떻게 보면 교사에 대한 학생의 개인 감정은 마치 교실의 한 자리를 차지하고 있는 분필이나 가방처럼 수업의 근본 구조에서 많이 비껴 나 있다. 쾬켈에 의하면, 인간들끼리 서로 관심을 가지는 것은 특별히 수업에서만 나타나는 현상은 아니다(Sünkel, 1996: 136).

📖 플라톤의 에로스

이와는 달리, 수업의 내부 구조에서 필수 불가결하게 요구되는 관심이 있다. 그것은 교사 개인에 대한 학생의 인간적인 관심이 아니라, 이미 교사가 내면화하고 있는 수업대상에 대한 학생의 관심이다. 비록 현실 속에서 양자가 명백하게 구분될 수 있는 것은 아니지만, 그것은 보다 정확하게 말하자면 수업대상이 교사라는 존재의 몸 안에 들어 있는 양상(樣相)에 대한 학생의 관심이다. 그것은 '저것을 배우게 되면 나도 선생님처럼 저런 모습이 되겠구나!'와 같은 종류의 관심이다. 앞에서 언급한 교사라는 인간에 대한 학생의 개인 감정은 덧없는 데 비하여, 이러한 관심은 플라톤(Plato)과 듀이(Dewey)를 비롯하여 그동안 많은 교육학자가 '에로스(eros)'라고 불러 왔던 것으로서 교사와 학생 간의 수준 차가 있는 한 영원히 지속된다. 교사는 항상 그가 가르치고자 하는 수업대상을 몸으로 대변한다(Klafki, 1995: 18). 현실적으로 모든 교사가 그런 것은 아니지만, 적어도 수업을 잘하는 교사가 학생으로부터 받는 관심은 이상에서 설명한 대로 그의 몸이 육화(肉化)하고 있는 수업대상에 기인한다고 보아야 할 것이다.

📑 키에르케고르의 간접전달

그러나 교사가 아무리 수업대상을 완벽에 가깝게 구현한다고 하더라도 그것이 학생에 미치는 영향은 제한적일 수밖에 없다. 교사의 수업행위는 그 자체로서 독자적으로 어떤 완성이나 결말을 맺을 수 없다. 교사는 일반 학자와 달리 자신이 아닌 다른 사람, 곧 학생의 '배움'에도 관심을 가질 수밖에 없다(Rothstein, 1966: 214). 교사의 수업행위의 궁극적인 목적은 어디까지나 학생의 획득활동과 그의 성취에 있다. 물론 교사의 수업행위는 학생으로 하여금 수업 중에 활동하게 만드는 것과 맞물려 있으며, 따라서 외면적으로 학생의 획득활동과 명백하게 구별되지 않는다. 그러나 교사의 수업행위와 학생의 획득활동 사이에는 엄연한 구분이 있다. 따라서 교사는 학생의 획득활동을 학생을 대신하여 해 줄 수가 없다. 만약 그렇게 한다면 그것은 이미 학생의 획득활동을 중단시키는 것이거나, 아니면 적어도 몹시 방해하고 있는 것에 해당된다. 학생은 자신의 획득활동을 통하여 스스로 변화해야 하는 주체이기 때문이다.

이상에서 살펴본 바와 같이 교사의 수업행위는 학생의 획득활동과 그의 변화를 통하여 목적을 간접적으로 달성한다. 교사의 영향은 아무리 최대한으로 발휘된다고 하더라도 필연적으로 학생을 통하여 '간접적으로만' 이루어진다. 사람들은 키에르케고르(S. Kierkegaard)가 주창한 '간접전달(indirect communication)'—간접전달은 교육방법이 단순한 기술적인 문제가 아니라 교사의 패러독스적인 실존과 이에 대한 학생의 열정과 상심을 수반하는 총체적인 것임을 잘 시사해 준다. 보다 자세한 사항은 『키에르케고르의 간접전달』(임병덕, 1998)을 참조—을 오로지 교육방법의 측면에서만 파악하는 경향을 보여 왔다. 그러나 이상에서 살펴본 바에 따르면, 그러한 '간접전달' 역시 수업의 내부 구조의 한 측면으로서 교사의 수업행위의 숙명적 한계를 드러내고자 한 것이 아닌가 하는 생각이 든다.

4. 결론

이상 본론에서는 수업을 하나의 구조적 현상으로 파악한 후에 수업의 세 가지 상수로서 수업대상, 학생, 교사 각각이 수업에서 차지하는 위치와 역할, 그들 상호 간의 연관 및 작용에 대하여 고찰해 보았다. 이즈음에서 돌이켜 보면, 한편으로 서론에서 제기한 질문들—첫째, 수업 전체에 들어 있는 보편적 요소는 무엇이며, 그것들은 각기 어떤 역할을 수행하는가, 둘째, 수업의 보편적 요소들은 서로 어떤 관련을 맺고 있으며, 그것들이 모여 어떤 모습의 전체를 이루게 되는가—이 보다 구체화되고 어느 정도 해소되었다고 보지만, 다른 한편으로는 그 질문들의 포괄성과 심각성에 비하여 이제까지 밝혀낸 내용은 여러모로 부족할 따름이다. 사실, 그것은 수업에 관련된 파편화된 사실과 의견들을 수업의 삼각구도라는 틀에 맞춰 이리저리 이어 붙인 것에 불과하다. 그럼에도 불구하고 이하 결론에서는 이제까지 찾아낸 내용들을 토대로 하여, 마지막으로 남겨 둔 질문 '수업의 보편적 요소들이 모여 어떤 모습의 전체를 이루게 되는가?'를 본격적으로 다루어 보고자 한다.

📖 수업의 상수

　인류에게 수업이 발생한 이래로 지금까지 무수히 다양한 수업이 이루어져 왔다. 그 무수한 수업현상 속에는 항상 '변하는 것(變數)'과 '변하지 않는 것(常數)'이 함께 어우러져 있기 마련이다. 이 장에서는 그중 변하지 않는 상수로서 수업대상, 학생, 교사라는 보편적 요소들을 확인한 바 있으며, 수업은 이 세 가지 상수가 서로 구조적으로 연관되어 상호작용하면서 빚어내는 '복합적 현상'이라고 규정할 수 있다. 본론에서 고찰한 바와 같이, 수업의 내부 구조를 이루는 핵심 축으로서 수업대상, 학생, 교사는 독자적으로는 아무런 의미를 가질 수 없으며, 오직 서로 간의 관계에 의하여 지지되어 성립될 수 있다. 이하에서 몇 가지 사항을 정리해 보면 다음과 같다. 보통 '일상생활'이라고 불리는 의식주를 해결하기 위한 일체의 인간 활동 그 자체가 직접 수업대상이 될 수 있는 것은 아니다. 교사가 오로지 학생들을 가르칠 목적으로 인간 활동 중에서 핵심적인 내용을 분리해 내고 나름대로 취사선택하여 체계화하고 구체화했을 때 그것이 비로소 수업대상의 성격을 가지게 되는 것이다. 요컨대, 수업대상은 어떤 독립된 실체가 아니라, 교사에 의하여 학생을 가르칠 목적으로 객관적으로 구체화되거나 그것을 전제하였을 때에만 성립될 수 있는 개념이다.

　이와 관련하여 다시금 교사의 의미를 되새길 필요가 있다. 어떤 수업을 막론하고 수업에서 교사의 주된 임무는 수업대상과 학생 사이를 매개하는 행위, 곧 '매개작업'이며, 그 주된 역할은 수업대상의 구체화이다. 수업대상의 구체화는 교사가 수업대상을 자기 나름대로 재해석하고 재배열하여 학생으로 하여금 수업대상을 가능하면 용이하게 획득할 수 있도록 돕는 활동이기 때문에 필연적으로 학생의 활동과 관계를 맺을 수밖에 없다. 그러나 한편, 수업에서 교사가 아무리 수업대상의 구체화를 완벽하게 수행한다고 할지라도, 원칙상 학생의 획득활동에 대한 교사의 관여는 제한적일 수밖에 없으며, 불행하게도 교사의 수업행위는 학생의 성취를 통하여 오로지 '간접적'으로만 달성된다. 교사가 보이는 시범이나 모범 또한 수업대상의 구체화의 일종이며, 설사 교사 스스로 수업대상의 완전한 획득에 관심이 있다고 하더라도, 그것 역시 수업에서는 학생의 획득활동을 돕기 위한 하나의 방편일 뿐이다.

수업의 삼각구도에서 수업대상과 교사와 더불어 삼각구도의 나머지 한 꼭짓점을 이루고 있는 요소는 학생이다. 수업상황에서의 학생은 결코 막연한 일반 학습자가 아니라, 교사가 알고 있는 학습자이며 교사로부터 그가 전달하고자 한 내용을 받아들일 준비가 되어 있는 사람이다. 그리고 수업은 학생의 흥미에서 시작하여 그것에 의존하여 지탱되며 그것에서 달성된다. 수업의 삼각구도 안에서 세 요소 간에 상호 다양한 역학 작용이 일어나지만, 결국 그것들 모두 학생의 내면적 성장에 수렴되어야 한다. 수업의 목적은 어디까지나 학생의 내면화이며, 수업은 내면화를 위한 학생의 획득활동에 의하여 비로소 실현된다는 것은 만고불변의 원리이다. 학생의 획득활동은 자신의 자발성에 기초한 내적 행위이며, 강요되거나 강제될 수 없다.

수업 연구의 전망

이상에서 수업의 보편적 요소들과 그 역할, 그들 간의 역동적 관계에 대하여 간단하게 요약·기술하였다. 그들의 의미는 서로 순환적으로 맞물려 있음을 확인할 수 있었다. 그러나 이제까지 이 장에서 한 일은 수업이라는 구조물이 있다면 그것의 가장 기본적인 개요가 담긴 조감도를 제시한 것에 불과하다. 그 기본 골격 안에는 채워져야 할 내용이 이보다 훨씬 더 많이 있을 것이다. 이것만 가지고는 나쁜 수업과 구별되는 좋은 수업이 무엇인지, 수업은 어떻게 해야 바람직한지 등등에 대하여 별다른 해답을 던져 줄 수 없다. 앞으로 수업의 개념에 관한 이와 같은 연구와 담론이 보다 활성화되고 풍부해져서 이 장에서 미처 보거나 다루지 못한 수업의 여러 차원과 영역을 보다 세밀하고 명료하게 밝혀 주었으면 하는 바람이다. 또 다른 한편으로, 수업의 일반 개념에 관한 논의와 더불어 수업의 경험적 영역, 보다 구체적으로 말하여 각 교과별 수업을 포함한 특정한 수업현상의 다양성과 특수성에 대한 연구가 활발히 진행되어 수업에 대한 논리·분석적 연구와 상호 보완을 이루게 되면, 수업 연구의 발전에 있어서 그보다 좋을 수는 없을 것이다.

📖 수업의 내부 구조

수업은 여러 층과 차원을 포함하는 아주 복잡하게 집약된 인간의 근본 영위이다. 굳이 비유하자면, 수업은 그 현상 속에서 꿈틀거리는 상수와 변수가 어우러져 빚어내는 총체적 구조물이다. 수업을 제대로 조망하기 위해서는 반드시 그러한 총체적 복합체로서의 수업의 성격이 존중되어야 한다. 물론 수업의 방법적 개선이나 수업에 대한 현실적 요청을 염두에 두고 개발된 것이겠지만, 수업 전체를 그 다양성과 복잡성을 의도적으로 배제하고 몇몇 단계와 연속되는 절차로 환원하는 것은 지나친 단순화이며, 수업 전체를 두고 '아동 중심' 수업이라든가 '배움 중심' 수업이라고 운운하는 것 또한 수업의 근본 구조에 대한 왜곡된 발상의 일단을 드러내는 것에 불과하다.

또 한편, 지금까지 우리는 학교평가나 교육과정평가 때마다 수업의 내부 구조보다는 이를 둘러싸고 있는 외부 변인들에 정도 이상의 관심을 두는 경향을 보여 왔다. 양적으로 가시화할 수 있는 외부 변인들을 개선하기만 하면 마치 수업이 저절로 잘될 수 있는 것처럼 알고 살아왔다. 그러나 분명 본론에서 고찰한 바와 같이, 수업은 역동적인 그 내부 구조에 의하여 규정되며, 그 외부 변인들에 의하여 결정되는 것이 결코 아니다. 수업의 개선을 위하여 지금 우리에게 당장 필요한 것은 무엇보다도 수업의 내부 구조에 속하는 것과 아닌 것, 다시 말하여 그 밖에 주변의 외부 변인이 무엇인지를 판가름할 수 있는 혜안인지도 모른다. 결국 수업과 교육과정을 공부한다는 것은, 항상 변화를 수반하는 수업현상, 보다 일반적으로 말하여 가르치고 배우는 활동 속에서 변하는 것과 변하지 않는 것을 구분하고 그것들을 지배하는 불변의 원리들이 어떻게 살아 움직이는가를 꿰뚫어 볼 수 있는 안목을 기르는 것이 아닌가 한다.

📖 참고문헌

김승호(2001). 수업의 인식론. 교육학연구, 39(1), 267-294.

서경혜(2004). 좋은 수업에 대한 관점과 개념: 교사와 학생 면담 연구. 교육과정연구, 22(4), 165-187.

서근원(2003). 수업을 왜 하지? 서울: 우리교육.

임병덕(1998). 키에르케고르의 간접전달. 서울: 교육과학사.

Eisner, E. W. (1979). *The education imagination*. New York: Macmillian Publishing Co.

Gardner, H. (2000). *The disciplined mind*. New York: Penguin Book.

Hopmann, S., & Riquart, K. (1995). Starting a dialogue: Issues in a beginning conversation between Didaktik and the curriculum tradition. *Journal of Curriculum Studies, 27*(1), 3-12.

Klafki, W. (1995). Didactic analysis as the core of preparation of instruction. *Journal of Curriculum Studies, 27*(1), 13-30.

Moran, G. (1997). *Showing how: The act of teaching*. Pennsylvania: Trinity Press International.

Oakeshott, M. (1967). Learning and teaching. In T. Fuller (Ed.). (1989). *The voice of liberal learning*. New Haven and London: Yale University Press.

Rothstein, M. (1966). Lecture and learning. *AAUP Bulletin*, 214-219.

Sünkel, W. (1996). *Pänomenologie des Unterrichts*. München: Juventa Verlag GmbH. 권민철 역(2005). 수업현상학. 서울: 학지사.

제4장

Didaktik의 교육과정적 함의

1. 서론

📖 교육과정의 정체성 위기

요즘 우리나라의 교육과정 이론 또는 연구는 정체성 위기를 겪고 있다. 교육과정을 연구하는 학자들 사이에서 교육과정 개념 또는 영역에 대한 혼란이 심화되고 있다. 그 연속선상에서 볼 수 있는 한 예로, 교육방법이나 수업이론 방면은 이미 교육과정에서 교육공학 영역으로 양도된 지 오래되었다. 일전에 임용시험에 교육학이 1차 시험과목으로 포함되어 있을 때 출제 영역을 따지는 경우에도, 교육방법이나 수업이론 분야는 당연하게 교육공학 전공교수의 몫으로 취급되는 것을 필자는 종종 경험한 바 있다. 또 다른 한편, 교육과정을 전공하는 학자들 일각에서도 스스로 교육방법이나 수업이론 분야를 교육과정의 영역에서 별다른 거리낌 없이 배제하곤 한다.

형편이 이렇게 되고 보면, 교육학 영역에서 교육과정의 설 자리는 있는가 하는 의구심이 들지 않을 수 없다. 교육과정 학문 영역에서 교육방법 또는 교수·학습 분야와 수업이론을 제외하고 나면, 결국 교육과정의 남는 영역은 무엇인가? 물론 앞으로 교육과정을 연구하는 사람들은 국가 차원에서 교육과정을 설계해서 적용하고 그 질을 관리하고 평가하는 일에 관여하거나, 새로 바뀐 교육과정의 취지를 일반 교사나 학생들에게 잘 설명하는 실제적인 일을 하는 것으로 만족해야 한다는 주장도 있을 수 있다. 필자는 우리의 교육과정 또는 그 연구의 역사와 관련하여 차라리 결국 오류로 판명되었으면 하는 한 가설을 가지고 있다. 그것은, 우리의 교육과정 연구가 최근 미국의 흐름과 마찬가지로 정체성 위기를 맞이하게 된 것이 결국 모두 우리의 교육과정 연구가 여태까지 거의 반세기 이상 '교육내용'에 관한 논의가 생략된, 즉 출발에서부터 근본적으로 장애가 있는 이론적 틀에 의존하여 지속되어 온 것에 기인한다는 가설이다.

📖 교육내용의 결여

　미국 교육과정 연구에서 근본적으로 결여되어 있는 것이 있는데, 그것은 바로 '교육내용(contents)'에 대해 응당 있어야 할 배려와 설명이라는 것이다 (Hopmann & Riquart, 1995: 6). 그도 그럴 것이, 사실 수업과 관련된 타일러(R. W. Tyler)의 네 가지 질문 중에 '학습경험'은 있어도 정작 그 이전에 있어야 할 '교육내용'에 대한 이론적 천착이 안 보이고, 진보주의 교육운동에서 주장한 그 유명한 슬로건 "우리는 교과를 가르치는 것이 아니라 아동을 가르친다." 에 잘 나타난 바와 같이 '교육내용'은 별반 중요한 것이 아닌 것처럼 치부되고 있으며, 영미 계통의 수업에 관한 개론서들을 살펴보아도 대부분 '수업은 교사와 학생 사이에 일어나는 행동적 상호작용이다.'라고 규정되었을 뿐 '교육내용'에 대한 언급이 간과되어 있다.

　이러한 왜곡된 교육과정 논의를 바로잡기 위해서는 무엇보다도 수업 또는 교육과정 연구에서 '교육내용'이 무엇을 의미하는가에 대한 근본 질문에서부터 우리의 교육과정 논의가 재출발할 필요가 있다. 물론 그간 교육과정 논의에서 타일러 방식의 사고방식을 극복하려는 노력이 아주 없었던 것은 아니다. 브루너(J. S. Bruner)의 '지식의 구조(structure of knowledge)' 아이디어만 하더라도 상대적으로 위축되어 왔던 수업 또는 교육과정 연구에서의 내용의 중요성을 학자나 교사들에게 일깨워 준 바 있다. 그러나 '지식의 구조' 아이디어를 제대로 해석하여 교육현실에 적용하는 데 있어서는 만족할 만한 성과를 거두지 못하였다. 어쩌면 브루너의 본의와는 다르게, '지식의 구조' 개념의 모호성도 그렇고 그와 관련한 탐구학습(inquiry learning)에 대한 지나친 강조는, 오히려 교사가 가르칠 '내용'의 구체화에 모여야 할 초점을 분산시키는 데 기여하였는지도 모른다.

📖 대안으로서의 Didaktik

지금까지 우리에게는 잘 알려지지 않았지만 교육과정과 수업의 논의에서 교사가 가르칠 '내용' 분석을 중심에 둔 전통은 적지 않은 역사를 가지고 있다. 독일의 경우만 하더라도 그 전통은 'Didaktik'이라는 이름하에 200년 이상의 역사를 가진 것으로 알려져 있다. 희랍어 'didáskein'에서 기원하는 이 단어는 '수업 예술 또는 수업 연구'(Hopmann & Riquart, 1995: 3)나 '교육내용과 교육과정 이론'(Klafti, 1995: 13)으로 번역될 수 있다. 라트케(W. Ratke)와 코메니우스(J. A. Comenius)는 그 용어의 창시자로서 그것을 그들의 저서에서 최초로 사용하였다(Kansanen, 1995: 348). 오늘날 Didaktik은 단지 독일에 국한하여 사용되고 있지 않다. 현재 이 용어는 독일과 문화적 영향을 주고받는 관계에 있는 중유럽과 스칸디나비아 지역 국가(스웨덴, 노르웨이, 핀란드 등)의 교육 분야에서 두루 널리 사용되고 있다. 반면에 유감스럽게도 영어권과 불어권 국가의 교육 분야에서는 아직 실질적으로 알려져 있지 않은 형편에 있다. 물론 그동안 그들의 영향권에서 크게 벗어나지 못한 우리나라의 교육과 교육과정 연구 또한 Didaktik에 관해서는 문외한이나 다름없다. 우리는 이와 같이 어느 한쪽으로만 경도된 교육과 교육과정 연구를 균형 있게 제대로 바로잡을 필요가 있다.

이 장에서는 이러한 문제의식을 가지고 Didaktik을 소개하는 장을 마련해 보고자 한다. 이를 위하여, 첫째, 'Didaktik은 무엇을 의미하는가?'라는 질문을 다루게 될 것이다. 여기에는 Didaktik의 어원, 역사, 최신 동향 등과 더불어, 그 개념에 대한 필자 나름대로의 재해석이 이루어질 것이다. 둘째, Didaktik이 교사가 가르칠 내용을 선정 · 조직 · 분석하는 데 어떤 시사점을 던져 줄 수 있는지에 관하여 논의하게 될 것이다. 이러한 Didaktik의 적용 사례를 통하여 우리는 교육과정과 수업의 논의에서 '교육내용'의 문제가 구체적으로 어떻게 취급될 수 있는지를 시사받을 수 있게 될 것이다. 그리고 마지막으로, 이러한 논의들을 바탕으로 하여 Didaktik이 교육과정과 수업에 던져 주는 시사점에 대하여 고찰해 보고자 한다. 여기서 Didaktik이 현대 교육과 정 연구에 대하여 가지는 의의를 재정립해 볼 것이며, 특히 Didaktik이 앞으 로 우리나라의 교육과정과 수업 연구에서 어떤 교정 역할을 하게 될 것인지 를 추론해 보고자 한다.

2. Didaktik 개념의 모색

서론에서도 잠깐 언급한 바와 같이 Didaktik은 교육과정을 전공하는 학자 들에게도 낯설 정도로 우리에게는 아주 생소한 개념이다. 이러한 부담을 해 소하기 위해서는, 먼저 Didaktik 개념이 어떻게 생겨나고 또 어떤 역사적 변 천 과정을 거쳐서 현재에까지 이르게 되었는가를 살펴보는 것이 합당한 순서 일 것이다. 이 장에서는 Didaktik 개념의 어원, 역사, 최신 동향 등을 간략하 게 알아본 후에 이를 바탕으로 하여 필자 나름대로 Didaktik 개념에 대한 재 규정을 시도해 보고자 한다.

1) Didaktik의 어원과 역사

Didaktik은 희랍 어원을 가진다. Didaktik은 원래 '수업의 예술(the art of teaching)'이라는 의미를 지닌 희랍어 'didáskein(didactica)'을 활용하여 인위 적으로 만들어 낸 조어(造語)이다. 라트케와 코메니우스가 이 용어의 기원자 이며, 그들의 저작에서 처음으로 그것을 사용한 바 있다. 교육학적 개념으로 'Didactica'는 1613년 헬비쿠스(C. Helvicus)와 융기우스(J. Jungius)가 라트케 의 교육적 제안에 대하여 평가를 하면서 처음 사용되었다(Klafki, 1968: 7: 김 창환, 1995에서 재인용). 라트케 역시 'Methodus didactica'라는 표현을 사용하였는데, 그는 이를 '교수하는 방법' 또는 '교수 기술'이라는 의미로 사용하였다. 또한 코메니우스는 그의 유명한 저서 『대교수학(Didactica Magna)』 덕분에 역사적으로 교수학을 정립한 최초의 사상가로 알려지게 되었다(김창환, 2007: 1).

라트케와 코메니우스는 그 당시에 지배적이었던 지나치게 형식적이고 논리적인 수업내용 분석방법에 반대하여 보다 일반적이고 규범적인 수업내용 분석방법의 개발을 옹호하였다. 이러한 Didaktik의 초기 성격은 코메니우스의 저서 『대교수학(didactica Magna)』에 잘 나타나 있다. 코메니우스는 『대교수학』을 통하여 인간의 삶의 목적과 관련하여 교육내용과 교육방법을 다루어야 한다고 역설하고 있다. 인간이 자신의 삶의 목적을 달성하기 위하여 배워야 할 교육내용은 무엇이며, 또 교사는 학생들에게 그것을 어떻게 가르쳐야 하는가에 대하여 설명하고 있다(Comenius, 1657). 이 점에서 코메니우스는 Didaktik이 단순히 가르치고 배우는 기술에만 국한되는 것이 아니라 인간의 삶의 목적에 적합한 교육내용을 발굴하고 또 그 연속선상에서 교육방법을 구안하는 포괄적인 문제에 관련된다는 것을 잘 보여 주고 있다. 이러한 코메니우스의 Didaktik은 나중에 루소(J. J. Rousseau)와 페스탈로치(J. H. Pestalozzi)의 교수법에도 지대한 영향을 주게 된다.

루소는 그의 저술 『에밀(Émile)』에서 인간의 자연적인 성장 과정에 기초하여 Didaktik 사상을 제시하고 있다. 그에 있어서 교수는 교육내용을 인간의 자연적인 발달 과정에 기초하여 가르치는 활동이다. 어른의 관점보다는 아동의 관점에 기초한 Didaktik을 제시하고 있다. 또한 페스탈로치는 그의 Didaktik에서 아동의 특성과 사회적 요청 사이의 조화를 강조하고 있다. 한편으로 학습자의 수준에 기초한 자연적인 교수(특히 방법적인 측면)를, 다른 한편으로 사회적 요청에 부응할 수 있는 기초적인 지식과 능력, 곧 내용적인 측면을 강조하였다. 그는 인간적인 요청과 사회적인 요청의 조화, 즉 내용과 방법의 조화를 강조하였다고 볼 수 있다(김창환, 2007: 1-2).

교육학(Pädagogik)과 관련하여 계속하여 변천을 거듭해 오던 Didaktik을 다시 교육 논의의 중심에 가져다 놓은 사람은 바로 헤르바르트(J. F. Herbart) 이다. 그의 시대에 와서 Didaktik은 교육에 대한 '과학(Wissenschaft)'으로서 확고한 위치를 차지하였을 뿐만 아니라 학교에서 이루어지는 제도권 교육의 주된 관심사가 되었다. Didaktik의 정점은 헤르바르트에게서 확인된다. 그는 『일반교육학(Allgemeine Pädagogik)』이라는 저서를 통하여 Didaktik 사상을 체계적으로 정리하고 있다. 이 책에서 그는 Didaktik과 관련된 독특한 관점과 방법적 원리를 제공하고 있다. 이 때문에 『일반교육학』은 내용상 살펴보면 『일반교수학』이라고 말할 수 있다. 헤르바르트의 영향을 받은 제자들은 스승의 사상에 기초하여 다양한 교수방법 이론을 개발하게 된다(김창환, 2007: 2).

그 후 20세기에 들어오면서 Didaktik은 위르겐 하버마스(Jürgen Habermas) 의 이론에 근거한 비판적—의사소통적 Didaktik을 비롯하여 무수히 다양한 변종을 낳고 지역적 버전들로 발전하게 된다. 독일 대학에서 일반교수학 교재로 가장 널리 쓰이는 『일반교수학 교본(Lehrbuch Allgemeine Didaktik)』의 저자 페터센(W. H. Peterßen)에 의하면, 교수학의 역사적 전개 과정에 따라 고찰할 때 Didaktik은 20세기 초반까지는 '가르치는 기술'(코메니우스, 라트케) 로서, '수업의 이론'(헤르바르트 및 그 추종자들)으로서, '도야이론'(빌만)으로서, '개혁적 교육 프로그램'(빌만)으로서 이해되었다(Peterßen, 2001: 17: 김영래, 2007: 27에서 재인용).

20세기 전반부터 현대적 학문의 모습을 갖춘 Didaktik 이론들이 나타났다. 1920년대와 2차 대전 이후 1960년 전반까지 연구되고 Didaktik 분야를 지배했던 '정신과학적 Didaktik'(노올, 베니거), 1950년대 클라프키(W. Klafki)의 '도야이론적 Didaktik', 1960년대 초 하이만(P. Heimann)의 도야 개념에 반대하여 이를 학습 개념으로 대체하면서 발전시킨 '학습이론적 Didaktik', 1970년대 쿠베(F. v. Cube)의 행동주의와 정보 개념에 기초하여 발전시킨 '정보이론적 Didaktik', 샬러(K. Schaller) 등에 의해서 발전된 '비판적−의사소통적 Didaktik', 학습이론적 관점에 해방적 관점이 결합된 슐츠(W. Schulz)의 '학습 이론적−해방적 Didaktik', 클라프키의 도야이론적 Didaktik의 새로운 버전 인 '비판적−구성적 Didaktik', 언어학적 · 철학적 구조주의에 영향을 받은 '구조주의 Didaktik' 등 다양한 Didaktik 이론이 제시되었다(Peterßen, 2001: 17-18: 김영래, 2007: 27에서 재인용).

이상에서 살펴본 다양한 독일의 Didaktik 이론에 대한 공통적인 지향점을 발견하기는 어렵다. 현재에는 다양한 이론이 서로 각축하다가 도야이론적 Didaktik, 학습이론적 Didaktik, 구조주의적 Didaktik이 교수학적 논의에서 주류를 이루고 있으며, 이 세 가지 이론 역시 서로 영향을 끼치면서 지금까지 발전을 계속하고 있다.

물론 오늘날 Didaktik은 단지 독일에서만 연구되고 있지 않다. 현재 이 용어는 독일과 문화적 영향을 주고받는 관계에 있는 스웨덴, 노르웨이, 핀란드 등의 교육 분야에서 두루 널리 사용되고 있다. 그러나 아쉽게도 영어권과 불어권 국가의 교육 분야에서는 아직 널리 알려져 있지 않은 형편에 있다. 비교적 최근 1990년대에 Didaktik은 그야말로 르네상스 시대를 맞이하게 된다(Uljens, 1997: 46). 이 분야와 관련하여 많은 논문이 저술되고 저서가 출간되었는데, 그중에서도 특히 클라프키, 호프만(S. Hopmann), 칸사넨(P. Kansanen), 울젠스(M. Uljens) 등의 활동이 주목할 만하다.

2) Didaktik 개념의 모색

앞에서도 조금 시사된 바와 같이 독일 교육학에서 Didaktik은 교수와 학습에 관한 이론, 수업에 관한 이론, 교육내용에 관한 이론, 교육방법에 관한 이론, 교육과정에 관한 이론, 교수 및 학습 계획, 교육 또는 학습의 과정 등등 매우 다양한 의미로 사용되고 있다. 이와 같이 Didaktik의 개념을 명확하게 잡아내기는 매우 어렵지만, Didaktik은 그것을 주장하는 학자들마다의 차이에도 불구하고 대체로 네 가지로 유형화될 수 있다. 첫째, 가르치고 배우는 것에 관한 이론 또는 학문, 둘째, 수업에 관한 이론, 셋째, 도야이론, 넷째, 교수이론이다(Klafki, 1968: 7: 김창환, 2007: 2에서 재인용).

Didaktik의 규범적인 측면을 강조하면 아무래도 가장 근접한 번역은 '수업의 예술'일 것이며, 영미 계통의 교육학에서도 이에 상응하는 맥락 또는 대상이 분명하게 존재한다. 그러나 이 표현은 오늘날 Didaktik이 사용되는 넓은 의미 권역에 비하면 너무 편협한 규정이다. 왜냐하면 Didaktik을 수업의 예술이라고 번역할 때 거기에는 '학습'의 측면에 대한 배려가 보이지 않기 때문이다.

다른 한편으로 Didaktik의 기술적(記述的)인 측면을 강조하자면 연구적 측면이 전면에 부각될 것이며, 그 적절한 번역은 '수업에 관한 연구'가 될 것이다. 그러나 이 번역 또한 영미 계통의 'research on teaching'과 의미상 혼동될 우려가 있다. 영미의 수업 연구는 대체로 경험적 연구의 전통을 가지고 있으며, 따라서 본질상 누적된 연구 결과물들에 직접적으로 의존하여 거기에서 귀납적 수업모형을 이끌어 내는 방향으로 이루어진다. 물론 Didaktik도 'Unterrichtsforschung'이라고 하여 그 한 부분으로서 그러한 경험적 연구 영역을 가지고 있지만, 그보다는 훨씬 광의의 의미를 가진다.

Didaktik은 주로 교사들을 가르칠 목적으로 하여 수업모형을 축조해 나가며, 그 수업모형은 경험적 귀납에 의한 것이라기보다는 인간에 대한 철학적 관념과 인간 교육에 관한 근본 연구의 관점, 즉 칸트(I. Kant), 헤르바르트, 슐라이어마허(F. Schleiermacher) 등의 이름과 함께 연상되는, 지극히 독일적인 오랜 철학적 전통에 기초하여 연역적으로 도출된 것이다(Kansanen, 1995: 348). Didaktik은 어떻게 하면 교수 · 학습 과정을 여실하게 그려 낼 수 있는가에 관한 일종의 모형 또는 체제이다. Didaktik은 일종의 메타이론이라고 할 수 있는데, 여기에서 다양한 모형이 서로 각축하고 비교될 수 있다(Kansanen,

1995: 348).

우리 교육계에서는 교수학이라고 하면 영미 계통의 전통을 따르고 있기 때문인지는 몰라도 좁은 의미의 교수·학습 이론으로, 곧 교육방법의 문제로 치부하는 경향이 있다. 그러나 이상에서 고찰한 Didaktik의 개념에 비추어 보면, 교수학은 단순하게 좁은 의미의 가르치고 배우는 것에 관한 이론으로 보기 어렵다. Didaktik은 가르치고 배우는 구체적인 교육활동에 관한 이론이기 이전에, 인간을 보는 관점과 훌륭한 인간을 길러 내는 도야이론을 포함하는 학문이기 때문이다. Didaktik의 핵심은 훌륭한 인간을 도야하는 내용과 과정에 관한 것이다. 교육방법에서부터 거꾸로 생각해 보더라도, 맹목적으로 교육활동을 하지 않기 위해서는 반드시 먼저 교육목적과 그것을 달성하기 위한 교육내용이 정해져야 하며, 교육방법은 단지 그것을 실현하기 위한 도구일 뿐이다.

헤르바르트는 교수학의 이러한 측면을 잘 드러내 보여 준다. 헤르바르트는 그의 책 『일반교육학』에서 교수학은 단순히 '수업에 관한 이론'이 아니라 '교육적 수업(Erziehender Unterricht)'에 관한 이론이라고 주장한다. 후세대의 입장에서 보면 '교육적 수업'이라는 말을 얼른 납득하기 어렵다. 수업이면 다 교육이고, 교육은 반드시 수업을 전제한 것이 아닌가 하는 의구심이 든다. 그러나 헤르바르트는 교육과 수업을 개념적으로 명백하게 구분한 다음, 양자의 관련성 또한 그에 못지않게 강조한다.

그에 의하면, 수업 없는 교육은 전혀 논의거리가 되지 않으며, 교육적이지 못한 수업은 수업으로서 인정할 수 없다. 보다 구체적으로 말하면, 사람의 마음을 전혀 움직이지 않고 단순히 지식만 전달하는 것은 수업이 아니다. 수업은 학습자의 인격에 큰 영향을 미치는 지식, 그러한 지식을 소유하지 못했다면 전혀 다른 사람이 되었을지도 모를 지식을 전달하는 것을 의미한다. 이와 같이 교육과 수업은 따로 분리할 수 없는 교육적 영위이며, 양자는 항상 긴밀한 관계 속에서 상호작용해야 한다. 이상의 헤르바르트의 사례에 비추어 보

115

면, 현대 교수학은 수업의 가장 핵심적인 측면이라고 볼 수 있는 도야적 측면을 망각하고 있음을 알 수 있다.

Didaktik은 영어권 교육과정 전통에서는 명확하게 취급되지 않았던, 매우 중요하고도 보편적인 교육적 질문들을 부각시킬 수 있는 사유의 방식을 제공해 준다(Hudson, 2002: 44). Didaktik은 단순히 우리가 오늘날 생각하는 교수법 또는 교육방법에 관한 이론이 아니다. Didaktik은 가르치고 배우는 것에 관련된 모든 담론을 포괄하는 넓은 의미의 교수학, 곧 교육과정 또는 교육학 이론으로 이해되어야 한다. Didaktik 개념의 외연을 놓고 설명하자면, 물론 Didaktik은 가르치고 배운다고 하는 교육의 가장 기본적인 패러다임에서 비롯되지만, 더 나아가서 가르치고 배우는 것을 가장 잘하는 데 있어서 필연적으로 결부될 수밖에 없는 교육내용의 문제라든지 교육목적의 문제라든지 하는 것들을 함께 다루어 보고자 하는 일종의 통합적인 학문으로 볼 수 있다.

3. Didaktik의 전개 양상

1) 교육내용의 중요성

2절에서 고찰한 바와 같이 Didaktik은 좁은 의미의 교수법이 아닌, 넓은 의미의 교육학 이론으로 이해되어야 한다. Didaktik을 연구해 온 학파마다 다소 의견 차이를 보이기는 하지만, Didaktik의 공통된 과제는 '훌륭한 인간을 도야하기 위해서는 어떤 교육내용을 가지고 어떻게 가르쳐야 하는가?'라는 질문으로 요약될 수 있다. Didaktik은 일종의 교수법의 관점에서 교육 전체를 조망하는 이론이라고 할 수 있다. 앞서 설명한 바와 같이, 교수법에서부터 거꾸로 교육 전체를 생각해 보더라도 수업이 맹목적인 것이 되지 않기 위해서는 교육내용에 대한 천착이 있어야 하며, 그러한 교육내용을 가르쳐서 도달시키려고 하는 도야된 인간형, 곧 교육목적을 상정하지 않을 수 없을 것이다.

이와 같이 Didaktik을 훌륭한 인간을 도야하는 내용과 과정에 관한 이론으로 받아들이기 때문에, Didaktik에서는 당연히 인간을 도야하는 데 요구되는 '내용과 과정', 달리 말하면 '교육내용과 교육방법'에 대한 관심이 모이게 된다. 물론 교육내용과 교육방법 중에서 학파마다 강조점이 다르기는 하지만, Didaktik에서는 교육내용과 교육방법이 사실상 분리될 수 없다는 점, 수업을 잘하기 위해서는 교육내용에 대한 이해와 성찰이 최우선으로 중시되어야 한다는 점에 대해서는 모두 동의하고 있다.

이 절에서는 현대 독일 교수학의 대가인 클라프키가 제시한 교육내용에 대한 이해와 성찰의 사례, 클라프키의 용어로는 '교수학적 분석(Didactic analysis)'의 사례를 검토해 보고자 한다. 물론 클라프키를 Didaktik 전체를 대표하는 인물로 볼 수는 없겠지만, 클라프키는 독일 교수학의 역사에서 한편으로 도야이론적 교수학을 계승·발전시키면서, 다른 한편으로 자기만의 비판-구성적 교수학을 구축한 학자로서 오늘날에도 쟁점마다 많은 학자에 의하여 거론될 정도로 널리 알려져 있다. 여기서는 클라프키가 어떻게 Didaktik의 아이디어를 구체적으로 교육내용을 선정·조직·분석하는 데 적용하는가를 알아보고자 한다. 이를 통해서 우리는 Didaktik이 구체적인 교육현실에 어떻게 적용될 수 있는지, 곧 Didaktik의 전개 양상에 대하여 구체적으로 알아볼 수 있는 하나의 계기를 마련할 수 있을 것이다.

우리나라의 교육과정과 수업의 논의에서 '교육내용'의 문제가 구체적으로 어떻게 취급될 수 있는지를 보여 준 대표적인 두 가지 사례가 있다. 그것은 바로 타일러와 브루너의 설명이다. 타일러는 교육내용이라기보다는 평가 가능한 미시적인 교육목표로서의 행동목표를 달성하기 위한 '학습경험'의 선정 및 조직과 관련하여 교육내용이 어떤 것이 되어야 하는지에 관한 실례를 제시한 바 있으며, 브루너는 본인이 생각하는 핵심적인 교육내용으로서 '지식의 구조'을 적용한 수업의 실례를 제시한 바 있다. 그러나 앞서 지적한 바와 같이, 유감스럽게도 두 이론 모두 수업에서 다루어야 할 교육내용의 문제에 대한 설명으로서 한계를 가진다. 타일러의 경우에는 평가 가능한 행동목표에 초점이 맞추어짐으로써 본격적인 교육내용에 대한 설명이 결여되어 있고, 브루너의 경우에는 지식의 구조 개념의 모호성으로 인하여 정작 수업에 적용할 교육내용에 대해서는 아무런 설명을 하지 못하고 있다.

세상의 모든 것은 한편으로 교육내용이 될 수도 있고, 또 다른 한편으로 교육내용이 될 수 없기도 하다. 그렇다면 과연 그것을 결정짓는 기준 또는 요소는 무엇인가? 학자들이 별다른 의식 없이 자주 섞어 쓰는 소위 '교재' '교과' '교육내용' '수업대상' 등의 의미상의 차이는 무엇인가? 교사가 가르칠 목적으로 교육내용을 구체화한다고 할 때, 그 구체화의 대상으로서의 교육내용은 무엇을 의미하는가? 바로 이러한 문제들이 타일러와 브루너가 제시한 사례에서는 해결될 기미가 보이지 않는다. 다음에서 살펴볼 클라프키의 교육내용에 대한 이해와 성찰에서 부분적이나마 그 해결의 실마리를 기대해 본다.

2) 교육내용 결정을 위한 다섯 가지 질문

클라프키에 의하면, 교수학적 분석은 교사가 수업을 준비하는 데 있어서 가장 처음 내딛는 발걸음인 동시에 가장 중요한 단계이다. 왜냐하면 교수학적 분석을 통해서 비로소 학생들이 학습하는 대상의 '실체(substance)'가 드러나기 때문이다. 그 실체로 인하여 학생의 내면화 능력이 결정될 뿐만 아니라 학생 개인의 교양이 실현되고 완성된다. 교수학적 분석은 특정 교육내용이 지향해야 할 종착 지점으로서의 일반 실체가 무엇인지를 지시해 준다. 그 실체는 거의 항상 낱낱의 것으로 끝나는 것이 아니라 보다 넓은 지식 세계 속에서 지식들 간의 연결망을 보여 준다(Klafki, 1995: 22). 또한 교수학적 분석에 대한 클라프키의 접근에 따르면, 교과에 대한 교수적 분석은 왜 수많은 가능성 있는 문화적 장치 중에서 이 특정한 내용이 학교의 수업대상이 될 수 있고 저것은 그렇게 될 수 없는지에 초점이 맞추어져야 한다(Gudmundsdottir, Reinertsen, & Nordtømme, 2000: 322).

클라프키에 의하면, 이후 다루어질 다섯 가지 질문을 매개로 하여 보다 정확하게 교수학적 분석이 무엇을 하는 것인지 설명될 수 있다. 다섯 가지 질문에 대답을 하다 보면 교실 수업에서 다루어야 할 진정한 교육내용의 실체가 드러나게 된다. 물론 이 질문들에 대한 정확한 대답은 대부분 문제시되는 실제 구체적인 교실의 특정 지적 상황에서만 얻어질 수 있다. 따라서 다섯 가지 질문은 항상 실제 학교 상황과는 거리를 가질 수밖에 없을 것이다.

클라프키가 보기에, 이후 다섯 가지 질문은 비록 각각 하나의 영역을 차지하고 있는 것처럼 나뉘어 취급되겠지만 본질상 상호 의존적인 것들이다. 이하의 순서 또한 실제 수업상황에서 무조건 따라야 할 절대적인 것이 아니다. 한 질문은 나머지 네 가지 질문을 드러나지 않게 함축하고 있으며, 어느 한 질문에 대한 대답은 전체 다섯 가지 질문에 대한 대답에 비추어서야 비로소 완전하게 이해될 수 있는 성격의 것이다. 그렇다면, 이제부터 교사가 수업을 준비하는 첫 국면에서 교수학적 분석의 관점에서 교육내용에 대하여 어떤 질문을 가져야 하는지에 대하여 시작해 보기로 한다(Klafki, 1995: 22). 참고로, 이하의 내용은 필자가 클라프키가 제시한 다섯 가지 질문들을 의역한 뒤에 그것을 요약·편집하여 제시한 것임을 밝혀 둔다.

가. 예시적 가치

이 교육내용들이 학습자에게 예시하고 드러내 보여 주는, 보다 광범위하고 일반적인 의미 또는 실재는 무엇인가? 학생들은 이 교육내용들을 '사례들'로 다룸으로써 어떤 기본 현상 또는 근본 원리, 어떤 법칙, 기준, 문제, 방법, 기교 또는 태도를 파악할 수 있게 되는가?

이어서 클라프키는 '가'의 질문을 다시 두 가지 부분으로 나누어 설명하고 있다.

(1) 가르치려고 계획된 주제(topic)는 무엇을 예시하는가? 무엇을 대표하거나 특징짓고 있는가? 예를 들면, 자동차 엔진은 모든 가솔린 엔진을 대표하고, 체리의 개화(開花)는 개화라는 기본적인 생물학적 현상을 대표한다.

(2) 이 주제에서 얻게 되는 지식은 전체로든지 또는 통찰, 개념, 가치관, 작업방법, 기술 등과 같은 개별적인 요소로든지 간에, 훗날 어디에서 다시 배우게 되고 사용하게 되는가? 한 예로서, 초등학교 2학년 아동들이 배우게 되는 작은 화폐를 모아서 큰 화폐로 바꾸는 교육내용은 훗날 아동들이 상징적인 숫자로 대수(代數)를 배우는 데 있어서 중요한 '요소'로 작용하게 될 것이다.

나. 현재적 의미

> 지금 다루고 있는 교육내용, 또는 이 주제를 통하여 학생들이 결국 획득하게 되는 경험, 지식, 능력 또는 기술이 현재 나의 교실의 학생들의 마음속에서 어떤 의미를 가지는가? 교육적인 관점에서 보았을 때 지금 이 교육내용은 어떤 의미를 가질 수 있는가?

'나'의 질문은 순전히 방법의 문제로만 인식되지 않아야 한다는 것이 중요하다. 무엇보다도 먼저 이 문제의식은 지금 다루어지고 있는 교육내용, 즉 현재 탐구되고 있는 수업의 실체가 지금 당장 젊은이들의 삶, 그들 스스로의 자아관과 세계관, 그들의 능력 영역에 어떤 구성 요소가 될 수 있으며, 또 되어야 하는가 하는 것이다.

소위 아동이나 청소년에 대한 '교육(Bildung)'은 단지 규정 가능한 특정한 분야의 지식, 능력, 태도, 행동을 배우는 것일 뿐만 아니라, 마음의 세계, 하나의 총체로서의 젊은이의 훌륭한 품성을 양성하는 것을 의미한다. 이러한 정신세계 속에서 학교는 일종의 교정, 정화, 통합, 확장, 자극의 장소로 이해되어야 할 것이다. 이러한 관점에서 볼 때 학교가 가장 힘써야 할 일의 준거는 학교에서 배운 활동들이 학교 울타리 밖의 학생의 삶에 얼마나 생생하고 효과적인가를 질문하는 것이 되어야 한다. 그리하여 우리는 학교에서 다루는 주제로서 전류, 동물, 외국, 음악, 기술, 이야기, 교회, 신념, 종교 등등이 학교 밖에서 아동에게 어떤 중요한 의미를 가지게 되는지, 어떤 점에서 의의를 가질 수 있는지, 또 가져야만 하는지를 따져 보아야 한다.

클라프키는 이를 좀 더 명료하게 만들기 위하여 다음과 같이 몇 가지 질문을 제시한다. 계획된 주제가 수업 중의 질문들로서 등장하게 만들었는가? 이 주제가 모든 또는 몇몇 학생의 학교 안의 경험 또는 학교 밖의 경험 속에서 친숙한 것인가? 이 주제가 학생의 학교 또는 학교 밖의 삶 속에서 결정적인 역할을 하는가? 학생들이 이미 당연하게 받아들이고 있는 생각들을 흔들어 놓음으로써 학생들로 하여금 앞으로 전개될 수업내용과 관련한 의문들에 익숙해지게 만들어야 하는가, 아니면 학생들에게 이미 친숙한 내용이 오히려 수업의 전제가 될 수 있는가?(예를 들어, 자전거, 자동차, 과일나무, 기사의 삶, 이익 계산, 편지 쓰기, 워터 사이클, 교섭단체 운동, 분수의 곱셈과 나눗셈, 직접 화법에서의 구두점) 어떤 측면에서 학생들은 이미 이 주제에 근접했다고 볼 수 있는가? 어떤 측면에서 학생들은 이 주제에 친숙하지 못한 것인가?(예를 들어, 어떤 지역의 새는 노래하는 새, 체리 열매와 곡식 낱알을 훔쳐 먹은 새로만 인식되고 있지만, 다른 한편으로 아동들은 그 새가 인간에게 경제적 이익을 가져다준다는 점을 알지 못할 수도 있다)

다. 미래적 의미

이 주제가 아동들의 장래와 관련하여 가지는 의의는 무엇인가?

'다'의 질문과 관련하여 교사가 학생에게 기대하는 관점을 보다 이해되기 쉽게 구체화하면 다음과 같다. 이 교육내용은 아동들이 미래에 맞이하게 될 청소년기나 성인기의 지적인 삶에 중요한 역할을 수행하는가? 또는 이것이 그러한 역할을 수행하게 될 것이라든가, 수행해야만 한다고 주장할 만한 근거는 있는가?

몇 가지 예로서, 민주주의 기초를 확고히 하는 문제, 공산주의의 문제, 유럽 통합에 관한 질문, 여가를 체계적으로 계획하는 문제, 여성의 이중 역할에 관한 문제, 현대 미술을 점진적으로 파악하는 문제 등등이 있다. 이러한 교육내용들은 긍정적인 의미에서 전인적이고 기초적인 일반교양교육의 순수한 구성 요소를 담고 있는가, 아니면 그것들은 직업 훈련과 같이 목적이 선점된 일종의 특수한 교육인가? 만약 후자와 같다면 그것은 단호히 거부되어야 할 것이다. 이미 아동들은 이 교육내용들이 그들의 미래에 관계된다는 점을 의식하고 있는가? 그들에게 그 점을 분명하게 깨닫게 해 줄 수 있는가? 또는 그 점이 아동들에게 잘 설명될 수 없다는 것을 이해하는 일이 얼마나 어려운 것인가?

라. 교육내용의 구조

교육내용은 어떻게 구조화될 수 있는가?(교육내용의 구조는 '가' '나' '다'의 질문을 바탕으로 하여 특별히 교육적인 관점에 제기되어 온 것이다)

예를 들어, 교육내용으로서 '전기'를 가르친다고 가정해 보면, '전기'라는 교육내용의 구조에 대한 질문은 '원자이론' '전류' '오캄의 법칙' 등등과 같은 키워드로 대답될 수 있을지 모른다. 그러나 그러한 대답이 진정으로 학생에게 '교육적인' 것이 되기 위해서는 '라'의 질문과 학생들의 이해 수준이 그 대답과 딱 들어맞아야 한다. 아마도 그러한 조합이 잘되는 경우는 고등학교 고

학년이나 전문대학 대학생의 이해 수준일 것이다. 그 주제를 가지고 수업을 해야 하는 교사가 초등학교 6학년이나 중학교 1, 2학년 정도의 수준을 고려해서 그 대답들이 그 연령대의 평범한 학생들의 현재의 삶에 의미가 있는 것인지, 즉 그것들이 학생들에게 이해 가능한 것인지, 그것들이 학생들의 세계와 어떤 관련이 있는지에 대하여 깊게 성찰한다면, '원자이론' '오캄의 법칙의 수학적 공식' 등과 같은 전문용어를 사용하는 수업모형이 일반적으로 학생들의 마음에 의미 있게 전달될 수 없으며, 그들의 마음 형성에도 기여할 수 없는 성격의 지식이라는 결론에 도달하게 된다.

이상의 설명과 관련하여, 교육내용의 구조에 관한 기본 질문은 다음과 같이 나누어 생각해 볼 수 있다.

(1) 어떤 교육내용을 하나의 의미 있는 전체로 보았을 때, 그것을 구성하고 있는 개별적 요소들은 무엇인가? 예를 들어, 가솔린 엔진의 경우에 가스 팽창, 스파크 플러그의 점화 온도, 크랭크샤프트의 변속 등등이 바로 그것이다.

(2) 개별적 요소들은 서로 어떻게 연관을 맺고 있는가? 개별적 요소들은 반드시 수학의 경우처럼 명백한 논리적 질서를 지닌 것은 아니지만, 그 나름대로 상호 의존적인 구조적 질서를 형성한다.

(3) 이 교육내용에는 여러 층(層)의 의미가 담겨 있는가? 이 교육내용은 서로 다른 여러 층의 의미와 의의를 포함하고 있는가? 예를 들어, 소설의 경우, 첫째로 서사되는 사건과 인물 행동이 있고, 둘째로 겉으로는 드러나지 않는 주인공들의 내적 경험이 있으며, 셋째로 그 첫째와 둘째 층에서 확인될 수 있는 현상과 관계들의 상징적 의미가 있을 수 있다.

또 다른 예로, 지리에서 '아프리카'라는 주제를 다룰 때에 교육내용은 기후라든가 경작지대와 같은 기본 지식층을 포함할 것이며, 둘째 지식층으로서는 인류학적, 지리학적, 경제학적 요소 등을 포함하는 세밀하고 전문적인 지식을 포함한다. 또한 러시아의 볼셰비키 혁명(1917)이라는 역사적 화제의 경우, 첫째, 핵심적인 역사적 사실들의 층이 있고, 둘째, 정치적 이데올로기의 층이 있으며, 셋째, 그들 이면에 근본적인 역사적 · 정치적 · 사회학적 현상들이라든가, 국가, 정부, 계급, 혁명 등과 같은 기본 개념들의 의미 층이 있다. 이상에서 말한 의미 층들은 서로 독립적으로 이해될 수 있는 것인가, 아니면 앞의 지리와 역사의 예처럼 하나의 의미 층이 다른 의미 층을 이해하는 데에 필수적인 전제인가?

(4) 이 교육내용의 보다 넓은 저변(底邊)은 무엇인가? 이 교육내용에는 어떤 지식이 선행되어야 하는가? 예를 들면, 전기 모터를 배우기 전에 자력(磁力)에 대한 공부가 선행될 필요가 있다.

(5) 예상컨대, 이 교육내용의 어떤 특이한 점이 앞으로 학생들이 이 주제에 접근하는 데 어려움을 겪게 만들 것인가? 예를 들어, 과학의 경우 '원심력'이라든가 '전류의 흐름'과 같은 주제는 학생들에게 잘못된 유추를 야기할 수도 있을 것이다. 학생들은 전류가 흐른다고 하면 그것을 물이 고도차의 결과로서 높은 곳에서 낮은 곳으로 흐르는 것과 같은 것으로 오해하기 쉽다. 어떤 전기 현상도 결코 그와 같은 유추로는 이해시킬 수 없을 것이다. 또한 역사 수업의 경우, 학생들이 현재의 자신의 경험에 비추어 과거 시대의 역사를 이해하려는 경향 때문에 제대로 가르치기가 어려운 경우가 자주 반복된다. 그러한 경향은 과거의 역사적 현상과 과정들을 있는 그대로 이해하는 데에 큰 장애가 된다.

마. 아이디어의 교육적 재현

> 이상의 질문들에 의하여 결정된 교육내용이 '생생하게' '작용하고 있는' 인간의 내면화 능력으로서 '획득되었다고' 판단할 수 있으려면, 적어도 반드시 담보되어야 하는 일련의 지식(최소한의 필수 지식)은 무엇인가?

'마'의 질문은 다음의 세 가지 영역으로 나누어 더 전개시킬 수 있을 것이다.

(1) 지금 다루고 있는 구조화된 교육내용을 이 교실 수준의 발달 단계의 학생들에게 흥미롭고, 자극적이고, 접근 가능하고, 이해될 만하고, 생생하게 만들어 줄 수 있고, 특별한 사례·현상·상황·실험·인물·미적 경험의 요소 등이 있다면 그것은 무엇인가? 어떻게 하면 학생들이 그들의 능력 수준에서 수업대상에 대한 질문을 할 수 있도록 만들 수 있는가? 어떻게 하면 수업대상을 학생들이 질문할 만한 가치가 있는 것으로 만들 수 있는가? 그것을 위한 한 방법은 사물, 과제, 문화유산 등을 학생들에게 그것이 원래 있었던 상황 속에서 재현해 보이는 것이다. 그것을 '원래 상황으로의 교육적 회귀'라고 명명할 수 있는데, 그것은 죽은 교과지식을 그것이 원래 도출되었던 생생한 활동으로 전환시키려고 노력하는 것을 의미한다. 예컨대, 물리적 대상을 발명이나 발견으로, 일을 창조로, 식물을 담장으로 전환시키는 것이다.

(2) 학생들이 가급적이면 독자적으로 문제의 핵심에 접근하는 질문들을 할 수 있도록 도움을 주는 데 적합한 영상·암시·상황·관찰·담론·실험·모형 등은 무엇인가? 예를 들어, 증기선이 등장하기 훨씬 이전에는 범선(帆船)을 통해서 나라 간의 교역이 가능했다는 이야기가 "그 당시에 '무역풍'은 어떻게 생겨났는가?" 하는 질문을 야기하자마자, 학생들은 그에 대한 '모형'으로서 '가열된 방 안에서의 공기의 움직임'을 이용하여 그에 대한 해답을 모색할 수 있다.

(3) 기본적인 한 '사례'를 통하여 학생들에게 파악된 교육내용의 근본 원리가 학생들에게 진정한 혜택이 될 수 있도록 돕는 데, 또 그 원리가 학생들에 의한 적용과 연습에 의하여 보다 확실하게 학생들에게 내면화될 수 있도록 돕는 데 적합한 상황과 과제는 무엇인가? 한 예로, 영문법 시간에 학생들에게 적절한 예를 사용하여 '양보절(concessive clause)'의 패턴을 전수하고자 할 때, 무엇보다도 양보절이 빈번히 요구되면서도 학생들에게 아주 친숙한 상황을 찾아내는 것이 급선무이다. 지금까지 흔히 그래 왔듯이 "although를 사용하여 양보절 10개를 써 보시오."라는 식으로 학생들에게 기계적으로 과제를 부

여하는 것보다는, 학생들에게 아주 친숙한 양보절 상황을 예로 제시해 주고, "Strictly speaking it was forbidden…… but……"이라는 문장으로 완성해 보라고 권유하는 편이 더 좋을 것이다.

3) 교육내용 성찰과 교수방법 설계의 관계

클라프키에 의하면, 교수방법 설계는 엄밀히 말하여, 어떻게 하면 학생과 교육내용 사이에 유익한 만남을 초래할 수 있는지에 관계되는 문제이다. 분명 교수방법 설계는 교수학적 반성(didactic reflection)에 의존할 수밖에 없다. 교육내용에 대한 교수학적 분석이 마무리 지어진 다음에야 비로소 교수방법 설계가 진척될 수 있다. 우리는 이미 교수학적 반성에서부터 교수방법 설계로의 전환이 어떻게 이루어지는지를 앞의 다섯 가지 질문을 다루면서 수차례 경험한 바 있다(Klafki, 1995: 28).

교수학적 분석은 비단 이제 막 새로운 주제를 소개하는 경우뿐만 아니라, 특정한 교육내용에 붙박여 있는 기존의 교수활동에 있어서도 여전히 기초가 된다. 심지어는 주로 방법이 위주가 되는 실기 수업이라든가 교정 수업 역시도 교수학적 분석의 결과에 의존한다. 결국, 이런저런 형태의 실기 또는 교정이 과연 교육적으로 옳은 것인지 그른 것인지를 판단할 수 있는 유일한 방안 또한 그것이 '교육내용'에 적절한 것인지 여부를 확인하는 것이 될 것이다(Klafki, 1995: 28).

물론 방법에 관한 아이디어는 교실 속의 수업 실연가가 교수학적 분석을 하는 가운데 자연스럽게 생겨날 것이다. 그럼에도 불구하고, 누가 뭐래도 수업의 윤곽 그 자체라고 할 수 있는 교수방법 설계는 정말로 교수학적 분석이 끝난 다음에야 이루어질 수 있다. 이상에서 다룬 다섯 가지 질문의 윤곽은 결코 방법적 단계들의 연대기적 순서와 동일한 것이 아니다. 요컨대, 방법론적 단계들의 순서는 교수학적 성찰을 결정짓는 것들로부터 도출된 서로 다른 일련의 규칙들을 따른다. 교수학적 분석의 순서는 이론적·체계적 규칙을 따르는 반면에, 방법적 단계들의 순서는 실제적인 고려사항에 의하여 지배받는다(Klafki, 1995: 29).

4. 결론

📖 교육내용에 대한 성찰

교육과정 연구 분야에서 거시적이든 미시적이든 교육과정의 운영에 관한 논의는 일반적으로 많이 하는 편이지만, 정작 교육내용의 문제를 본격적으로 심도 있게 다루는 경우는 의외로 드물다. 교육내용의 문제를 다룬다고 하더라도, 그것을 연구자 본인의 주장을 뒷받침할 목적으로 부분적·단편적으로 취급하는 경우가 대부분이다. 물론 거기에는 교육내용 전체에 대한 체계적인 밑그림이 결여되어 있다. 서두에서도 잠깐 언급한 바와 같이, 타일러가 자신의 '학습경험'과 '행동목표'에 대한 생각을 펼치기 위하여 간간이 교육내용을 다루는 사례를 보여 준 역사도 있고, 브루너가 '지식의 구조'를 시범 보이기 위하여 몇 가지 교육내용의 사례를 제시한 적도 있다. 그러나 그것들은 앞에서 지적했듯이 본인들의 주장을 뒷받침하기 위함일 뿐, 총체적인 지식관 또는 교육내용관과는 애당초 거리가 멀다. 따라서 두 사람 모두 처음부터 지식이나 교육내용에 대한 성찰에서 교육과정 논의를 출발시키고자 한 정통적인 교육과정학자로 보기 어렵다.

이에 비하면, 이상에서 고찰한 바와 같이 Didaktik은 '훌륭한 인간을 길러내기 위해서는 어떤 교육내용을 어떻게 가르쳐야 하는가?'라는 교육과정학자가 가장 기본적으로 가져야 할 근본적인 질문에 충실하게 접근하고 있다. 어떤 학자이든지 간에 이러한 질문에 대한 해답을 추구하다 보면 자연스럽게

'교육내용은 무엇을 의미하는가?'라는 핵심 문제에 봉착할 수밖에 없게 될 것이다. Didaktik에는 교육과정 논의에서 응당 있어야 할 '교육내용(contents)'에 대한 배려와 설명이 존재한다. 비록 Didaktik에서 교육내용을 다루는 방식이 교육과정에서 교육내용에 접근하는 유일한 것은 아니라고 하더라도, 앞으로 우리의 교육과정 연구가 지향할 바가 무엇인지와 비중을 두어야 할 곳이 어디인지를 분명히 해 주고 있다. 특히 앞에서 살펴본 클라프키가 다섯 가지 질문들을 통하여 제기한 교수학적 분석, 곧 교육내용에 대한 성찰은 우리의 교육과정 연구에 시사하는 바가 매우 크다. 그중에서 주목할 만한 것 하나는 Didaktik에서는 교육내용을 단순히 학교 또는 수업에서 가르치고 있는 것이라는 의미로 통칭하지 않고 교육내용에도 여러 의미 층이 존재한다는 것을 상정하고 있다는 점일 것이다.

예를 들면, '사례'로서의 교육내용이 있고, '구조'로서의 교육내용이 있으며, '내면화'로서의 교육내용이 있을 수 있다. 사례로서의 교육내용은 그것이 대표하는 기본 원리나 현상을 염두에 두고 가르쳐야 하고, 구조로서의 교육내용은 해당 교육내용 또는 주제와 관련된 여러 구성 요소 또는 의미 층들을 고려해야 할 뿐만 아니라 그것들 간의 관련성을 포함한 저변을 가르쳐야 하며, 내면화로서의 교육내용은 그것이 배우는 사람, 곧 학생의 현재, 더 나아가서 미래에 어떤 도움을 줄 수 있는가를, 다시 말하여 학생의 인격 형성에 얼마나 도움이 될 수 있는지를 항상 생각하면서 선정 · 조직되어야 한다는 것이다. 교육내용이라고 해서 다 같은 교육내용이 아니라, 반드시 '리얼리티에 대한 교수학적 재구성(didactic construction of reality)'을 거쳐서 학생의 인격 성장에 도움이 되는 방향으로 '해석(interpretation)'되어야 한다(Menck, 1995: 362).

Didaktik에 따르면, 교육내용이라고 불러도 다 같은 교육내용이 아니라 교육내용 간에도 여러 의미 층이 있으며, 이 교육내용의 의미 층들을 고려할 때 정말로 수업에서 다루어야 할 가치가 있는 교육내용의 '실체'가 비로소 드러나게 된다. 우리는 이러한 교육내용에 대한 성찰을 오우크쇼트(M. Oakeshott)

의 '정보'와 '판단'의 구분, 브루너의 '중간언어'와 '지식의 구조'의 구분, 위긴스(G. Wiggins)와 맥타이(J. McTighe)의 '이해' 중심 교육과정 등에서 이미 조금은 경험한 바 있다.

앞의 네 가지 성찰에는 모두 보이지 않는 교육내용의 의미 층, 곧 교육내용의 묵시적 측면에 대한 고민이 들어 있다. 우리는 가끔 '만들어 가는 교육과정'을 논하면서 교사가 간여할 수 있는 교육내용의 의미 층에 대하여 궁금해한다. 그러나 이상의 논의를 종합해 보건대, 적어도 성숙한 교육과정 이론을 지향한다면 교육내용의 묵시적 측면을 결코 무시할 수 없을 것이며, 보다 잘하려고 한다면 교육내용의 명시적 측면과 묵시적 측면 간의 관련성에 대해서도 면밀하게 숙고해 보아야 할 것이다. 이뿐만 아니라 Didaktik이 시사하는 바와 같이 교육내용의 여러 의미 층 간의 전환에도 신경을 써야 할 것이다.

📑 일반교육과정의 필요성

최근 우리 교육과정의 현실에서 각 과 교육내용과 교육목표 이외에 '일반적' 교육내용과 교육목표가 문제가 되는 사태는 보기 드물다. 다시 말하여, 수학과 교육내용이나 교육목표, 역사과 교육내용이나 교육목표, 국어과 교육내용이나 교육목표 등이 문제가 되는 경우는 많지만, 그러한 개별 교과들을 통칭하는 교육내용에 대한 성찰이나, 그것들을 가르쳐서 달성시키고자 하는 일반적 교육목표에 대한 논의는 찾아보기 어렵다. 이와 같이 일반적 교육내용과 교육목표에 대한 논의가 사라지면서 교육과정 연구 또는 교육과정학의 정체성은 심각한 위기에 봉착하게 되었다. 심지어는 '일반교육과정 연구가 왜 필요한 것인지 모르겠어!'라는 세간의 반응도 종종 목도하게 된다.

그러나 2, 3절에서 고찰한 바와 같이, Didaktik의 연구 역사와 방법을 살펴보면 우리 교육과정 연구 또는 교육과정학의 설 자리는 보다 분명해진다. Didaktik에 따르면, 교수학 이론이 본연의 역할을 다하기 위해서는 각 과의 전공별 교수법 수준을 넘어서서 보다 포괄적이고 일반적인 교육내용이나 수업에 대한 논의를 전개할 필요가 있다. 교육과정은 개별 전공 교과와 상관없이 '인격 도야'라는 일반적인 교육목적을 가진다. 학교교육이 학생의 통합적인 인격을 형성하기 위해서는 전문적인 학문이 반영되어 있는 각 교과의 다양성에도 불구하고, 교육과정 운영에 있어서 통합적인 인격 도야를 위한 배려가 '항상 동시에' 이루어져야 한다는 것이 Didaktik의 교육적 이상이다.

1절에서 Didaktik 개념을 소개하는 맥락에서 거론한 바 있는 '도야적 Didaktik'의 경우에 '도야적'이라는 수식어가 붙은 이유는 교육과정이나 수업이 전공과 상관없이 인격 도야라는 일반적 교육목적을 가진다는 점을 나타내기 위함이다. 교육과정이나 수업은 전공적 지식을 전수하기 위해서만 존재하는 것이 아니라, 항상 교육과 도야를 필요로 하는 인간에 관계해야 하기 때문이다. Didaktik에 따르면, 교육과정이나 수업은 단순히 개별 교과의 전공 지식을 전수하는 역할을 넘어서 인간성의 함양이라고 하는 보다 일반적인 교육목표를 추구해야만 한다. 아마도 이러한 Didaktik의 아이디어는 개별 교과 영역 내의 전문성만 추구하느라 정작 핵심적인 인격 도야나 심성 함양을 망각하고 있는 우리 교육과정이나 수업 현실에 의미 있는 교정 역할을 할 수 있을 것이다.

🗐 Didaktik의 시사점

이상에서 이루어진 논의를 바탕으로 하여 볼 때 Didaktik이 교육과정 연구나 교육과정학에 던져 주는 시사점은 비교적 분명하다. 교육과정 연구나 교육과정학은 각 과의 전공별 지식 전수나 교수법 수준에 머물지 않고, 보다 포괄적이고 일반적인 교육내용이나 수업에 대한 논의를 전개하는 본연의 역할을 다해야 한다. 이러한 소임을 다하기 위해서는 앞으로 교육과정을 공부하고자 하는 사람은 반드시 학문을 시작하는 초입부터 비단 전공으로서의 교육과정 분야뿐만 아니라 교육학 및 지식 전반을 꿰뚫을 수 있는 안목을 키워야 할 것이다. 물론 이때에도 교육내용 분야와 교육방법 분야를 분리해서 공부해서는 안 된다. 교육과정학은 "구슬이 서 말이라도 꿰어야 보배"라는 말이 있듯이 수많은 학문적인 지식을 교육과정과 수업에 결부시켜 가르칠 만한 교육내용으로, 곧 학생의 마음을 도야시켜 줄 수 있는 보석 같은 지식으로 해석하거나 전환해 주고 융합시켜 주는 역할을 다해야 한다.

앞에서 언급한 바와 같이 교육과정 연구나 교육과정학은 위기에 봉착해 있다고 감히 진단해 볼 수 있다. 그러나 이상에서 살펴본 Didaktik이 교육과정 연구나 교육과정학에 던져 주는 시사점을 고려해 볼 때, 교육과정 연구나 교육과정학처럼 확고한 교육학 연구 분야도 다시 찾아보기 어렵다. 어쩌면 교육학 전공 분야 중에서 정체성이 가장 확고한 교육과정 영역이 현대로 오면서 스스로의 잘못된 생각으로 인해 정체성이 흔들리고 있는지도 모른다.

📖 참고문헌

김영래(2007). 교육적 수업이론으로서의 일반교수학. 한독교육학회 2007년도 학술세미나 자료집, 25-38.

김창환(2007). 독일 교수학(Didaktik)의 역사. 한독교육학회 2007년도 학술세미나 자료집, 1-24.

Comenius, J. A. (1657). *Didactica magna*. 정확실 역(1987). 대교수학. 서울: 교육과학사.

Gudmundsdottir, S., Reinertsen, A., & Nordtømme, N. (2000). Klafki's didaktik analysis as a conceptual frame for research on teaching. In I. Westbury, S. Hopmann, & K. Riquarts (Eds.), *Teaching as a reflective practice: The German didaktik tradition* (pp. 319-334). London: Lawrence Erlbaum Associates Publishers.

Herbart, J. F. (1806). *Allgemeine pädagogik aus dem zweck der erziehung abgeleitet*. 이근엽 역(1988). 일반교육학. 서울: 연세대학교출판부.

Hopmann, S., & Riquart, K. (1995). Starting a dialogue: Issues in a beginning conversation between Didaktik and the curriculum tradition. *Journal of Curriculum Studies, 27*(1), 3–12.

Hudson, B. (2002). Holding complexity and searching for meaning: Teaching as reflective practice. *Journal of Curriculum Studies, 34*(1), 43–57.

Kansanen, P. (1995). The deutche diadaktik. *Journal of Curriculum Studies, 27*(4), 347–352.

Klafki, W. (1995). Diadactic analysis as the core of preparation of instruction. *Journal of Curriculum Studies, 27*(1), 13–30.

Menck, P. (1995). Diadactic as construction of content. *Journal of Curriculum Studies, 27*(4), 353–371.

Uljens, M. (1997). *School didactics and learning.* Oxford: Psychology Press.

제5장

종교적
수업모형의
탐색

1. 서론

세상에는 무수한 현상이 존재하지만 아마도 수업처럼 복잡하면서 유동적인 것도 찾아보기 어려울 것이다. 복잡한 수업현상을 관행적인 틀로만 보더라도, 거기에는 수업을 통해서 달성하고자 하는 장기적·단기적 목표, 가르쳐야 할 내용의 성격과 범위, 교수·학습 양식, 학생들이 얼마나 배웠는지를 가늠하는 평가 문제 등등이 포함되어 있다. 이 밖에도 수업에는 학습자의 심리와 선수학습 등을 포함한 학습자 변인, 교사의 위치와 역할, 가정 및 학교의 여건과 형편, 학생과 교사의 문화적 배경 등등 보다 복잡한 문제들이 결부되어 있을 뿐만 아니라, 이상에서 열거한 변인들이 서로 부딪치며 빚어내는 사태는 수업현상을 더욱 복잡하게 만든다. 사실, 종만 울리면 교사들은 거의 습관적으로 별다른 두려움 없이 수업을 하러 교실 문을 들어서지만, 오랜 기간 동안 교직생활을 하면서 수업에 대해 조금씩 더 알아 갈수록, 수업은 정말로 복잡하고 어려운 일이라는 생각을 점점 더 하게 된다.

📖 수업모형의 필요성

수업모형은 이러한 난점을 다소나마 완화하는 데 적지 않은 도움이 될 것으로 기대된다. 비록 수업모형이 무엇인가에 대해서는 학자마다 견해가 각기 다르고, 아직 합의되거나 정립된 이론이 없다고 하더라도, 수업모형은 복잡한 실제 수업현상을 보다 파악하기 쉽게 단순화해 놓은 것이기 때문이다. 수업모형은 수업의 실제를 기술하기 위하여 수업의 주요 특징을 요약해 놓은 설계도 또는 계획이다(Cole & Chan, 1987). 수업모형은 특수한 수업목적을 달성하기 위한 수업전략이다(Eggen, Kauchak, & Harder, 1979). 교사는 이러한 성격의 수업모형을 기초로 하여, 수업현상을 구성하는 변인들이 무엇인지를

알 수 있을 뿐만 아니라, 수업현상을 구성하는 변인들 간의 관계와 작용까지
도 이해함으로써, 그것들을 어떻게 다루어서 수업을 바람직한 방향으로 이끌
어 나갈지를 미리 계획할 수 있다.

📖 기술적 수업모형

아마도 이러한 의미에서 수업모형의 필요성에 대해서는 교사들을 비롯한
거의 모든 사람이 동의할 것이다. 그러나 문제는 수업모형에 대한 치우친 견
해이다. 수업모형에 다양한 관점이 있을 수 있는데도 불구하고, 사람들은 수
업모형이라고 하면 으레 일방적으로 어느 한 관점만 고려하는 경향이 있다.
여기서 말하는 배타적인 한 관점은 수업에 대한 '기술적 수업모형(技術的 授
業模型)'을 가리킨다. 기술적 수업모형은 어떻게 하면 수업의 여러 변인을 기
술적으로 잘 통제하여 미리 마련한 소기의 수업목표를 달성할 수 있는가에
주된 관심을 가진다. 수업에 대한 기존의 상투적인 생각이나 고정된 관념에
서 보면 이러한 전향적이고 처방적인 관심은 너무나 당연한 것으로 받아들여
질 수도 있겠지만, 수업을 보는 시각을 조금만 다르게 전환하고 보면, 오히려
몇 가지 특이한 점이 발견된다.

여기서 두 가지 점만 지적하자면, 첫째, 기술적 수업모형은 수업의 결과는
행동이든 그 무엇이든지 간에 반드시 가시적인 것으로 산출되어야 한다는 견
해를 견지한다. 기술적 모형이 기초하고 있는 '투입-산출 도식'에 의하면, 투
입된 것은 반드시 산출되어야 하며, 투입에 따른 산출이 없는 비생산적인 수
업은 본질상 수업이 아니거나 실패한 수업으로 볼 수 있다. 둘째, 수업은 원
래 계획한 것 그대로 이루어져야 하며, 수업 중에 일어나는 모든 것은 계획한
대로 관리되고 통제될 필요가 있다는 생각이다. 그러나 관점에 따라서는, 비
록 가시적인 결과를 산출하지 못했지만 성공한 수업도 얼마든지 있을 수 있
으며, 비록 의도하지는 않았지만 원래 계획한 것보다 더 많은 또는 투입한 것

보다 더 많은 결과를 낳은 수업도 얼마든지 있을 수 있다.

🗐 이해 중심 수업모형

수업모형은 무조건 어떤 목적을 달성하기 위한 수단이나 방법을 강구하는 것이어야 한다는 처방적인 패러다임에서 하루바삐 탈피할 필요가 있다. 교사가 수업을 시작하기 전에 수업의 전체 윤곽에 대해서 가질 수 있는 배경지식이나 밑그림, 또는 기본적인 견해도 얼마든지 수업모형의 개념이 될 수 있다. '수업을 무엇으로 보아야 하는지' 또는 '수업현상을 어떻게 이해해야 하는지'에 대답이 될 수 있는, 수업을 보는 여러 다양한 관점이나 시각 자체도 충분히 수업모형이 될 수 있다. 예를 들면, '수업은 교사와 학생이 직접 만나서 상호작용하는 자유의 마당이므로 그 상호작용을 가능한 한 자세히 기술(記述)하는 것이 수업 성패의 관건이다.'라든지 '수업은 엄숙한 성소(聖所)와 같은 것으로서 신의 은총으로 지혜나 깨달음을 받기 위한, 교사와 학생을 포함한 인간 편에서의 최대한의 지적 노력을 의미한다.'라는 수업관이 있을 수 있다. 요컨대, 미시적인 '처방 중심의 수업모형'에서 거시적인 '이해 중심의 수업모형'으로의 패러다임의 전환이 요구된다.

🗐 종교적 수업모형의 가능성

이러한 맥락에서 이 장에서는 이해 중심의 수업모형이라는 패러다임에 입각하여 수업의 종교적 측면, 달리 말하면 '종교적 수업모형'을 탐색해 보고자 한다. 여기서 모색해 보고자 하는 종교적 수업모형은 특정 종교 또는 어떤 종교적 교육내용을 가르치는 데 적합한 방법을 모색하는 것을 의미하지 않는다. 보다 정확하게 말하면, 종교적 수업모형은 평범한 수업에 들어 있는 종교적 측면을 드러내는 데 목적이 있다. 모든 수업에는 기술적 측면과 예술적 측면뿐만 아니라 종교적 측면이 들어 있다. 수업을 통해서 학생의 마음을 변화시키는 일은 수업의 궁극적 목적이지만, 교사와 학생의 마음은 사실상 분리되어 있다. 학생 마음의 변화는 교사가 아무리 잘 가르쳐도 달성하지 못할 수도 있음에도 불구하고, 보통의 수업에서 학생 마음의 변화가 생긴다는 것 자체는 그야말로 종교로밖에 달리 설명할 수 없는 신비한 일이 아닐 수 없다. 또한 실제 수업에서 다루거나 창출되는 지식에는 사실, 경험, 논리 이외에도 종교적 모형으로밖에 설명될 수 없는 직관이나 통찰과 같은 측면이 엄연히 존재한다.

또한 여기서 사용한 '종교적'이라는 수식어는 불교나 기독교와 같은 특정 종교를 의미하는 것이 아니라 '종교가 가지는 보편적인 특징'을 의미한다. 그 보편적인 특징을 찾아내어 수업모형에 적용하는 것 또한 이 장의 또 하나의 과제가 될 것이다. 한편, 앞서 언급한 기술적 수업모형과 종교적 수업모형 사이에는 간극이 너무 크다. 따라서 이 장에서는 그 간극을 조금이나마 완화하고자 기술적 수업모형과 종교적 수업모형 사이에 매개 단계로서 예술적 수업모형을 설정해 보았다. 물론 앞으로 본격적으로 해결되어야 할 과제이지만, 예술이 가지는 보편적인 특징과 예술적 수업모형을 알아본 다음, 기술적 수업모형과 예술적 수업모형의 차이, 예술적 수업모형과 종교적 수업모형의 차이를 규명하다 보면, 종교적 수업모형의 실체가 점차 그 모습을 드러낼 것으로 기대된다.

만약 이상에서 계획한 소기의 목적이 달성된다면, 지금까지 수업모형 개념 자체에 대한 편견을 바로잡을 수 있음은 물론이고, 그동안 기술적 수업모형에 의하여 심하게 감염되어 왔던 수업에 대한 고정관념에 있어서 적절한 해독제 역할도 할 수 있을 것이다. 이뿐만 아니라, 그렇게 된다면 수업을 오로지 처방적인 관점에서만 바라보지 않고, 다양한 관점에서 총체적으로 바라볼 수 있는 안목을 가질 수 있게 될 것이다. 이미 우리는 수업에 대한 처방적인 관점에만 지나치게 익숙해 있어서 수업에 대한 철저한 이해의 필요성을 절감하지 못하고 있지만, 이해와 처방은 서로 간에 교차점 없이 일정한 간격을 두고 평행하여 달리는 열차가 결코 아니다. 사실, 수업에 대한 온전한 이해 이상의 훌륭한 처방은 존재하지 않는다.

2. '기술적 수업모형'과 그 한계

📖 타일러의 수업모형

과거에 비하면 오늘날의 수업모형 논의는 상당한 정도로 다양해졌다고 볼 수 있지만, 아직까지도 사람들에게 가장 친숙한 수업모형은 아마도 타일러(Tyler) 모형일 것이다. 면밀하게 따지고 보면, 최신의 수업모형들도 거의 대부분 약간의 변이는 있을지 몰라도 근본적으로는 타일러 모형에 근거하고 있다고 해도 과언이 아닐 것이다. 오늘날까지도 수업모형을 연구하려는 사람들은 길게 드리워진 타일러 모형의 그늘에서 쉽게 벗어나기 어려우며, 이 점은 그만큼 타일러 모형이 하나의 수업모형으로서 사람들에게 강한 호소력이 있다는 것을 나타낸다. 이러한 맥락에서 타일러 모형이 어떤 점 때문에 사람들에게 호소력을 가지는지 궁금하지 않을 수 없다. 이하에서는 타일러 이론이 수업모형으로서 가지고 있는 몇 가지 특징을 알아보고자 한다. 타일러는 『교육과정과 수업의 기본 원리(Basic Principles of Curriculum and Instruction)』(1949)에서 교육과정을 편성하거나 수업을 계획할 때 고려해야 할 중요한 사항을 다음의 네 가지 질문으로 요약하고 있다(Tyler, 1949: 1).

- 학교에서 달성하고자 하는 교육목표는 무엇인가?
- 이러한 목표를 달성하기 위한 학습경험의 선정은 어떻게 이루어져야 하는가?

139

- 이러한 학습경험을 효과적으로 조직하는 방법은 무엇인가?
- 이 목표가 달성되었는지 아닌지를 결정하는 방법은 무엇인가?

이상의 질문에서도 잘 알 수 있는 바와 같이, 타일러는 교육과정 또는 수업의 운영을 교육목표의 설정, 학습경험의 선정, 학습경험의 조직, 학습결과의 평가라는 네 개의 요소로 구분하여 체계화한다. 이것은 결국 일정한 시간의 흐름을 타고 연속적으로 진행되는 일련의 교육과정 또는 수업을, 마치 밧줄에 매듭을 지어 놓듯이 몇 개의 절차로 나누고, 또 그렇게 하여 나누어진 각 마디에서 해야 할 일의 성격을 분명히 한 것이다. 타일러는 교육과정 또는 수업의 운영을 교육목표의 설정, 학습경험의 선정, 학습경험의 조직, 학습결과의 평가라는 네 요소로 명시적으로 드러내어 '절차화'하였을 뿐만 아니라, 각 요소 간의 긴밀한 '관련성'을 강조하였다. 타일러의 모형에서는 교육목표의 설정과 학습경험의 선정, 학습경험의 선정과 학습경험의 조직 간의 관련성은 물론이고, 특히 학습결과의 평가와 교육목표의 설정 간의 유기적 관련, 곧 '순환성'이 무엇보다도 중요하다.

평가와 목표의 순환

타일러는 학습결과의 평가와 교육목표의 설정 간의 순환성을 고려하여, 교육을 한 결과로서 외현적으로 나타날 수 있는 학생의 구체적이고 세부적인 행동을 교육목표로 삼는다. 예컨대, 타일러가 말하는 교육목표라는 것은, 약간 과장되게 말하자면 '인체 소화기관의 명칭을 지적하면서 그 명칭을 말할 수 있다.'라든지 '바흐의 음악을 들으면서 그 박자에 맞추어 발장단을 칠 수 있다.'라든지 하는 것으로서, 흔히 일반 사람들이 생각하는 '전인'이라든지 '홍익인간'이라든지 하는 교육목표와는 처음부터 거리가 멀다. 타일러가 보기에 전인 또는 홍익인간 등과 같은 교육목표는 학습경험의 선정, 학습경험의 조직, 학습결과의 평가라는 측면에 아무런 도움을 줄 수 없는 반면에, 교육을 받은 후의 학생의 세부적 행동으로 설정된 교육목표는 이 세 가지 측면에 실질적 지침이 될 수 있으며, 특히 평가할 수 있는 항목들만을 처음부터 교육목표로 삼아 교육목표와 평가 결과 간의 간극을 좁힘으로써 교육의 결과에 관련한 불필요한 논쟁을 불식시킬 수 있다(김승호, 1998: 143).

타일러 모형은 일련의 수업 과정을, 수업목표를 설정하는 일에서부터 학습경험을 선정·조직하여 가르치고 그 결과를 평가한 뒤에 또 그것을 기초로 하여 다음의 수업목표를 설정하기까지의 체계적인 순환 절차로 드러내 보여 줌으로써, 이제까지 사람들이 막연하게나마 암묵적인 것으로만 여겨 왔던 수업에 일종의 투명성을 부여해 주었다. 이 일은 사람들에게 일련의 수업 과정을, 마치 공장에서 투입된 원자재가 일정한 체계적인 공정을 거쳐서 완제품으로 산출되어 나오는 모습처럼 선명하게 보여 준 것에 해당한다. 그렇게 함으로써 타일러의 모형은, 실지로 벌어지고 있는 수업의 현실이야 어떻든지 간에 교육도 어떤 가시적인 결과를 낳을 수 있으며, 또 그 결과는 인간의 힘으로 얼마든지 조정 가능한 것이라는 인상을 사람들에게 심어 주기에 충분했다. 다시 말하여, 타일러의 모형은 일련의 수업 과정을 '수단 강구와 목적 달성의 관계'라는 측면에서 분명하게 제시함으로써 그 일에 관여하고 있는 사람들로 하여금 그 일에 대한 의욕을 불태울 수 있게끔 한다. 아마도 바로 이 점이 타일러 모형이 가진 추진력인 동시에 이론적 매력일 뿐만 아니라 사람들에게 강한 호소력을 가지는 이유일 것이다(김승호, 1998: 143-144).

타일러에 의하면, 수업을 하기 위해서는 먼저 목표를 설정하고 난 후에 그 목표를 달성하기 위하여 적절한 수단을 강구하고, 조건을 통제하고, 최종적으로 목표의 달성 정도를 평가하고, 그 평가의 결과를 다시 새로운 목표를 설정하는 데 피드백하는 일련의 순환적 절차가 필요하다. 타일러 모형은 사고에 있어서 기본적으로 과학적이고, 절차에 있어서 조직적이며, 교육적 계획에 있어서 수단의 강구와 목적의 달성이라는 사고 경향을 띠고 있다는 특징을 갖는다(Eisner, 1979: 17). 요컨대, 이러한 수업을 보는 관점 또는 사고방식은 한마디로 '기술적 수업모형'이라고 규정될 수 있다. 기술적 수업모형은 이제까지 수업에 관한 사람들의 사고방식을 지배해 왔을 뿐만 아니라 구체적으로 교육과정 개발과 수업 계획에 이르기까지 일선 학교교육은 물론이고 더 나아가 교육 그 자체를 설명하고 처방하는 데 무수히 활용되어 왔다.

📖 목표 중심 수업모형

한편, 기술적 수업모형은 이상에서 고찰한 그 특징들 때문에 오히려 많은 비판에 직면하기도 한다. 이홍우(1977)는 타일러 모형이 수업에서 정작 중요한 무엇을 가르쳐야 하는가라는 교육내용의 가치를 밝혀 주는 가치지향적 모형이기보다는, 어떤 내용을 가르치는가와 상관없이 어떤 절차와 기술을 가지고 교육과정이나 수업을 개발하고 운영할 것인가에 대하여 설명하고 있는 가치중립적 모형이라고 비판한다. 타일러 모형의 전체적인 윤곽은 먼저 교육목표가 결정된 다음에야 교육내용 또는 학습경험이 어떻게 선정되고 조직되어야 하는지, 평가를 어떻게 하여야 하는지 등이 결정된다는 것이다. 이 후자의 결정은 전체적으로 어떤 목표가 결정되는가 하는 것에 달려 있다(이홍우, 1977: 51). 수업모형 논의에서 목표가 특별히 강조되는 바로 이러한 특징 때문에 타일러의 교육과정 모형은 '목표모형' 또는 '목표 중심 모형'이라고 불리기도 한다(이홍우, 1977: 43). 분명 목표모형에 의하면, 교육은 교육목표를 달성하기 위한 수단이며, 교육이 하는 일이 구체적으로 무엇인가 하는 것은 그것이 달성하고자 하는 목표(즉, 평가의 내용)를 구체화함으로써 상세히 파악될 수 있다(이홍우, 1977: 69).

📖 기술적 수업모형의 한계

그러나 사실, 이상에서 살펴본 바와 같이 타일러의 모형에서는 목표가 두드러지게 강조된 것이라기보다는, 목표가 강조되는 만큼 평가의 논리가 수업 전체를 지배하고 있다고 보아야 한다. 타일러 모형은 결국 목표의 설정에서부터 학습경험의 조직에 이르기까지 모든 수업의 구성 요소를 수업한 뒤에 평가하기 적합하도록 조정하는 일에 초점이 맞추어져 있다. 요컨대, 타일러 모형은 타일러가 교육평가 전문가의 입장에서 오로지 수업의 최종 지점에서 이루어져야 할 '평가'를 염두에 두고 만들어 낸 수업모형임을 알 수 있다(김승호, 1998: 143-144). 또한 시대가 바뀌면서 명칭만 좀 바뀌고 보다 정교해졌을 뿐이지, 이러한 평가 중심의 수업모형은 위긴스와 맥타이(Wiggins & McTighe, 2005)를 비롯하여 최근의 수업이론에서도 극성을 보이고 있다. 그러나 분명한 것은, 평가 중심의 수업모형은 처음부터 평가할 것에 초점을 맞추어 수업의 질을 재단하는 우를 범할 뿐만 아니라, 풍부하고 다양한 수업의 과정과 결과를 평가의 체에 걸러지는 결과만으로 지나치게 축소시키는 폐단을 보일 수밖에 없다는 것이다.

📖 수단과 목적의 관계

이와 같이 기술적 수업모형은 목표를 목적에 두고 그 나머지 수업의 내용과 방법을 수단으로 삼는 '수단과 목적의 관계'라는 패러다임에 근거하고 있다. 여기서 수단과 목적의 관계라는 것은 모종의 활동의 가치를 그 자체에 붙박여 있는 가치를 드러냄으로 정당화하는 것이 아니라, 활동의 가치를 그 활동과 무관하게 바깥에서 주어진 가치, 이른바 외재적 목적을 달성하는 데 얼마나 효과적인 수단이 될 수 있는가에 비추어 판단하려는 일련의 사고방식을 의미한다. 목표에 규범이나 가치가 들어 있지 않기 때문에 가치중립을 표방하는 목표가 오히려 또 다른 외부의 큰 목표를 위한 수단으로 전락할 가능성을 배제할 수 없다. 요컨대, 활동을 그 활동의 바깥에서 미리 정해지는 목적을 달성하기 위한 수단으로 설명하는 방식은 교육의 가치를 외재적으로 정당화하는 위험을 초래한다.

기술적 모형의 주된 관심은 활동의 내용이나 과정보다는, 활동이 목표(예상되는 활동의 결과)를 계획한 대로 산출해 내었는지 여부에 있다. 목적을 달성하기 위한 수단으로서의 활동 과정은 오직 산출된 결과에 비추어서만 의미를 갖는다. 따라서 구체적인 활동의 내용이나 과정은 주어진 목적을 달성하기 위한 수단으로서의 가치만 지닐 뿐이며, 그 질적 특성이나 차별성은 문제시될 필요가 전혀 없다. 아니, 수업활동이나 과정의 질적 특성이나 차별성은 가능하면 수업 사태에서 부각되지 않아야 할 일종의 '말썽'이며, 오히려 통제되고 조정되어야 할 변수에 해당한다. 그러나 수업 중에 생길 수 있는 예상치 못한 질문이나 사건은 수업활동을 방해하는 요인이 아니라 수업을 흥미진진하게 전개할 수 있는 기회가 될 수도 있다. 기술적 수업모형은 교사에게 왜곡된 수업관을 심어 줄 우려가 있다. 기술적 수업모형을 과신하게 되면, 교사는 교육내용의 가치와 구체적인 수업의 과정에 대한 스스로의 심도 있는 해석이나 연구 없이 전형적인 수업의 절차와 방법에 따르기만 해도 학생들을 잘 통제하여 효율적으로 가르칠 수 있을 것이라는 믿음을 가지게 된다.

📖 인과론적 사고방식

기술적 수업모형에 따르면, 수업에서 다루게 될 지식 내용은 변화가 없는 고정적인 것처럼 이해되고 있다. 기술적 수업모형에 '이러이러한 지식을 가르치면 반드시 이러이러한 결과가 나와야 한다.'는 인과론적(因果論的) 가정이 깔려 있다. 여기서는 수업 과정 중에 일어나는 지식 내용의 변화가 절대 용납되지 않는다. '투입과 산출'의 비유에서처럼, 예견된 목표를 달성하는 데 적합한 학습경험이나 교육내용을 선정하여 수업의 과정에 투입하기만 하면, 마치 불린 쌀이 방앗간의 기계를 거쳐 뜨거운 떡으로 나오듯이, 예견된 목표가 별다른 변형 없이 그대로 학습자의 행동과 태도에 드러나게 되는 것을 기대하게 된다. 이때, 지식을 다루는 수업활동의 과정 자체는 단지 거쳐 가는 일종의 기계적인 통로로서 별다른 역할을 하지 않아야 하며, 그 결과로서 방앗간에서 쌀은 오로지 떡만 되어야지 피자가 되거나 과자가 되어서도 안 되는 것처럼, 지식 내용은 결코 재구성되거나 변질되어서는 안 된다.

또한 이 경우에 교사는 지식의 전달자로서 자신의 역할에 충실해야 한다. 그는 단순히 패턴화되고 표준화된 절차와 방법에 따라 수업을 효율적으로 진행하고 학생들을 안내하고 관리하는 역할만 해야 한다. 학생은 마치 흰 도화지나 흡수력 좋은 스펀지와 같이 지식 내용을 오로지 받아들이기만 하는 수동적인 존재로 여겨지며, 교사의 설명이나 안내에 대하여 의문을 제기하는 것이나 수업 중에 전형적으로 기대되는 행동 이외의 것은 가급적 삼가야 한다. 평가 또한 다른 변인은 배제하고, 오로지 투입된 학습경험이 얼마나 있는 그대로, 또 효율적으로 예상된 학생의 외현적 행동으로 나타나는지에 초점이 맞추어져 있다.

3. 대안으로서의 '예술적 수업모형'

📑 목표모형의 한계

이제까지 우리가 수업현상을 타일러 모형처럼 설명하는 방식에 익숙해져 왔다는 점은 부인할 수 없는 엄연한 사실이다. 오히려 간혹 타일러의 사고방식에서 벗어난 수업모형을 접할 때 의아하거나 당혹감을 감출 수 없게 된다. 그러나 앞에서와 같이 타일러의 수업모형을 면밀하게 분석해 보면, 타일러의 모형은 수업에 대한 논의의 정상적인 궤도에서 크게 벗어난 아주 특이한 설명임을 어렵지 않게 알 수 있다. 타일러는 수업을, 수업의 말미에 기대되는 학생의 세부적 행동들을 목표로 제시해 놓고, 가능한 한 그러한 행동들을 유발할 가능성이 다분한 경험들을 선정·조직하는 것으로 설명하고 있지만, 그것은 수업의 실제와는 상당한 거리가 있어 보인다.

블룸(Bloom)이나 메이거(Mager)와 같이, 타일러 이후 교육과정의 주된 관심이 교육목표를 상세화하는 데에 집중되어 온 것은 결코 우연한 일이 아니다. 그러나 이 시점에서 우리는 교육활동의 성격을 구체화하는 방법이 '목표'를 상세화하는 방법뿐인가 하는 질문을 생각하지 않으면 안 된다(이홍우, 1977: 69). 만약 가르치는 일이 우리가 미리 정의를 내리거나 예측할 수 없는 문제를 찾아가는 탐구의 과정이라고 생각된다면, 앞에서 말한 이성적이고 조직적인 개념의 수업이 어떤 한계점을 갖고 있는지는 분명해진다. 더구나 목적이 구체화되어야 한다는 이유 때문에, 교육과정 개발에 있어서 그 목표를 기술적으로 측정할 수 있는 것으로만 제한해 버리게 된다. 그러한 측정 기술이 개발되지 못하면, 일반적 가치를 지닌 목표는 교육과정 개발에서 제외시킬 가능성이 많다. 측정 능력은 교사가 생각하는 교육의 범위를 제한시키고 있다(Eisner, 1979: 229).

대안으로서의 내용모형

이홍우(1977)는 타일러 수업모형의 대안으로서 브루너(J. S. Bruner)의 '지식의 구조(structure of knowledge)' 아이디어에 착안하여 '내용모형'을 제안한 바 있다. '무엇을 가르쳐야 하는가?'(즉, 교육목표)라는 질문에 '지식의 구조'를 가르쳐야 한다는 대답이 의미를 가질 수 있다. 지식의 구조를 가르쳐야 한다는 주장에 따르면, 교사가 하는 일의 성격은 '교육내용'의 성격을 상세화함으로써 밝혀진다. 목표모형에서의 '내용'은 오직 목표를 달성하는 수단으로서

의미를 가지지만, 지식의 구조라는 아이디어에서는 내용이 교육의 핵심적 관심사가 된다. 이런 점에서 지식의 구조를 강조하는 교육과정 모형은 목표모형에 대하여 '내용모형'이라고 부를 수 있을 것이다(이홍우, 1977: 80-81).

교육목표의 가치를 교육내용에 붙박여 있는 내용을 구체화함으로써 찾는 방안도 있을 수 있겠지만, 보다 근본적으로 '수업 그 자체'를 구체화하는 방안이 있을 수 있다. 타일러 모형의 경우 일련의 교육과정을 몇 개의 절차로 체계화한 뒤 그것들 간의 순환이 원활하게 이루어지도록 관리하는 일에 온갖 신경을 집중시키다 보면, 그러한 기계적인 절차상의 문제로는 도저히 표현이 불가능한 교육과정 논의의 핵심적인 요소로서 '교육내용'과 '수업'에 관한 논의가 간과되기 마련이다(김승호, 1998: 144). 특이하게도 타일러 모형에서는 수업, 더 나아가서 교사의 역할이 그 중요성에 비하여 덜 강조되거나 부당하게 생략되어 있다. 타일러 수업모형에서 수업은 그저 신기할 것 없는 상투적이고 기계적인 통로에 불과하다. 학생들이 그 뻔한 통로를 지나서 처음에 설정된 목표를 달성했다는 증거만 보이면, 수업은 충분히 그 역할을 다한 것이 된다. 그래서 그런지 몰라도 타일러 모형에서는 수업에 관한 심각한 논의 대신, '학습경험(learning experience)'에 대한 설명에 많은 노력을 들이고 있다. 또한 교사의 위치와 역할 역시 실제 수업에서 교사가 하는 일에 비하여 지나치게 축소되고 제한적으로 설명되어 있다. 타일러 수업모형에서는 사람과 사람이 만나서 빚어내는 다양한 '경험'을 처음부터 그 기계적 논리에서 배제하고 있다.

📖 내용모형 대 수업모형

물론 이홍우(1977)의 주장대로 교육목표의 가치를 교육내용에 붙박여 있는 내용을 구체화함으로써 찾는 방안도 타당하겠지만, 수업은 교육내용을 구체화하는 것을 포함하여 보다 포괄적이고 복잡한 영위라는 점에서, 여기서는

147

타일러 수업모형에 대한 대안으로서 교육목표의 가치를 실제 이루어지고 있는 '수업의 특성'에서 모색해 보고자 한다. 달리 말하면, 이하에서는 목표모형에 대한 대안으로서 '내용모형'이 아닌 이른바 '수업모형'에서 그 해답을 찾고자 한다. 즉, 수업의 의미는 무엇이고 실제 수업에서는 어떤 일들이 이루어지고 있는지를 정확하게 알아봄으로써 기술적 수업모형의 문제점과 한계점을 적시하고자 한다. 실제 수업에서 기술적 수업모형에서처럼 목표를 사전에 제시하는 것이 가능한 것인가? 실제 수업에 들어가기 전에 미리 교육내용을 구체화 또는 상세화하는 일이 가능한 것인가? 실제 수업에서 교사가 구체적으로 하는 활동을 미리 명확하게 규정하는 것이 가능한 것인가? 실제 수업 중에 교실에서 벌어질 일들을 사전에 예측할 수 있는가? 수업을 잘하기 위해서는 반드시 예측 가능한 것으로만 목표로 삼아야 하는가? 이와 같은 질문들에 접근하는 데에는 콜링우드(R. G. Collingwood)의 예술이론을 교사가 하는 일로서의 수업에 접목시키는 것이 크게 도움이 된다.

📖 콜링우드의 예술이론

먼저, 콜링우드는 기술과 예술을 개념적으로 날카롭게 구분함으로써 예술의 가치를 부각시킨다. 콜링우드에 의하면, '수단과 목적 간의 구분'의 존재 여부에 따라서 기술과 예술은 구분될 수 있다. 기술의 가장 큰 특징은 수단-목적의 구별이다(Collingwood, 1937: 27). 기술은 계획과 수행 간의 구별을 포함한다. 얻고자 하는 결과는 그것에 이르기 전에 미리 구상되거나 사고된다. 기술자는 제작하기 전에 그가 만들고자 하는 것이 무엇인지 안다. 이러한 선지식(foreknowledge)은 기술에 절대적으로 없어서는 안 되는 것이다. 예를 들어, 만일 스테인리스 강철 같은 것을 선지식 없이 만든다면, 그것의 제작은 기술이 아니라 우연에 속한다. 그뿐만 아니라 이 선지식은 모호하지 않고 정확하다. 만약 탁자를 만들려고 하는데 그 치수를 모호하게 구상하고 있다면, 그는 전혀 기술자라고 할 수 없다(Collingwood, 1937: 28). 기술자의 기술이란 주어진 목적을 실현하는 데 필요한 수단에 대한 지식과 그러한 수단에 대한 숙달을 의미한다. 탁자를 만드는 가구장이는 탁자를 만들기 위해 어떤 재료와 연장이 필요한지를 알고, 그 지시된 대로 탁자를 만들어 낼 수 있도록 그것들을 사용할 수 있는 능력을 가짐으로써 그의 지식을 보여 줄 수 있다(Collingwood, 1937: 42).

이에 반하여, 콜링우드(1937)에 의하면, 예술은 수단-목적 간의 구별이 존재하지 않는다. 예를 들어, 시를 짓는 경우에는 앞에서 스테인리스 강철을 만들 때와 같이 수단-목적 간의 구별이 존재하지 않는다.

> 시인은 종이와 펜을 가지고, 펜에 잉크를 묻히고, 앉아서 팔꿈치를 괼지 모른다. 그러나 이러한 행위들은 구성(시인의 머릿속에서 진행되고 있을지 모르는)을 위한 것이 아니라 글쓰기를 위한 예비 과정이다. 시가 짧은 것이고 어떤 필기도구도 전혀 사용하지 않은 채 구성되었다고 할 때 시인이 시를 구성하는 데 사용한 수단은 무엇인가? '각운 사전을 사용한다.' '운율을 세기 위해 발로 마루를 두드린다든가 머리나 손을 젓는다.' 또는 '술에 취한다.'는 식의 익살스러운 답을 원치 않는 한 어떤 답도 생각할 수 없다. 이 상황을 이루는 유일한 요소가 있다면 그것은 시인이며, 더욱 정확하게 말하자면 시인이 시를 만들어 내려는 마음의 노고, 그리고 시라는 것을 알게 될 것이다(Collingwood, 1937: 33-34).

기술과 예술의 차이

또한 콜링우드(1937)에 의하면, 예술가의 목적은 활동 이전에 확정되어 있지 않다. 예술가의 목적은 기술자의 목적과 달리, 그가 예술활동을 하기 전에 상세하고 고정된 형태로 주어질 수 없다. 예술에서의 목적은 예술가의 활동을 통해 그가 부단히 표현하고자 하지만 아직 드러나지 않은 그 무엇, 그리고

149

그가 마침내 표현 활동을 통해 비로소 성취하는 것이라고 볼 수 있다.

> 예술가는 그가 표현을 하기 전까지는 표현되기를 요구하는 문제의 경험이 어떤
> 것인지 전혀 알지 못한다. 예술가가 말하고 싶은 것은 수단이 강구되어야 할 목적으
> 로서 그에게 아직 주어져 있지 않다. 그가 마음에서 시의 형태를 포착하거나 진흙이
> 그의 손 안에서 형태를 이룰 때, 비로소 그것은 그에게 명료해진다(Collingwood,
> 1937: 43).

물론 예술의 경우에도 기술적인 측면이 아주 없는 것은 아니다. 앞에서 예로 든 시작(詩作)의 경우에도 시인은 표현을 요하는 어떤 경험을 가지고 있고, 이 시의 실현(목적)을 위해 기술을 사용한다. 그러나 시인은 시를 쓰기 전에 미리 가구장이가 자신이 만들고자 하는 탁자의 상세한 측면을 아는 것과 같이 시의 상세한 측면을 알고 있거나 말할 수 있는 것이 아니다. 오히려 어느 편인가 하면, 시인은 시를 실제로 써 보기 전에는 자신의 느낌을 알지 못한다. 시가 완성되었을 때 시를 구성하고 있는 시어들은 그가 시를 쓰기 전에는 단 한 번도 그와 같은 배열로 구성된 적이 없는 것이다. 그것은 결코, 말발굽을 만들기 위해 일정한 크기의 쇳조각과 모루와 망치가 준비되어 있듯이 시를 쓰기 전에 미리 준비된 것이 아니다. 결국 최종적으로 시에 표현된 시인의 정서는 시인이 시를 쓰기 전에 가졌던 모종의 감정이나 경험 등과 정확하게 일치하지 않는다. 그것은 분명히 기술에서의 계획이나 설계도와는 다르다. 시인은 확정된 정서를 전문적인 기술로 재현해 내는 것이 아니라, 시를 써 내려가면서 자신의 정서를 탐험한다고 하는 편이 더 정확할 것이다(김영미, 2000: 26-27).

예술에서의 목적은 기술에서의 목적과 같이 고정적이고 일반화될 수 있는 것이 아니다. 예술의 목적은 표현되기 이전에는 예술가 자신조차도 알 수 없으며, 예술가가 작품을 구성하는 데 발휘된 능력은 원칙상 언어화하기 불가

능한 세부사항을 포함한다. 이것은 예술가 존재 자체로부터 예술의 목적과 예술의 수단(방법)을 별도로 추상해 내는 것이 사실상 불가능하다는 것을 의미한다(김영미, 2000: 27). 기능(craft)이 어떤 확정된 목표를 달성하기 위해서 기술을 연마하는 과정이라면, 예술은 예술이라는 행위를 통해서 목표를 찾아가기 위한 기술 연마의 과정이라고 정의되어 왔다. 미술사가인 잰슨(H. W. Janson)은 "예술가란 목표를 달성할 때까지는 그들이 목표로 하고 있는 것이 무엇인지도 모르고 술래잡기를 하는 사람들이다."라고 말하고 있다(Eisner, 1979: 217). 요컨대, 예술가는 목표를 발견하기 전까지는 자신이 추구하는 바를 알지 못한다.

이상에서 고찰한 바와 같이, 예술은 목표가 미리 정해지는 것이 아니라 과정 속에서 도출된다는 점에서 기술과 분명하게 구분된다. 예술가는 미리 정해지거나 주어진 목표를 전문적인 기술로 곧이곧대로 달성해 내는 사람이 아니라, 예술이라는 행위를 오로지 그 정의에 맞게 실천해 나가는 과정 속에서 목표를 조금씩 찾아가는 사람을 의미한다. 아이즈너(Eisner, 1979)에 의하면, 수업 또한 성취하고자 하는 목표가 수업의 과정 속에서 이루어진다는 의미에서 예술이다.

> 수업은 그것이 예술적 경험이라는 의미에서, 수업의 질에 대한 조정이 예술적인 감각에 의존하고 있다는 점에서, 일상적인 행위가 아니고 창조적인 활동이라는 점에서, 그리고 목표가 그 과정 가운데에서 이루어진다는 점에서 예술이다(Eisner, 1979: 217).

📖 예술적 수업모형

이상에서 고찰한 수업의 예술적 측면을 고려한 수업모형을 기술적 수업모형에 대비시켜 '예술적 수업모형'으로 부를 수 있을 것이다. 앞서 살펴본 바와 같이, 기술적 수업모형에서는 목표들(즉, '평가내용들')을 수업활동을 시작하기 전에 미리 정해 놓기도 하고, 최근에는 그보다 더 철저하게 목표들(즉, '성취기준들')을 미리 구체적으로 제시한 다음, '거꾸로(backward)' 거기에 교육내용이나 수업활동을 맞추는 방식으로 수업모형을 설계하고 있다. 그러나 분명 수업에서 성취하고자 하는 목표(즉, '영속적 이해' 또는 '지식의 구조')는 '성격상' 수업 전에 가시적으로 제시될 수 없다. 또한 수업이 다른 예술활동과 마찬가지로 활동을 통해서 목표를 탐구해 나가는 과정이라는 점에서 예술적 수업모형은 정당화될 수 있다.

예술적 수업모형에 따르면, 결국 수업은 우리가 미리 정의를 내리거나 예측할 수 없는 목표를 찾아가는 탐구 내지 발견의 과정이다. 또한 수업은 인간의 활동 중에 가장 대표적인 '자기 목적적(autotelic)' 활동이다. 여기서 '자기 목적적'이라는 용어는 '자기'를 의미하는 'auto'와 '목적'을 의미하는 'telos'라는 두 개의 그리스 단어에서 유래한다. 이 단어는 미래의 이익에 대한 어떤 기대 없이 단순히 그 자체를 수행하는 것이 보상이 되는 행동을 의미한다. 자기 목적성을 가진 사람은 원하는 일을 하는 것 자체가 이미 보상이 되기 때문에 물질적 수혜라든가 재미, 쾌감, 권력, 명예 등과 같은 별도의 보상이 필요하지 않다(Csikszentmihalyi, 1997: 156-157). 수업은 수업활동 또는 과정 그 자체에 목적이 들어 있다. 수업은 그 결과나 목표가 중요한 것이 아니라 수업하는 과정 그 자체가 즐겁기 때문에 하는 것이다.

실제 수업 사태는 기술적 수업모형이 미리 규정해 놓은 것과는 달리 훨씬 복잡다단하고 변화무쌍한 양상을 보인다. 그 이유는 수업이 궁극적으로 외현이 아닌 내면의 변화를 추구하기 때문이다. 물론 여기서 말하는 '내면의 변화'는 기본적으로 학생의 마음의 변화를 의미하지만, 수업 중에 생길 수 있는 교사의 마음의 변화 또한 가볍게 취급해서는 안 된다. 아무튼 수업 사태는 교사의 마음과 학생의 마음이 부딪히며 빚어내는 하나의 예술활동에 비유될 수 있다. 그렇기 때문에, 아무리 수업 전에 목표나 계획을 정교하고 치밀하게 설정한다고 하더라도, 그것은 교사와 학생의 마음을 거치게 되는 순간, 너무나도 다양하고 유동적인 스펙트럼을 보일 수밖에 없다.

앞서 고찰한 대로, 기술적 모형에서의 지식관은 소위 '인과(因果)'라는 사고 방식이 적용된 것이다. 수업에서 다루게 될 지식 내용은 변화가 없는 고정적인 것으로서 원인과 결과의 관련에 따라서 학생의 행동으로 고스란히 나타나야 한다. 거기에는 수업의 지식 내용이 교사와 학생의 마음과, 그것들 간의 상호 소통을 거치면서 예상했던 것보다 큰 변화를 겪을 수 있다는 엄연한 사실이 배제되어 있다. 어떤 지식 내용이 당사자의 마음을 거치면서 기존의 관념들과 어떻게, 또 얼마나 결합할는지는 아무도 예측할 수 없다. 그 결합은 인과적으로는 도저히 설명이 불가능하며, 굳이 이름 붙이자면 '인연(因緣)'에 가까울 것이다. 인연은 겪는 당사자조차도 결코 예측하거나 미루어 짐작할 수 없다.

📑 제품과 작품의 차이

어떤 지식 내용이든지 간에 그것이 인간의 마음 전체를 아우르며 거치면서 당사자와 더불어 큰 변모를 거듭하여 외현적인 기술로 발현될 때, 우리는 그것을 '예술'이라고 부르며, 그 과정에서 나온 결과물을 '작품(masterpiece)'이라고 일컫는다. 반면에 어떤 지식 내용이 전달됨에 있어서 그것이 아예 인간의 마음을 거치지 않거나 일부 기계적이고 습관적인 마음에만 관련되어 기술 집약적인 형태로 외화될 때, 우리는 그것을 '기술'이라고 부르며, 그러한 과정의 소산물을 '제품(manufacture)'이라고 명명한다.

이러한 규정에 비추어 볼 때, 예술은 결코 예술가의 전유물이 아닐 뿐만 아니라, 그들의 전문적인 영역에만 국한되지 않는다. 보통 사람의 경우에도 어떤 지식 내용이 그의 마음을 거치면서 그의 감성과 지성과 잘 융합되어 자연스럽게 우러나오는, 세상에 오직 하나, 또 한 번뿐인 고유의 표현, 그것이 곧 예술인 것이다. 이러한 의미에서 예술은 인간의 삶 곳곳에서 포착될 수 있으며, 그중에서도 특히 수업의 분야에서 더 큰 의의를 가진다. 요컨대, 수업은 제품이 아니라 작품이어야 한다. 늘 똑같이 대량생산될 수 있는 제품과 달리, 수업은 하나의 작품이기 때문에 성격상 세상에 똑같은 수업은 있을 수 없다. 세상에 그 어떤 수업도 재현되거나 반복될 수 없다. 아무리 정교하고 치밀하게 설계된 수업이라고 할지라도 기술에 불과한 수업이 있는 반면에, 조금은 어눌하고 소박하더라도 얼마든지 예술적인 수업이 있을 수 있다.

예술적 수업모형의 특징

예술적 수업모형에서의 지식은 고정불변의 것이 아니라 역동적인 것이며, 따라서 결코 표준화될 수 없다. 수업 전에 주어진 지식 내용은 결코 완결된 것이 아니며, 보다 정확하게 말하면 단지 수업을 진행하는 데 없어서는 안 될 자료 또는 소재를 의미한다. 그러나 그것은 수업의 과정을 거치면서 점점 지식답게 완성되어 간다. 지식은 이미 있는 것을 발견하는 것이 아니라 만들어가는 것이다(Eisner, 1998: 40). 그 자료 또는 소재가 수업의 과정을 거쳐서 어떻게 변모하고 재구성될지는 아무도 예측할 수 없다. 앞선 비유에서 방앗간 기계에 투입된 쌀이 떡이 아닌 피자나 과자뿐만 아니라 그 무엇이 될지는 그 누구도 미리 알 수 없는 것이다. 따라서 그러한 성격의 지식을 다루는 수업의 과정에는 언제나 불확실성, 애매모호함, 우연성 등이 상존할 수밖에 없다. 이 것들은 기술적 수업모형에서는 수업의 방해 요인으로서 가능한 한 제거되어야 하는 것이지만, 예술적 수업모형에서는 오히려 권장할 만한 것이 된다.

예술적 수업모형에서의 교사의 비중은 기술적 수업모형에 비하여 매우 크다. 교사는 단순히 확정된 지식 내용을 주어진 그대로 효율적으로 학생들에게 전수하는 역할에 그쳐서는 안 된다. 교사는 학생과 더불어 지식을 만들어가는 역할을 수행해야 한다. 교사는 수업을 진행함에 있어서 예술가의 감각 또는 감수성을 지니고 있어야 한다. 교사는 학생들에게 예술적인 경험을 할 수 있도록 만들기 위해서는 새로운 실험이나 새로운 배합 그리고 실패까지도 두려워하지 않는 자유로운 분위기를 조성할 수 있어야 한다. 환상이나 은유 그리고 건설적인 바보스러움이 자유롭게 표출될 수 있도록 하여야 한다 (Eisner, 1979: 227).

교사는 수업 현장의 변화를 예의 주시하고, 그 변화를 읽을 수 있어야 하며, 지적 유연성이 있어야 한다. 그리고 목표 설정의 유연성, 목표 변경의 때를 놓치지 않는 것, 새로운 전략으로의 변화와 그 채택 등이 시시각각으로 판단되어야 한다. 조직화, 질서, 예측, 통제가 능률을 올리는 데 적절한 수단이기는 하지만, 효율적인 교수법은 효율적인 농구 경기처럼 유연성, 창의력, 개인적인 창의력에 의하여 소기의 목적을 이룰 수 있다(Eisner, 1979: 228).

또한 예술적 수업모형에서 학생은 주어지는 지식을 거의 그대로 답습하거나 맹목적으로 받아들이는 존재가 아니라, 교사와 함께 지식의 생성과 변용에 참여하는 존재이다. 학생은 예기치 못한 질문과 행동, 색다른 시각이나 관점으로 얼마든지 지식의 확장과 발전에 기여할 수 있다. 예술적 수업모형에서는 평가 또한 기술적 수업모형과는 차별성을 띤다. 이제까지의 관행처럼 반드시 예측 가능한 것만 평가의 대상으로 삼는 것은 오히려 편견이다. 예술적 수업모형에서 수업이 진행되는 과정에서 예측을 깬 활동들, 예를 들어 변화가 많았던 지식 내용, 이전과 달리 새롭게 조명된 아이디어, 예상하지 못했던 질문이나 통찰, 해결되지 않는 과제 등은 평가에서 배제되어야 할 것이 아니라 오히려 얼마든지 긍정적인 평가를 받을 수 있는 것들이다.

4. '종교적 수업모형'의 탐색

📖 종교적 수업모형의 가능성 모색

이제 이 절에서는 이상에서 고찰한 두 가지 수업모형, 기술적 수업모형과 예술적 수업모형에서 논의된 것과 시사점들을 바탕으로 하여 종교적 수업모형의 성립 가능성을 모색해 보고자 한다. 1절에서도 언급한 바와 같이, 이 장은 특정 종교 또는 어떤 종교적 교육내용을 가르치는 데 적합한 방법을 모색하는 것이 아니라, 우리가 현실에서 볼 수 있는 일상 수업에 들어 있는 종교적 측면을 드러내는 데 목적이 있다.

이상에서 고찰한 바와 같이, 실제 수업에서 지식이 전수되는 과정에는 기술적 측면도 개입되어 있고 예술적 측면도 들어 있음이 확인되었다. 결국 기술적 수업모형과 예술적 수업모형의 차이는 지식을 보는 관점이 각기 다르다는 점에 기인한다. 기술적 수업모형에서는 지식이 고정불변의 것처럼 취급되기 때문에 수업은 이미 완성된 지식을 효율적으로 온전히 전수하는 데 전력을 쏟는 것으로 이해되고 있다. 반면에 예술적 수업모형에 의하면, 지식은 고정불변의 것이 아니라 유동적인 것이며, 수업하기에 따라서 얼마든지 변화가 가능할 뿐만 아니라 수업의 과정을 거치면서 점차 완성되어 간다. 이상의 논의에서 시사된 바에 따르면, 예술적 수업모형은 기술적 수업모형보다 한층 진일보된 것임에 틀림없다. 예술적 수업모형은 기술적 수업모형보다 자유분방하고 유연한 지식관을 가지고 있을 뿐만 아니라, 특히 기술적 수업모형에서 간과된 수업에서의 교사의 위치와 역할을 뚜렷이 부각시켜 주었다. 그러나 한편, 예술적 수업모형에서처럼 교사가 마치 예술의 거장과 같이 지식 내용을 정교하고 민감하게 다루기만 하면, 수업은 크게 성공할 수 있는가 하는 의문을 제기해 볼 수 있다. 교사가 아무리 예술적인 수업을 한다고 하더라도,

교사의 수업과 학생의 내면화 사이에는 여전히 간극이 있을 수 있기 때문이다. 과연 예술적 수업모형은 완벽한 것인가? 수업은 헤라클레스와도 같은 인간의 엄청난 힘만으로는 완성될 수 없는가?

🗂 라티오와 인텔렉투스

이러한 의문들을 해결하기 위하여, 먼저 예술적 수업모형이 간과하고 있는 지식의 중요한 측면은 무엇인가 하는 문제부터 시작해 보고자 한다. 학교에서 주로 다루어지는 지식은 서로 비교하고 구분하고 분석하고 사정(査定)하고 관련짓고 증명하고 유추하고 구조화하고 귀납하고 연역하고 종합하는 행위 등등을 통하여 획득된다. 이러한 행위는 인간의 능동적이고 적극적인 지적 노력을 나타낸다. 오늘날에는 비단 학교 수업에서뿐만 아니라 지식이 논란이 되는 일반적인 국면에서도 지식은 오로지 인간의 능동적인 노력만의 산물이며, 거기에 그 밖의 다른 요소가 개입할 여지는 전혀 없다는 것이 하나의 중론이 되어 버렸다. 인간의 정신적 사변적 지식은 '활동(activity)'이라는 것, 그리고 다른 것이 섞이지 않는 '오직 활동'이라는 것이다(Pieper, 1952: 25). 이러한 지식관에 따르면, 혼자서 공부하는 행위, 수업에서 지식을 가르치는 행위, 연구실에서 실험하는 행위 등은 '노동' 이외에 다른 그 어떤 것으로도 설명될 수 없다.

피이퍼(J. Pieper, 1952)에 의하면, 현대인들이 지식에 대하여 그러한 일변도의 생각을 가지게 된 데에는 칸트(I. Kant)의 영향이 절대적이다. 칸트의 인식론이 이와 같기 때문에 그는 지식을 추구하는 행위와 철학하는 행위는 노동으로 간주되고 이해되어야 한다는 결론에 이를 수밖에 없었다(Pieper, 1952: 25). 그러나 옛날의 철학자들은 이 문제에 대하여 칸트와는 다르게 생각하였다. 플라톤(Plato)은 말할 것도 없고 아리스토텔레스(Aristotle)를 포함하여 희랍의 철학자들, 중세의 위대한 사상가들은 자연적이고 감각적인 지각에서뿐만 아니라 정신적이고 사변적인 지식에도 순수한 수용적 관조의 요소, 헤라클레이토스(Heraclitus)가 말한 '사물에 귀를 기울이는 것'과 같은 요소가 있다고 생각하였다(Pieper, 1952: 26). 중세인들은 '라티오(ratio)'로서의 이해와 '인텔렉투스(intellectus)'로서의 이해를 구분한 바 있다. 라티오는 추론적・논리적으로 사고하는 힘, 탐색하고 검사하는 힘, 추상하고 정의하고 결론을 도출하는 힘을 말한다. 이에 비하여, 그 짝인 인텔렉투스는 '단순 직관(simple intuition)'의 능력이라는 의미에서 특별한 이해를 가리켜서 부르는 이름이다. 그것은 풍경이 눈에 들어오듯이 진리가 저절로 단순하고 순수한 시각에 들어오는 상태를 가리킨다. 희랍과 중세의 사고방식에 의하면, 마음의 능력(인간의 지식)은 이 두 요소가 하나로 결합된 것으로 라티오이면서 동시에 인텔렉투스이며, 지식 추구의 과정은 그 두 요소가 함께 작용하는 과정이다. 추론적 사고는 노력이 전혀 필요 없는 인식, 곧 인텔렉투스라는 관조적 시각의 요소를 수반하고 있으며 그것에 배태되어 있다. 이 '관조적 요소'는 지식 추구의 능동적 요소가 아니라 수동적 요소, 또는 더 정확하게 말하자면 수용적 요소이다. 만약에 관조적 요소가 영혼의 활동이라고 한다면, 영혼이 보는 것이 그대로 생각이 되는 경우를 가리킨다(Pieper, 1952: 26-27).

🖺 토마스 아퀴나스의 관조

토마스 아퀴나스(T. Aquinas)의 『진리에 대한 토론집(Quaestiones disputatae de veritate)』에는 다음과 같이 적혀 있다. "지식은 인간 영혼의 가장 특징적인 산물로서 라티오의 형태로 추구되는 것이 사실이지만, 그럼에도 불구하고 그 지식 안에는 인간보다 높은 존재나 가질 수 있는 '순수 지식(simple knowledge)'과 맞닿아 있는 부분이 있다. 인간의 영혼에 영적 시력이 있다고 말하는 것은 바로 이 때문이다."(Ver., 15, 1) 이 말의 의미는, 인간은 비추론적(非推論的) 시각이라는 천사의 능력을 나누어 가지게 되었다는 것, 그리하여 그 결과로 눈이 빛을 보고 귀가 소리를 듣는 것과 동일한 방식으로 영적인 것을 파악하는 능력을 가지게 되었다는 것이다. 우리의 지식에는 '활동이 아닌(non-activity)' 요소, 순전하게 수용적인 시각의 요소가 있다. 물론 그것은 본래부터 인간이 가지고 있었던 요소가 아니라 인간의 내부에 들어 있는 가장 고귀한 약속이 이행된 상태를 가리키며, 이 점에서 그것은 가장 진정한 의미에서의 인간적인 요소라고 볼 수 있다. 아퀴나스가 말한 바와 같이 '관조적 삶(vita contemplativa)'은 '원래 인간의 것이 아니라 인간을 초월하는 존재의 것'이지만, 바로 그렇기 때문에 그것은 가장 숭고한 인간의 삶의 방식이다(Pieper, 1952: 27). 요컨대, 지식에는 인간의 노력과 힘으로는 어떻게 할 수 없는, 인간을 초월하는 종교적인 요소가 들어 있다.

인텔렉투스의 실종

현대로 오면서 지식을 노동의 결과로만 간주하는 경향이 보편화되었다. 그러나 앞서 언급한 대로 인간의 지식은 라티오와 인텔렉투스의 공동 소산이며, 인간의 지식에는 추론적 사고와 '예지적 관조'가 혼용되어 있다. 특히 철학적 지식이 추론적 사고 없이 획득될 수 없다고 할지라도 그 안에는 노동으로만 설명될 수 없는 본질적인 요소가 들어 있기 마련이다(Pieper, 1952: 28). 그렇다면 인간이 지식 추구활동을 하는 데 함께 작용하는 라티오와 인텔렉투스는 어떤 관계에 있는가? 피이퍼에 의하면, 양자는 '직교적 관계'에 놓여 있다. 인텔렉투스로서의 직관은 라티오라는 활동의 연장이나 연속이 아니라, 그것과 수직으로 만난다. 아퀴나스에 의하면, 라티오는 언제나 시간에 관계되는 것인 반면에, 인텔렉투스는 영원한 현재에 관계된다(Pieper, 1952: 43). 이때 수직으로 내려오는 인텔렉투스는 인간의 노동의 산물이 아니라, 신의 은총으로 아무런 대가 없이 주어지는 선물에 해당한다.

그러나 오늘날 '지식은 노동 그 이상도, 그 이하도 아니다.'라는 견해가 팽배해 있다. 지식은 노동이기 때문에 인간의 독자적인 노력과 활동의 소산이라는 사고가 너무 당연시되고 있다. 이렇게 생각함으로써, 추론적 사고와 '예지적 관조'가 혼융된 결과로서의 지식에서 인텔렉투스 요소가 배제되었다. 달리 표현하면, 라티오와 인텔렉투스의 직교적 관계에서 수직하여 내려오는 인텔렉투스의 선(線)이 사라진 것을 의미한다. 이제 지식의 수동적 요소 또는 수용적 측면은 그 어디에서도 주장하는 것을 찾아보기 어렵다. 현대인들은 '내 힘만으로 습득이 안 되는 지식이 존재한다.'든가 '인간의 힘과 노력과 땀만으로 습득이 안 되는 지식의 영역이 있다.'라는 생각을 머릿속에서 아예 지워 버렸으며, 거꾸로 힘과 노력과 땀이 많이 들어가는 지식일수록 더 가치 있고 더 완전하다는 본말이 전도된 지식관을 가지게 되었다.

📖 수업의 인텔렉투스적 측면

모르긴 몰라도 교육 또는 수업 분야에서 라티오와 인텔렉투스의 문제를 본격적으로 다룬 대표적인 학자는 브루너일 것이다. 브루너는 그의 유명한 저서 『교육의 과정(The Process of Education)』(1960)에서 '라티오와 인텔렉투스'에 상응하는 '분석적 사고와 직관적 사고'를 교육의 문제로 다루면서 직관적 사고의 중요성을 사람들에게 환기시킨 바 있다. 분석적 사고는 한때에 한 단계씩 진전되며, 그 단계는 설명될 수 있을 정도로 명백한 반면에, 직관적 사고는 계획된 단계를 따라서 진행되지 않을 뿐만 아니라 언어로 정확하게 규정할 수는 없지만, 일순간 전체 사태를 포괄적으로 파악할 수 있게 한다(Bruner, 1960: 57-60). 단지 양성하고 평가하기 어렵다는 이유 때문에 직관적 사고를 교육 또는 수업의 장면에서 배제하거나 소홀히 해서는 안 된다(Bruner, 1960: 66-68). 왜냐하면 수업에서 그 핵심인 창의성의 문제를 다루지 않을 수 없기 때문이다.

지식의 인텔렉투스 요소를 수업모형에 적용하면 어떤 결론이 도출될 것인가? 라티오와 인텔렉투스의 직교적 관계는 수업에 어떤 시사를 던져 줄 수 있는가? 앞서 고찰한 바와 같이, 지식이 라티오와 인텔렉투스의 공동 소산이라고 본다면, 수업은 교사이든지 학생이든지 간에 그의 노력과 힘만으로 완성될 수 없다. 수업에서 교사가 아무리 라티오의 측면에서 마치 예술의 대가처럼 지식을 정교하게 자유자재로 다룰지라도, 수업은 결코 완성될 수 없다. 왜냐하면 가장 이상적인 수업에서 기대되는 인텔렉투스는 인간의 노력이나 고통의 산물이 아니라, 오히려 신으로부터 무상으로 주어지는 은총에 해당하기 때문이다. 이러한 측면에서 보면 수업 속에 인간의 것이 아닌, 인간을 초월하는 존재의 것이 들어 있고, 또 그것이 수업의 성패를 결정짓는다. 또한 아리스토텔레스가 말한 바와 같이, 수업 중에 인텔렉투스가 생기는 찰나, 달리 표현하면 발견의 기쁨이나 사고의 축제가 일어나는 바로 그 순간이야말로 인간이 누릴 수 있는 '최고의 행복(beatitude)'을 의미한다. 장성모(2000: 49-50)에 의하면, 교과의 내면화 과정 자체가 초월적 실재를 느낄 수 있는 유일한 통로이자 '신비 중의 신비'이다. 이때 수업을 교과의 내면화 과정으로 파악한다면, 인텔렉투스가 강림하는 수업은 바로 그 신비 중의 신비에 해당한다. 또한 인텔렉투스가 생기는 바로 그 순간, 논리적으로는 연결이 불가능해 보이던 교사의 가르침과 학생의 이해 사이의 간극이 신비스럽게 메워진다.

오늘날 수업은 오로지 노동의 문제라는 의식이 팽배해 있다. 그러나 수업 중 대부분의 시간에 있어서 인간적 활동과 노력으로서 라티오가 눈에 띄겠지만, 그것은 수업의 자극이나 계기, 추진력은 될 수 있을지언정 수업을 전적으로 결정짓거나 완성하지는 못한다. 수업을 궁극적으로 규정할 수 있는 것은 수업의 활동과 노력을 초월하는 인텔렉투스라는 신비 또는 성현(聖顯)이다. 이상에서 살펴본 바와 같이, 수업에는 인간의 활동과 노력으로는 어떻게 할 수 없는 초월적 영역이 존재하며, 또한 교사와 학생의 입장에서는 그것이 수업에 강림(降臨)하기를 기원하는 것 이외에 달리 어떤 방도가 없다. 요컨대, 수업에는 이와 같은 종교적 측면이 들어 있다. 또한 수업에서 이러한 종교적 측면을 십분 고려하는 사고방식은 '종교적 수업모형'이라고 규정할 수 있을 것이다. 물론 이러한 수업의 종교적 측면은 비단 기독교뿐만 아니라 여타 다른 종교를 통해서도 얼마든지 드러낼 수 있는 보편적 특성일 것이다.

📖 종교적 수업모형의 특징

그렇다면 수업의 종교적 측면 또는 종교적 수업모형에 비추어 볼 때, 수업에서 가장 중요한 점은 무엇인가? 수업이 성공하는 데 있어서 가장 중요한 관건 또는 조건은 무엇인가? 수업이 수업다워지기 위해서는, 수업이 궁극적으로 완성되기 위해서는 무엇보다도 수업의 과정 중에 교사와 학생에게 인텔렉투스가 생겨야 한다. 보다 일반적으로 표현하자면, 수업 중에 그 전에는 누구도 감히 예상하지 못했던 직관 또는 통찰이 일어나야 한다. 예술적 수업모형에서 지식은 이미 있는 것을 알아채는 것이 아니라 만들어 가는 것이라고 했을 때, 결국 인텔렉투스는 지식을 만들어 가는 과정에서 지식을 완성시킨다는 의미를 갖는다. 그러나 앞서 지적한 바와 같이 수업에서 인텔렉투스가 생기게 하는 일은 인간의 활동과 노력 밖의 초월적 영역에 존재한다. 그렇다면, 인텔렉투스를 간절하게 기원하는 것 이외에 인간 편에서 할 수 있는 것은 무엇인가?

📖 수업에서의 '내맡김'

그것은 바로 '내맡김(let it be)'의 지혜일 것이다. 인텔렉투스를 위하여 인간 편에서 할 수 있는 수업에 대한 태도는 내맡김이다. 수업에 내맡김의 태도를 적용한다면, 그것은 수업에 인간의 의지나 의도를 앞세우지 않고 수업의 자연스러운 흐름이나 변화에 수업의 방향을 맡기는 것을 의미한다. 수업 과정 중에 항상 수업의 흐름이나 변화를 잘 살펴서 그것에 역행하거나 역류하지 않고 내맡기는 것이다. 예술적 수업모형의 경우에는 예술의 거장과 같은 교사의 능력과 힘이 강조되고 교사가 수업을 주도하지만, 종교적 수업모형에서는 교사가 수업을 자신의 의지대로 통제하겠다는 욕망을 내려놓는 순간, 얼마나 수업이 자연스럽게 제자리를 잘 찾아가는지를 깨닫게 된다. 종교적 수업모형에 있어서 지식을 가르칠 때에는 역으로 힘을 빼야 한다. 그러나 일반적인 상식과는 달리, 비단 수업을 할 때뿐만 아니라 모든 활동에 있어서 힘을 주는 것보다 힘을 빼는 것─엄밀하게 말하면, 힘을 넣었다가 빼는 것이기 때문에 어려운 것이다.─이 훨씬 더 어렵다. 예를 들어, 골프든지 야구든지 완벽한 스윙은 힘을 빼는 것이 힘을 주는 것보다 더 높은 경지이며, 전자가 후자보다 훨씬 더 어렵다.

몸에 힘을 뺄 줄만 알면 별다른 동작을 하지 않더라도 누구나 물 위에 뜰 수 있다. 종교적 수업모형에서 내맡김 또는 힘을 뺀다는 것은 결국 실재에 따른 수업, 곧 실재에 거스르지 않고 그것과 일체가 된 수업을 가리킨다. 이러한 수업에서는 수업 중에 일어나는 돌발적인 변화나 변인을 회피하거나 억제하지 않고, 오히려 감사하게 여기며 자연스럽게 받아들인다. 또한 항상 존재하는 '진도 나가기'의 압박에서 벗어나 수업의 흐름을 살피면서 여유 있고 즐겁게 수업을 진행할 수 있다. 수업에 작위(作爲)에서 오는 긴장이나 걱정, 고통 따위는 있을 수 없다. 교사와 학생은 모두 시간 가는 줄도 모를 정도로 수업의 과정 그 자체에, 마치 그것과 하나가 된 것처럼 몰입되어 있으며, 수업은 점차 인위나 의지와는 거리가 멀어지고 마치 물이 흐르듯이 자연스럽게 진행된다. 이것이야말로 칙센트미하이(Csikszentmihalyi, 1990)가 말한 '플로우(flow)'에 가까운 가장 이상적인 수업일 것이다.

🔖 수업의 인과, 인연 그리고 은총

실재에 따르는 수업을 할 때, 달리 말하면 수업에 대하여 내맡김의 태도를 가질 때 비로소 수업 중에 인간의 영역이 아닌 '인텔렉투스의 약속'이 이행된다. 거꾸로 말하면, 인텔렉투스가 생기는 순간이야말로 수업 중에 실재를 만날 수 있는 유일한 기회이다. 수업 중에 인텔렉투스가 생기는 것은 '인과'의 작용이라고 할 수 없으며, 그렇다고 하여 '인연'의 결과도 아닌, 바로 '은총(恩寵)'의 성현이다. 사실상, 수업 중에 인텔렉투스가 생기는 것은 인과나 인연으로는 도저히 설명할 수 없다. 그것은 과학적인 사고로 이해될 수 없을 뿐만 아니라, 단순히 뜻밖의 예술적 우연으로 치부될 수 없다. 앞서 고찰한 바와 같이, 인과는 기술적 수업모형의 사고방식이고, 인연은 예술적 수업모형의 패러다임일 뿐이다.

인텔렉투스는 인간의 노동에 대한 보상이나 대가로서 발생하는 것이 아니라, 은총으로 위에서부터 공짜로 주어지는 것이다. 종교적 수업모형에서 목표 달성은 개인의 힘과 노력과 의지만으로 이루어질 수 없다. 예술적 수업모형에 의하면, 목표는 이미 다 결정되어 있는 것을 발견만 하는 것이 아니라 수업의 과정 중에 서서히 만들어 완성해 나가는 것이다. 이때 종교적 수업모형에 의하면, 목표는 예상치 못한 우연이나 알 수 없는 인연에 의해서 완성되는 것이 결코 아니다. 지식이 만들어지는 과정에서 지식을 완성시키는 것은 바로 은총으로 주어지는 인텔렉투스이다. 수업의 목표 달성에 있어서 그 관건은 인텔렉투스의 존재 여부이다. 그리하여 수업 중에 인간의 힘이나 노력을 초월하여 은총으로 주어지는 것에 대하여 인간으로서 할 수 있는 최대한의 자세나 태도는 결국 '경건함'이나 '감사'일 것이다.

종교적 수업에서 교사, 학생 그리고 평가

종교적 수업모형에서 교사는 사제(司祭)나 무당(巫堂)에 비유될 수 있다. 교사는 인간적 요소와 더불어 신적 요소를 동시에 몸소 보여 주는 이중적인 매개체이기 때문이다. 교사는 한편으로 학생들에게 추론적 사고를 가르치는 데에 힘쓰지만, 다른 한편으로는 모든 것을 내려놓고 신의 은총으로 학생에게 인텔렉투스가 강림하기를 기원한다. 그럼으로써 교사는 속(俗)과 성(聖)을 매개한다. 피상적으로 보면 예술적 수업모형에서보다 교사의 비중과 역할이 작은 듯하지만, 실지로는 종교적 수업모형에서 교사의 위치는 세속 또는 노동의 세계에서 형용할 수 있는 범주를 넘어설 정도로 절대적인 것이다. 종교적 수업모형에서 학생은 기술적 수업모형에서처럼 수업 시간에 주어지는 지식을 그대로 베끼거나 받아들이기만 하는 수동적인 존재도 아니고, 예술적 수업모형에서처럼 지식을 만드는 데 적극적으로 참여하는 능동적인 존재이기만 한 것도 아니다. 학생은 항상 인텔렉투스의 은총을 고대하는 '수용적인(receptive)' 존재이다. 공부에 매진하고 최선을 다하면서도 자신의 능력이나 힘만을 과신하지 않고, 자신이 인텔렉투스의 은총을 받기에 합당한 그릇인지를 늘 성찰하는 존재이다. 또한 이상에서 모색된 종교적 수업모형의 특징에 비추어 보면, 종교적 수업모형은 평가와는 상당한 거리가 있어 보인다. 수업의 과정에서 교사나 학생에게 인텔렉투스가 생겼는지 여부는 묵시적 차원(tacit dimension)에 속하기 때문에 기존의 평가관이나 척도로는 평가하기가 매우 어렵다. 그러나 만약 기술적 수업모형에서처럼 가시적인 것, 손으로 만질 수 있는 것만을 평가의 대상으로 삼는다면, 정작 수업에서 핵심적인 것들을 모두 놓칠 수 있다는 점 또한 명심해야 할 것이다.

5. 결론

📖 종교적 수업모형의 목적

이상에서 기술적 수업모형과 예술적 수업모형에 대비시켜 종교적 수업모형을 탐색해 보았다. 이제는 지금까지 논의되고 모색된 내용들에 대해서 전체적인 결론을 내야 할 시점이다. 결론부터 먼저 말하자면, 종교적 수업모형은 기술적 수업모형이나 예술적 수업모형을 극복하거나 대치하는 것이 결코 아니라는 것이다. 이 점은 기술적 수업모형과 예술적 수업모형의 관계에도 적용된다. 즉, 예술적 수업모형이 기술적 수업모형을 극복하거나 대치할 수 있는 것이 아니다. 왜냐하면 세 가지 수업모형은 개념적으로 구분될 수 있으나 사실적으로 분리되어 있지 않으며, 단지 수준이나 차원에 있어서 차이가 날 뿐, 연속선상에 존재하기 때문이다. 예를 들어, 기술적 수업모형이 최고로 정교해지면 그 극점은 당연히 예술적 수업모형이다. "그 사람의 기술은 정말로 예술이야!"라는 칭송을 듣듯이, 기술적 수업모형이 너무나도 정교해지면 예술적 수업모형의 경지에 오를 수 있는 것이다. 또한 예술적 수업모형이 최고 수준에 이르면 결국 그 경지는 종교적 수업모형일 수밖에 없다. 이홍우(2000)에 의하면, 쉴러(F. Schiller, 1795)에 의해 제시된 예술교육을 통해서 도달할 수 있는 가장 이상적인 마음의 상태로서의 '아이스테티카(aesthetica)'와, 그것에 상응하는 『중용(中庸)』 1장에 제시된, 성(性)과 정(情)이 최고도로 조화롭게 발달한 '중(中)'은 모두 도저히 인간의 심리 상태라고 보기 어려운 신적 경지에 해당한다. '아이스테티카'라고 부르든지 '중(中)'이라고 부르든지 간에 그것은 곧 종교적 수업모형의 목적이기도 하다.

📖 세 가지 수업모형의 중첩성

구체적인 수업 사태에는 항상 어느 하나 뺄 것 없이 세 가지 모형이 모두 다 들어 있다는 점을 아는 것이 무엇보다도 중요하다. 예를 들어, 장래에 교사가 될 사람이라면 두 단계를 추월하여 수업의 종교적 측면만 이해해서는 안 될 것이고, 기본적으로 기술적 모형을 꾸준히 익히면서 더불어 점차 예술적 모형에 다가가야 하며, 더 나아가서는 종교적 수업모형을 종국의 목표로 삼아야 할 것이다. 또한 한 수업을 구성하는 데 있어서도 항상 이 세 가지 특성이 모두 갖추어질 수 있도록 배려해야 할 것이다. 예술적 모형은 기술적 모형을 배경으로 하여 의미를 가지고, 종교적 모형 또한 예술적 모형으로 인해 그 가치가 크게 부각된다. 만약 수업에 기술적 모형과 종교적 모형만 있다면, 다시 말하여 기술적 모형과 종교적 모형 사이에 한 단계 단절이 생기면, 기술적 모형도 종교적 모형도 수업에서 제 기능이나 구실을 다하지 못하게 된다. 또한 수업에서 다른 모형들은 배제되고 어느 한 모형만 강조될 때, 그 부작용 또한 적지 않다. 그 사태는 수업을 심하게 왜곡하고 피폐화할 수 있다. 세 가지 수업모형은 각각 독립적으로 강조되는 경우보다는 마치 카메라의 삼발이 받침처럼 수업에 관계되는 사람들의 의식 속에 늘 함께 있을 때, 또 직접적으로 구체적인 수업 시간에서 서로를 지지하고 보완해 주면서 적용되었을 때, 비로소 각각의 진면목과 가치가 보다 확연하게 드러나게 될 것이다.

수업의 의식과 자세

그러나 오늘날과 같이 기술적 수업모형만이 비정상적으로 강조될 때 수업은 상투적이고 기계적인 것이 될 것이며, 교사의 위상 또한 수업의 안내자나 관리자 정도로 약화될 수밖에 없다. 이제 수업은 매뉴얼, 즉 절차와 기술만 있으면 누구나 해도 상관없는 사태로 전락해 버렸다. 비록 수업에 동일한 기술과 절차가 동원된다고 할지라도, 오로지 기술적 수업모형만이 고려되는 사태와 종교적 수업모형을 염두에 두고 기술적 수업모형을 적용하는 사태는 크게 다르다. 요즘 경륜이 많은 교사들은 한결같이 수업이 점점 경박스러워지고 있다고 한탄한다. 학생들은 물론이고 심지어 교사들조차도 수업을 대수롭지 않게 여기고 수업 중에 아무렇게나 막 행동하는 경우가 많다. 감히 진단해 보건대, 그것은 수업에서 오직 절차와 기술적 측면만 생각하는 세대의 당연한 귀결이다. 피이퍼에 의하면, 인간의 힘과 노력을 초월한 인텔렉투스의 핵심 의미는 '축제(celebration)'이며, 그 궁극적 기초는 '신성 숭배(divine worship)'이다(Pieper, 1952: 56). 여기에 비추어 볼 때, 수업에서는 가르치는 내용이나 활동 못지않게 수업에 임하는 '의식(儀式)'이나 마음의 자세 또한 매우 중요하다.

📖 **참고문헌**

김승호(1998). 교육과정평가 모형 탐색. 교육학연구, 36(4), 139-172.

김영미(2000). R. G. Collingwood 예술이론의 교육학적 함의. 한국교원대학교 대학원 석사학위논문.

이홍우(1977). 교육과정탐구. 서울: 박영사.

이홍우(2000). 예술과 교육. 도덕교육연구, 12(2), 1-22.

장성모(2000). 교육의 종교적 측면. 도덕교육연구, 12(2), 23-54.

Aquinas Thomas. *Quaestiones disputatae de veritate*. S. Edith übersetz. (1952). *Des hl. Thomas von Aquino Untersuchungen über die Wahrheit*. Freiburg: Verlag Herder.

Bruner, J. (1960). *The process of education*. New York: Harvard University Press.

Cole, P. G., & Chan, L. K. S. (1987). *Teaching principles and practice*. New York: Prentice-Hall.

Collingwood, R. G. (1937). *The principle of art*. London: Claranton. 김혜련 역 (1996). 예술의 철학적 원리: 상상과 표현. 서울: 고려원.

Csikszentmihalyi, M. (1990). *Flow: The psychological optimal experience*. New York: Harper & Row.

Csikszentmihalyi, M. (1997). *Finding flow*. New York: Brockman Inc. 이희재 역 (1999). 몰입의 즐거움. 서울: 해냄출판사.

Eggen, P., Kauchak, D., & Harder, R. (1979). *Strategies for teacher*. London: Prentice-Hall International Inc.

Eisner, E. W. (1979). *The educational imagination: On the design and evaluation of educational programs*. New York: Macmillan. 이해명 역(1983). 교육적 상상력.

서울: 단국대학교 출판부.

Eisner, E. W. (1998). *The kind of school we need.* Hanover: Heinemann.

Pieper, J. (1952). *Leisure: The basis of culture.* A. Dru. trans. (1952). New York: Pantheon Book.

Schiller, F. (1795). *Über die ästhetische Erziehung des Menschen in einer Reihe von Briefen.* E. M. Wilkinson & L. A. Wiloughby. trans.(1967). *On the aesthetic education of man in a series of letters.* London: Oxford University.

Tyler, R. W. (1949). *Basic principles of curriculum and instruction.* Chicago and London: The University of Chicago Press.

Wiggins, G., & McTighe, J. (2005). *Understanding by design* (2nd ed.). Alexandria, VA: Association for Supervision and Curriculum Development.

제6장

수업지도안의
이론적 배경
탐색

1. 서론

📖 수업지도안의 이론적 배경

예비교사들이 교육실습을 나가면, 아마도 가장 필요한 것 중의 하나는 수업지도안을 짜는 일일 것이다. 그러나 졸업이 임박한 4학년조차도 거의 4년 동안 여러 가지 교육학 과목을 이수하고 각 과 교육론을 배우고 사전 교육실습을 받았음에도 불구하고, 막상 수업지도안을 작성해야 할 상황에 부딪히면 수업지도안이 실제 수업에서 갖는 의미는 무엇인지도 잘 모르고 또 그것을 어떻게 구성해야 할지 난감해하는 경우가 허다하다. 이것저것 알아보다가 실패하면 기존의 수업지도안을 그저 맹목적으로 답습하기도 한다.

수업지도안은 한 차시의 수업을 효과적으로 이끌기 위한 수업에 대한 가설이다. 그것은 건축물의 설계도나 항해사의 나침판과 같이 수업의 흐름이나 진행 방향을 미리 제시해 주는 지침서와 같은 구실을 한다. 정상적으로 교사양성 교육을 받은 사람을 염두에 두고 보면, 이때까지 각각 따로 이수한 교사양성과 관련된 일체의 교육과정 또는 내용들은 실제 수업을 하는 능력으로 수렴될 수밖에 없으며, 또한 그 능력은 사전에 수업지도안이라는 시나리오로 표현되어야 한다. 따라서 수업지도안은 수업하는 사람의 능력을 어느 정도 가늠할 수 있는 좋은 잣대가 되곤 한다.

이러한 중요성에도 불구하고 앞에서 말한 바와 같이 예비교사들이 수업지도안에 대한 어려움을 겪고 있는 이유는 무엇인가? 물론 이 책임은 우선 수업지도안에 대한 체계적인 지도의 부재 또는 미흡에서도 찾을 수 있을 것이다. 그러나 그렇다고 하여 흔히 시행하고 있듯이 교생 실습 전 오리엔테이션에서 단지 한두 시간을 할애하여 수업지도안을 구성하는 요령 또는 매뉴얼을 예비교사들에게 가르치는 것은 미봉책에 불과할 뿐이지, 근본적인 문제해결 방안이 될 수 없다.

　이 분야에 대한 국내외 동향을 살펴보면 아직도 대부분이 주로 수업지도안을 기계적으로 짜는 요령에 치중해 왔음을 알 수 있다. 그러나 수업지도안이 왜 그렇게 구성되어야 하는지에 대한 설명은 턱없이 부족한 형편에 놓여 있다. 보다 구체적으로 말하면, '이 수업지도안에는 어떤 교육철학이 배어 있으며, 또 어떤 교육과정 사조가 작용하고 있는지' '이 수업지도안은 어떤 아동심리에 기초하고 있으며, 또 어떤 수업모형을 따르고 있는지' '수업지도안은 왜 3단계로 이루어져야 하는지' 등등의 근본적인 성찰이 부족하다.

헤르바르트의 교수 4단계

　이러한 이유로 이 장에서는 헤르바르트(Herbart) 이론을 통하여 수업지도안의 이론적 배경을 모색해 보고자 한다. 예비교사들은 다양한 강좌 경로를 통하여 각각 따로 일반교육학과 교과교육 이론을 섭렵하고 있지만, 그것들이 실제 수업 사태에 어떻게 통합적으로 연결되는지에 관한 이해가 부족하다. 이것은 사범대학이나 교육대학에서 가르치는 사람이라면 누구나 느끼는 안타까운 현상으로, 굳이 비유하자면 '동맥경화'에 가깝다. 아마도 이 연구는 앞에서도 지적했듯이 이때까지 배운 교육학 이론(교과교육학 이론 포함)과 수업지도안 작성이라는 실제 사이의 경화된 통로를 뚫어 주는 하나의 사례가 될 것이다.

　일반적으로 현재 수업지도안의 구성이 '도입−전개−정리'로 되어 있는 것은 헤르바르트의 교수 4단계(명료, 연합, 체계, 방법)에서 기원한다고 알려져 있다. 그러나 헤르바르트의 교수 4단계가 어떻게 수업지도안의 이론적 배경이 될 수 있었는지에 대해서는 잘 알려진 바가 없다. 따라서 이 장은 헤르바르트의 기본 심성론에서 출발하여, 그가 주장한 마음의 작용을 거쳐 교수법과 수업지도안에 이르기까지의 일련의 과정을 검토한 후에 수업지도안의 이상형을 제시하는 데 그 목적이 있다.

이러한 목적을 달성하기 위하여, 이 장은 문헌연구에 의하여 다음과 같은 절차로 이루어질 것이다. 첫째, 수업지도안의 이론적 배경이 되는 헤르바르트 이론을 수업지도안과 관련하여 개괄한다. 둘째, 헤르바르트 이론이 어떻게 수업지도안의 단계와 순서의 바탕이 되었는지를 모색한다. 이 장이 적절한 맥락에서 활용될 수 있다면, 예비교사들은 수업지도안을 작성할 때 각각의 구성 요소 또는 단계가 왜 필요한지를 알 수 있게 될 것이며, 더 나아가서는 그러한 수업지도안에 대한 올바른 이해를 바탕으로 보다 나은 실제 수업을 시행할 수 있게 될 것이다.

2. 수업지도안과 관련된 헤르바르트 인식론

세상에는 수많은 수업지도안이 존재한다. 수업지도안은 과목별로, 예를 들어 국어과 수업지도안, 수학과 수업지도안, 과학과 수업지도안 등등에 따라 그 작성 방법이 각기 상이하다. 또한 각 학교급별로, 즉 수업이 초·중·고등학교 중 어디에서 이루어지는가에 따라 수업지도안의 작성법이 서로 다르며, 설사 동일한 초등학교라고 하더라도 수업을 하는 교사마다 본인의 수업관에 따라 수업지도안 작성법은 얼마든지 달라질 수 있다.

그러나 그러한 차이에도 불구하고 모든 수업지도안에 가정되어 있는 한 가지 공통적인 염원이 있다. 그것은 바로, 주어진 교과내용을 학생들에게 제대로 이해 또는 내면화하는 일일 것이다. 그것이 어떤 지식이든 기술이든 태도이든 상관없이 교사가 지금 당장 수업을 통하여 전수하려는 내용은 학생에게는 생소한 것일 수밖에 없다. 그러한 생소한 교과내용을 학생들에게 가급적 친숙하게 만드는 것은 물론이요, 수업의 과정 내내 그것을 학생들이 본인의 것으로 획득하도록 도와야 하며, 궁극적으로 수업의 말미에 가서는 평가를 통해서 그 획득 여부를 확인하는 것이 수업을 하는 교사의 기본 의무일 것이다. 또한 이 점은 수업지도안의 무수한 개별성에도 불구하고 수업지도안이 갖추어야 할 어떤 보편적인 모습을 어느 정도 시사한다.

메논의 학습불가론

메논의 패러독스에 의하면(Menon, 80d), 이미 아는 사람에게는 가르쳐 줄 필요가 없고 아직 모르는 사람은 가르쳐 주더라도 그것이 자신이 모르는 것인지 알지 못하기 때문에, 어떤 지식이든지 다른 사람에게 가르쳐 주는 것은 불필요하거나 불가능하다. 이것은 일반적으로 '학습불가론'으로 알려져 있으며, 이 맥락에서 보면 학생들의 이해 또는 내면화는 논리적으로 불가능하다는 것을 천명하고 있다. 학생이 이미 알고 있는 것을 군이 가르치려고 하는 덧없는 일은 차치하고서라도, 아무리 교과내용이 배울 만한 가치가 있고 교사의 설명이 상세하고 정교할지라도 학생의 입장에서 보면 분명 그것들 모두 그들의 마음 또는 몸의 바깥에 존재하는 낯선 것들임에 틀림없다(김승호, 2001: 273).

반면에 신기하게도 '구체적인' 수업의 실제에서는 학생의 이해 또는 내면화가 항상 일어나고 있다. 현실 속의 교사들은 수업을 하는 도중에도 얼마든지 또는 수업 후에 평가를 통해서 그것을 늘 확인해 볼 수 있다. 그렇다면 어떻게 해서 논리적으로 불가능한 일이 현실적으로는 가능한 것인가? 사실상 학생들은 어떤 교과내용이든지 간에 그것에 대하여 아무것도 모르는 상태도 아니지만, 모두 다 아는 위치에 서 있지도 않다. 이 점은 수업 전에 학생들의 선행지식을 진단해 보면 쉽게 알 수 있다. 비록 아무것도 모른다고 하더라도 지금 당장 가르치려고 하는 교과내용과 학생들이 이때까지 일상생활 속에서 경험한 것들 사이에 모종의 관련이 없을 수 없을 것이며, 반대로 모두 다 안다고 하는 학생도 사전에 면밀히 평가해 보면 의외로 허점이 많은 경우가 대부분이다.

　이러한 이유에서 유사 이래로 지금까지 수업은 계속해서 이루어져 왔으며, 아마도 특별한 경우를 제외하면 그 가치 또는 의의에 대해서 의심해 본 적은 별로 없을 것이다. 한편, 앞서 지적한 바와 같이 수업 전에 수업내용에 대하여 이미 모두 다 아는 학생 또는 전혀 모르는 학생은 존재하지 않으며, 단지 수업을 통해서 완전하지는 않더라도 이전보다 좀 더 잘 내면화하는 학생이 존재하게 될 뿐이다. 더군다나 교과내용의 원천으로서 현재 우리가 살고 있는 세계가 낱낱이가 아니라 하나의 총체로 연결되어 있다는 점을 감안하면, 어떤 교과내용이든지 간에 학생의 입장에서 완전히 안다든가 아주 모른다든가 하는 것은 원칙상 있을 수 없으며, 비록 지금은 미완성이지만 궁극적인 이상을 향하여 나아가는, 교과내용이 반영하고 있는 세계와 학생 마음 사이에 부단한 상호 교섭 작용이 있을 뿐이다.

📖 헤르바르트의 인식론

　헤르바르트에게 있어서도 학생이 지금 막 배우고 있는 새로운 개념과 학생의 기존의 마음 사이에 모종의 공통적인 요소가 있어서 그 개념이 학생의 마음속에 통합되는 과정으로서 이해 또는 내면화가 존재한다. 물론 헤르바르트는 이러한 내면화를 그의 특유의 용어로 설명한 바 있다. 그에 의하면, 마음은 마치 솜사탕처럼 무수한 관념들이 뭉쳐 있는 집합체이며, 이때 이러한 마음을 헤아리는 단위가 되는 관념 하나하나를 '표상'이라고 일컬을 수 있다. 그렇게 보면 마음은 여러 표상이 뭉쳐 있는 일종의 '표상군'에 해당하며, 앞에서 말한 이해 또는 내면화는 달리 말하여 새로운 표상을 옛 표상의 체계 속에 통합시키는 과정, 곧 헤르바르트 용어로 '통각(Apperzeption)'의 과정이다. 완전히 생소한 대상은 결코 통각의 대상이 될 수 없으며(McMurry, 1895: 184: 이환기, 2004: 72에서 재인용), 만약 통각이라는 것이 존재한다면 그것은 예외 없이 모두 표상이 서로 결합된 결과이다. 헤르바르트에게 있어서 이해 또는 내면화는 결국 이때까지의 표상들이 서로 결합된 '표상 덩어리'가 있기 때문에 가능한 것이 되며, 이 표상 덩어리가 곧 우리의 마음이다.

📖 전심과 치사

헤르바르트는 통각의 과정을 두 가지 상이한 측면으로 구분하여 설명한다. 그에 의하면, 통각은 '전심(專心, Vertiefung)'과 '치사(致思, Besinnung)'라고 하는 두 가지 개념에 의하여 보다 상세하게 설명될 수 있다. 순차적으로 설명하면, 전심은 일반적으로 말하여 외부의 어떤 대상에 관한 관념ー헤르바르트 용어로는 '표상'ー을 받아들여 그 관념을 의식하고 있거나, 의식 속에 있던 어떤 하나의 관념 또는 일련의 관념이 다른 관념들보다 강렬해져서 그것이 의식의 전면에 떠오른 상태라고 한다면, 치사는 그렇게 하여 새롭게 받아들인 관념을 기존의 관념체계 속에 통합하거나 기존의 관념을 재해석하는 것, 결국 사고체계 전체를 재정립하는 것을 의미한다(이환기, 2004: 87-88).

전심이 주어지는 외부의 대상을 받아들인다는 점에서 통각의 수동적 측면에 해당한다면, 치사는 받아들인 외부의 대상을 기존의 마음의 입장에서 재해석한다는 점에서 통각의 능동적 측면에 속한다. 그러나 이와 같이 전심과 치사가 개념상 구분될 수 있다고 하여 전심과 치사를 사실상 따로따로 일어나는 별개의 인식활동으로 보아서는 안 된다. 보다 정확하게 말하면, 전심과 치사는 통각이라는 내면화 활동의 두 가지 상이한 측면이며, 전심이 통각의 객관적 측면이라면 치사는 통각의 주관적 측면이라고 부를 수 있을 것이다. 통각에 대한 헤르바르트의 이러한 설명들은 아주 특이한 것이라기보다는 내면화에 대한 인류의 보편적인 생각을 또 다른 한편에서 드러낸 것으로 보아야 한다. 예를 들면, 피아제(J. Piaget)가 말한 '동화(assimilation)'는 인식주체가 외부 세계와 관련을 맺는 통합의 객관적 측면을 나타낸다는 점에서 전심과 동일선상에서 이해될 수 있으며, 또한 '조절(accommodation)'은 통각에 의한 인식주체 마음 안의 주관적인 변화를 나타낸다는 점에서 치사와 같은 맥락에서 받아들일 수 있다.

이뿐만 아니라, 동서양을 초월하여 성리학자들(neo-confucianists)이 말하는 '격물(格物)'과 '치지(致知)' 또한 각각 전심과 치사에 상응하는 개념으로 이해할 수 있다. 주희(朱熹)가 『대학(大學)』에 격물치지에 관한 해석이 부족하다고 하여 보충한 「격물보전(格物補傳)」에 따르면, 격물은 '사물에 나아가 그 理를 끝까지 추구하는 것(卽物而窮其理)'을 의미하며, 치지는 그러한 격물의 결과로서 '나의 앎을 지극히 하는 것(致吾之知)'을 뜻한다. 물론 격물과 치지는 전심과 치사의 관계와 마찬가지로 따로 떨어져 일어나는 별개의 활동이 아니다(이홍우, 유한구, 장성모, 2003: 176-177). 주희에 따르면, "격물과 치지는 단지 한 가지 활동일 뿐이며, 오늘은 격물하고 내일은 다시 치지하는 그런 것이 아니다. 다만 격물은 사물의 理에 초점을 두고 말하는 것이라면, 치지는 마음에 초점을 두고 말하는 것뿐이다(致知格物 只是一事 非是今日格物明日又致知 格物以理言也 致知以心言也)."(『朱子語類』 卷15). 결국 격물과 치지의 끊임없는 순환과정을 통하여 활연관통(豁然貫通)에 이르게 된다(박채형, 2002: 110-111).

보통 수업에 임하는 학습자의 마음은 이상에서 설명한 전심(또는 격물)과 치사(또는 치지)가 '전심에서부터 치사으로의' 또는 역으로 '치사에서부터 전심으로의' 두 가지 방향으로 번갈아 일어나는 운동을 통하여 비로소 형성된다. 학습자의 마음이 외부 세계와 교호(交互)하는 이러한 항시적인 뒤바뀜, 곧 순환 과정은 해당 수업 시간이나 인생의 어느 한 시기에 국한하여 의미가 있는 것이 아니라, 인생을 살아가는 동안 한시라도 호흡을 멈출 수 없는 것과 마찬가지로 끊임없이 이루어지기 마련이다.

물론 현실적으로는 수업 중에 한 학습자의 마음 상태가 현재 전심과 치사 중 어디에 속하는 것이며, '전심에서 치사로' 운동하고 있는지 아니면 '치사에서 전심으로' 나아가고 있는지를 알 수 있는 방법은 없다. 현실 속의 학습자의 마음 상태는 전심과 치사로 명확하게 구분될 수 있는 성질의 것이 아니라, 양자의 양극단 사이의 연속선상 어딘가에 놓여 있다고 보아야 한다. 그럼에도 불구하고 헤르바르트와 주희 모두 공통적으로 전심과 치사를 개념적으로 엄격히 구분하고 '전심이 치사보다 우선한다'(이환기, 2004: 89) 또는 '치지는 격물에 있다(致知在格物).'(『大學』格物補傳章)는 점을 강조한 데에는 다 이유가 있다고 보지 않으면 안 된다.

🖹 교수 4단계

그렇다면, 헤르바르트가 전심과 치사를 개념적으로 엄격히 구분하고 그 사이에 절대적 순서를 부여하고자 한 이유는 무엇인가? 헤르바르트의 주된 관심은 실지로 한 개인의 마음이 전심에서 치사로 어떻게 나아가는가를 구체적으로 밝히는 심리학적인 데에 있지 않았다. 그의 핵심 관심은 외부 세계를 대상으로 한 마음의 움직임(사고작용)의 이상형을 묘사한 다음, 그것을 토대로 하여 교육적 처방을 발굴해 내는 데에 있었다. 앞에서도 지적한 바와 같이, 학습자의 현실적인 마음은 항상 전심과 치사 양극단 사이의 연속선상에 불분명하게 놓여 있는데도 불구하고, 헤르바르트가 통각이라는 한 가지 동일한 내면화 활동을 전심과 치사라는 두 가지 상이한 측면으로 개념 구분하고 그 순서를 고집한 것은 바로 교육을 염두에 두고 가장 이상적인 교수방법을 처방하기 위한 것이다. 인류가 후세대를 가르치면서 늘 그래 왔듯이 교육 사태를 염두에 두는 한, 이상적인 틀 또는 형식은 거론되지 않을 수 없다.

보다 구체적으로 말하면, 헤르바르트 인식론은 궁극적으로 그의 교수 4단계를 염두에 둔 것이었다. 헤르바르트가 전심과 치사라는 개념을 상정한 궁극적인 이유는, 이하에서 보다 자세하게 검토할 '명료' '연합' '체계' '방법'이라는 수업의 실제적 처방을 위한 기초를 마련하기 위해서였다(이환기, 2004: 95). 다시 말하여, 전심과 치사는 그의 교수 4단계를 이끌어 내기 위한, 바로 직전 단계의 개념적 장치라고 볼 수 있다.

수업 시간에 이루어지는 활동이 결국 학습자의 마음 안에 모종의 변화를 도모하기 위한 것이라고 볼 때, 교수방법이라는 것 또한 어떤 방식으로든지 간에 반드시 학습자 마음의 두 가지 방향의 운동, 즉 전심과 치사와 관련을 맺어야만 할 것이다. 이러한 맥락에서 이제는 전심과 치사에서 교수 4단계가 도출되는 과정에 대하여 알아보고자 한다.

앞에서 고찰한 바와 같이, 헤르바르트는 전심과 치사를 엄격히 구분하고 양자의 순서를 고집하였다. 이어서 헤르바르트는 그 구분과 순서에 따라서 전심과 치사를 다음과 같이 보다 세분화하여 설명한다. '전심은 변화하지 않으면 안 된다. 전심은 다른 전심 쪽으로 그리고 치사 쪽으로 운동해 나가며, 치사는 다시 새로운 전심으로 운동해 나간다. 그러나 이와 같이 운동하는 전심과 운동하는 치사 그 자체는 정지해 있다'(Herbart, 1802: 126: 이환기, 2004: 89에서 재인용). 이렇게 볼 때, 전심과 치사는 각각 정지와 운동이라는 두 가지 기준에 입각하여 또다시 네 가지로 나누어 설명될 수 있다. 즉, '정지 상태에 있는 전심' '운동 상태에 있는 전심' '정지 상태에 있는 치사' '운동 상태에 있는 치사'라는 네 가지 마음의 상태를 구분해 낼 수 있다.

📖 명료, 연합, 체계, 방법

그리하여 헤르바르트는 이 네 가지 마음의 상태를 순서대로 각각 앞에서 말한 교수 4단계에 연결시켰다. 정지 상태에 있는 전심은 '명료(Klarheit)'에, 운동 상태에 있는 전심은 '연합(Assoziation)'에, 정지 상태에 있는 치사는 '체계(System)'에, 마지막으로 운동 상태에 있는 치사는 '방법(Methode)'에 결부된다. 명료는 공부해야 할 주제를 쉽고 올바르게 가르치기 위하여 그것을 분명히 하는 것이다. 이것은 아동의 마음에 새로운 표상이 나타나는 것을 의미한다. 정지 상태의 전심은 그것이 명료하고 순수할 때 비로소 하나의 사물을 분명하고 명확하게 볼 수 있다. 이어서 연합은 이전에 배운 주제를 새로이 배우려는 주제와 관련짓는 것이다. 전심의 결과로서 생긴 표상은 하나의 전심에서 다른 전심으로 운동해 나아갈 때 서로 연합된다. 그다음으로 체계는 새로이 배운 주제를 받아들여 그것이 기존의 지식체계 내에서 적절한 자리를 잡도록 하는 것이다. 정지되어 있는 치사는 개별적인 사물들을 다양한 것 사이의 관계 속에서의 구성 요소로서 파악할 수 있게 해 준다. 이것은 표상과 표상이 완전한 통합과 질서를 이룬 상태를 가리킨다. 마지막으로 방법은 새로이 배운 주제를 올바르게 학습했는가를 확인하기 위한 연습의 과정이다. 움직이는 치사는 다음 단계의 전심과 관련을 맺는 것을 가리키며, 체계에서 통합된 표상이 새로운 표상과 관련을 맺는 것을 의미한다.

헤르바르트와 그를 추종하는 제자들은 수업의 과정을 설명하는 이 네 가지 단계야말로 모든 학교급의 모든 교과목의 수업에 적용할 수 있는 통일된 형식이 될 수 있다고 믿었다. 이러한 이유에서 그들은 네 가지 수업의 단계를 '형식 단계(Formalstufen)'라고 부른다(김창환, 2002: 211). 헤르바르트 스스로도 이 네 가지 단계를 일련의 연계를 가지는, 이 세상에 있을 수 있는 가장 이상적(理想的)인 교수방법으로 여겼다. 수많은 교육방법이 있는데도 불구하고 여기서 감히 헤르바르트 교수 4단계를 이상적인 교수방법이라고 말할 수 있는 근거는 무엇인가? 잘 가르친다는 것이 학습자 마음에 모종의 총체적인 변화를 주는 것을 의미하는 한, 일체의 교육방법은 결국 헤르바르트가 그렇게 한 것처럼 학습자 마음의 근본적인 속성에 그 토대를 두고 거기에서 자연스럽게 도출될 수밖에 없기 때문일 것이다. 교육을 위해서는 마음이 실지로 어떻게 되어 있는가를 아는 일이 대단히 중요하다(Boyd, 1921: 509).

3. 수업지도안의 이론적 배경으로서 '교수 4단계'

어떤 합리적 근거나 전통도 없는 교육방법이 수도 없이 횡행하는 오늘날, 마음의 본질과 그 변화 운동에 굳건한 뿌리를 둔 헤르바르트의 교수방법이 현대의 학교 수업에 시사하는 바는 매우 크다. 교수법은 마음의 본질은 무엇이고 어떻게 작용하는지에 직결되지 않을 수 없기 때문이다(한승희, 2011: 76). 이제 이하에서는 이상에서 이루어진 논의를 토대로 하여 헤르바르트의 교수 4단계 그 각각을 구체적인 교과를 가르치는 수업의 교수방법, 그리고 더 나아가서 수업지도안의 전개 양상으로 재해석해 보고자 한다.

1) '명료'의 수업적 의미

앞에서 말한 대로, 명료(Klarheit)는 학습자 마음 안의 변화의 관점에서 규정하면 정지 상태에 있는 전심에 해당한다. 명료는 외부 세계의 어떤 사물이나 현상 또는 기능이 학습자 마음 안에 깊숙하게 들어와 새로운 관념이나 판단 또는 능력을 형성하게 되는 것을 의미한다. 이러한 마음의 작용을 실지로 교사가 수업 시간에 해야 할 처방으로 번역하면, 명료는 교사가 어떤 사물이나 현상 또는 기능에 들어 있는 무수한 사항 또는 측면들 중에서 지금 당장 가르치고자 하는 관념이나 판단 또는 능력을 따로따로 분리해 내어 순차적으로 학습자에게 제시하는 것을 가리킨다. 보다 일반적으로 말하면, 이러한 교수행위는 학습자에게 전달하고자 하는 주제를 쉽고 올바르게 이해시키기 위하여 그것을 다른 관념들과는 가능한 한 멀리 떼어 내어 선명하게 부각시키는 것을 뜻한다.

그러나 명료라는 교수 단계가 그 원천을 학습자 마음의 작용에 두고 있는 한, 명료는 또다시 학습자의 입장에서 재해석되지 않으면 안 된다. 명료의 단계에서 학습자는 공부해야 할 사물이나 현상 또는 기능에 들어 있는 무수한 사항 또는 측면들 중에서 교사가 따로따로 분리해 내어 순차적으로 제시하는 그 각각의 관념이나 판단 또는 능력에 집중적으로 관심을 가지게 된다(김승호, 2004: 13).

예를 들어, 오늘의 국어과 수업 주제가 '은유법'이라고 가정해 보자. 명료 단계에서는 무엇보다도 학생들의 일상생활 속에서 자연스럽게 겪어 본 은유와 유사한 비유들을 학생들로 하여금 발표해 보게 한 후에 그것들을 오늘 배우게 될 은유법과 관련시키도록 유도하는 환기 과정이 요구된다. 이어서 새로운 은유의 개념을 학생들에게 분명하게 설명하고 해석해 줌으로써 그것을 학생들의 마음속에 완전하게 각인시킨다. 비유컨대 이것은 이 단계에서 새로운 개념의 씨가 학생의 영혼에 성공적으로 뿌려지는 것을 의미한다.

📖 명료 → 도입

이상에서 해석한 명료라는 수업방법이 수업지도안에 반영된 것이 곧 '도입' 단계이다. 수업지도안을 전개할 때 도입 단계에서는 무엇보다도 명료의 의미를 충실하게 살려야 한다. 이번 수업 시간에 다루고자 하는 주제를 학생들에게 분명하게 각인시킬 필요가 있다. 이를 위해서는 우선 수업의 주제가 학생들에게 낯설지 않게 만들어야 한다. 수업의 주제를 학생들에게 보다 친숙한 것으로 또는 본인들이 당장 봉착하고 있는 문제로 여실하게 인식시키기 위해서는 교사가 그 주제를 학생들 자신이나 그들의 주변 생활과 연관시키는 장면이 요청되는데, 우리는 이 장면을 흔히 '동기 유발'이라고 부른다.

그다음으로, 교사의 입장에서 학생들의 동기 유발이 충분히 되었다고 판단되면, 그와 관련하여 이제부터 새롭게 배우게 될 수업 주제의 내용과 가치를 보다 명확하게 소개하는 장면이 이어져야 한다. 보통 이 장면을 수업 현장에서는 '학습목표(또는 수업목표)의 제시'라고 부르는데, 여기서 학습목표라는 것이 타일러(Tyler) 식의 전통에 따라 수업의 최종 결과로서 학생들이 성취해야 할 행동(수업내용)을 의미한다고 보면, 도입 단계에서 수업 주제의 내용과 가치를 소개하는 일과 학습목표를 제시하는 일은 결국 동일한 수업활동으로 취급되어야 할 것이다. 그리하여 '동기 유발'과 '학습목표 제시'라는 두 가지 주된 활동을 통해서 비로소 도입 단계에서부터 수업 주제는 학생들에게 보다 쉽고 분명하게 각인될 수 있다.

2) '연합'의 수업적 의미

앞서 말한 바와 같이, 연합(Assoziation)은 학습자 마음의 변화의 관점에서 규정하면 운동 상태에 있는 전심에 해당한다. 연합은 정지 상태에 있는 전심, 곧 명료의 결과로 생긴 관념이나 판단 또는 능력이 학습자의 타고난 상상력에 힘입어 이미 내면화하고 있는 교육내용과 자유롭게 결합하는 것을 의미한다. 이 결합은 학습자 마음 밖에서는 도저히 상상할 수 없는 경우가 많으며, 학습자 내면에서 그 가능성의 범위 또한 인위적으로 한계를 그을 수 없을 만큼 광대하다.

한편, 이러한 마음의 결합 작용을 교사가 교과수업 시간에 해야 할 처방으로 번역하면, 연합은 교사가 현재 가르치고 있는 학습내용을 학습자가 이미 가지고 있는 기존의 지식과 부단히 관련지어 해석해 줌으로써 학습자의 이해의 폭을 넓히는 것을 가리킨다. 이때, 교사는 새로이 가르치려고 하는 학습내용이 학습자가 이미 내면화한 내용과 관련이 있는지 여부를 사전에 반드시 점검해야만 한다.

다른 한편으로, 연합의 단계에서 학습자는 새롭게 배우고 있는 학습내용을 이미 마음에 통합한 내용들에 자유롭게 결합해 보기도 하고, 그것들에 비추어 해석도 해 보며, 교사와의 상호작용을 통하여 자신의 마음 안에서 우연적으로 이루어진 학습내용 간의 결합이 과연 올바른 것인가를 검토받는다. 그리하여 그 결합이 올바른 결합이 아닐 경우에는 그것을 바꿔서 또 다른 다양한 형태의 결합을 시도한다(김승호, 2004: 14).

예를 들어, 앞의 사례와 마찬가지로 '은유법'을 가르칠 때 연합 단계에서는 학생들이 이전에 이미 배워서 알고 있는 '직유법'과 관련지어 은유법을 제시한다. 이를테면 직유는 '달덩이 같은 너의 얼굴'처럼 원관념과 보조관념이 '같이' '처럼' 등과 같은 연결어미를 매개로 하여 직접적으로 연결되어 있는 반면에, 은유는 '내 마음은 호수요'와 같이 보조관념('호수')에 빗대어진 원관념('마음의 고요함')이 부분적으로 살짝 숨겨져 있음을 알려 준다. 이 밖에도 교사는 또 다른 형태의 교육내용들 간의 결합으로서 은유법과 상징 개념을 비교해 보일 수도 있고, 직유법과 상징 개념을 비교해 볼 수도 있을 것이다. 물론 이 단계에서 가장 중요한 것은, 교사는 새로이 가르치려고 하는 은유의 개념이 학습자가 이미 내면화한 직유법이나 상징 개념과 어떤 관련이 있는지 여부를 사전에 반드시 확인해야만 한다는 점일 것이다. 다른 한편으로, 이때 학생은 이제 막 배운 은유의 개념을 여러 가지 형태의 다양한 상황에 적용해 본 후에 그것이 은유법에 해당하는 것인지 아닌지를 교사를 통하여 검토받게 된다.

📖 연합 → 전개

이상에서 예시한 수업활동이 이루어지는 수업 단계를 수업지도안에서는 흔히 '전개'라고 부른다. 일반적으로 전개 단계는 실지로 배울 내용을 학생들에게 본격적으로 가르치는 것, 또는 구체적인 교육내용을 매개로 한 교사와 학생 간의 상호작용이 비로소 활발하게 전개되는 것으로 이해되고 있다. 그러나 두 가지 규정은 모두 그 단계에 이루어지는 교사와 학생의 복잡한 교류에 비하면 막연한 설명에 불과하다. 사실, 교육내용을 매개로 한 교사와 학생 간의 상호작용은 이미 도입 단계에서도 이루어졌을 뿐만 아니라 정리 단계에서도 이루어져야 할 것이기 때문이다.

반면에 이상에서 고찰한 연합의 의미에 비추어 보면, 전개 단계에서 해야 할 일은 보다 명확해진다. 교사는 주어진 교육내용을 학습자가 이미 가지고 있는 기존의 지식과 연결 지어 줌으로써 학습자의 확산적 사고를 도모해 주어야 하며, 다른 한편으로 학습자는 교사와의 상호작용을 통하여 새로운 학습내용을 이미 지니고 있는 내용들에 자유롭게 결합해 보기도 하고 그것들에 비추어 해석도 해 보면서 가능한 한 폭이 넓고 다양한 사고의 결합을 시도할 수 있게 된다. 전개 단계에서는 바로 이러한 활동이 담보되어야만 연합의 의미가 충실하게 살아날 수 있게 된다. 다만, 연합이 움직이는 전심에 해당하는 만큼, 교사와 학생 간의 상호작용의 측면에서 보면 전개 단계가 다른 단계에 비하여 가장 자유롭고 활발하여야 한다.

3) '체계'의 수업적 의미

앞서 말한 바와 같이, 체계(System)는 학습자 마음의 변화의 관점에서 규정하면 정지 상태에 있는 치사에 해당한다. 체계는 연합을 통하여 다양하고 풍부해진 관념이나 판단 또는 능력이 어떤 일정한 관계 속에서 완전하게 체계와 질서를 이루고 있는 상태를 의미한다. 학습자가 교육내용을 제대로 이해했다는 것은 어떤 대상에 부수되는 그 모든 관념이 현란하게 섞여 있는 상태가 아니라, 일단 가능한 한 분리할 것들은 최대한으로 서로서로 명확하게 박리(剝離)한 후에, 그 박리된 것들을 또다시 일정한 체계와 질서를 지닌 관계 속에서 재결합한 상태이어야 한다. 이러한 의미의 체계야말로 지식을 완전히 자기 것으로 내면화한 진정한 앎의 상태이며, 이 단계가 결여되면 아무리 많은 지식을 쌓더라도 그것들이 자신의 것이 되지 못하고 마음 안에서 무질서하게 겉돌 수밖에 없다.

이러한 마음의 상태를 교사가 교과수업 시간에 해야 할 처방으로 번역하면, 체계는 교사가 방금 가르친 학습내용이 학습자가 이미 알고 있는 기존의 지식체계 내에서 적절한 자리를 차지할 수 있도록 학습자의 이해에 질서를 부여하는 것을 가리킨다(김승호, 2004: 14). 이때, 학습자는 비로소 그의 마음 속에 받아들인 다양한 관념 사이의 관계를 전체적으로 조망할 수 있게 되며, 지식들 낱낱을 그 관계 속에서 특정한 자리를 차지하고 있는 하나의 구성 요소로서 파악하게 된다. 학습자는 다양한 관념의 개별성에만 집착하지 않고, 비로소 그 개별성을 넘어서는 일반적 원리들을 파악할 수 있게 될 뿐만 아니라, 다시 그 일반적 원리에 비추어 개별적 관념들을 재해석할 수 있게 된다.

앞에서 예시한 바 있는 은유법을 가르치는 국어 수업의 경우, 체계의 단계에서 은유법을 수사학 전체 중 '비유'라고 하는 큰 틀에서 자리매김하는 일이 필요하다. 우선 비유는 일종의 빗대어 말하기로서 상대방에게 질문을 하여 설득한다든지, 역설적으로 말하여 강조한다든지 하는 등등의 여러 수사학 중 하나임을 밝혀 준다. 그다음, 비유의 종류는 크게 직유법, 은유법, 상징법의 세 가지로 구분할 수 있는데, 특히 은유법은 표현된 문장상에서의 원관념과 보조관념의 관련 양상과 정도라는 측면에서 볼 때 직유법과 상징법의 중간 정도에 위치한다는 점을 적시해 준다. 즉, 은유법은 그 명칭에도 시사되어 있듯이 원관념이 살짝 숨겨져 있다는 점에서 완전히 노출된 직유법과 다르며, 또 한편으로는 원관념이 표면상 드러나지 않는 상징법과도 차별성을 가진다는 점(김승호, 1989: 208)을 알려 준다. 이때 비로소 학습자는 이전에 생활 속에서 경험한 은유들을 개별적 은유만으로 보지 않고, 전체 수사학 속에서 그리고 비유법의 한 종류로서 파악할 수 있게 된다.

🔖 체계 → 정리

수업지도안에서 '정리' 단계는 이상에서 해석해 낸 '체계'라는 수업방법이 적용되어야 할 국면이라고 할 수 있다. 정적 치사로서의 체계의 의미를 충분히 살리기 위해서는 무엇보다도 이제까지 학생들이 학습한 내용들에 안정감을 부여해야 한다. 전개 단계에서 확산일로(擴散一路)로 치닫던 지식에 한계를 부여하고 개별적 지식들에 소속감을 찾아 주어야 한다. 물론 그렇게 하기 위해서 교사는 학생들 스스로가 답을 찾아낼 수 있도록 적절한 질문을 던질 수 있어야 한다. 전개 단계에서는 학생들의 자유롭고 활달한 연상을 위해서 발표를 유도하는 데 치중했다면, 이 국면에서 교사는 학생들과의 여러 가지 다양한 질의응답을 통해서 새로운 학습내용이 학습자의 마음속에서 겉돌지 않고 일정한 틀 안에서 체계적으로 자리매김될 수 있도록 노력해야 한다. 일반적으로 이때까지 정리 단계는 그야말로 문자 그대로 수업의 정돈 또는 마무리로 이해되고 있지만, 사실 이상에서 다룬 체계의 의미를 부여해 볼 때 정리 단계는 본질적으로 마음속의 학습한 내용들 간의 질서화 또는 체계화라는 인식론적 의미를 가진다.

4) '방법'의 수업적 의미

앞에서 언급한 바와 같이, 방법(Methode)은 학습자 마음의 변화의 관점에서 보면 운동 상태에 있는 치사에 해당한다. 이것은 치사가 움직여 다음 단계의 전심과 관련을 맺는 것을 가리킨다. 학습자의 마음은 '전심에서 치사의 방향으로' 그리고 또다시 '치사에서 전심의 방향으로' 끊임없이 순환하면서 발달해 나간다. 방법은 이러한 발전적 순환의 단계에서 치사가 움직여 새로운 관념이나 판단 또는 능력과 관련을 맺는 과정을 일컫는다.

이 단계를 앞의 '체계'와 관련지어 설명하면, '방법은 체계를 뚫고 들어가서 체계의 새로운 구성 요소를 만들어 내며, 체계가 적용된 결과를 점검한다' (Herbart, 1802: 127: 이환기, 2004: 165에서 재인용). 이 점에서 방법은 체계의 적용, 즉 체계적인 사고의 연습이라고 말할 수 있다. 안정감의 측면에서 보면 체계가 학습자 마음 안의 변화의 종착점이라고 생각하기 쉽지만, 진정한 내면화는 더 나아가서 반드시 체계의 적용이나 연습을 통하여 확인되어야 한다. 이 단계는 이미 획득한 지식을 사용하고, 적용하고, 연습하여 살아 있는 지식을 습득하는 과정이다(김창환, 2002: 212).

이러한 마음의 작용을 교사가 실제 교과수업 시간에 해야 할 처방으로 번역하면, 방법은 교사가 새롭게 가르친 교육내용을 학습자가 과연 제대로 마음 안에 받아들였는가를 학습자 스스로 확인해 볼 수 있는 연습 상황을 설정하는 것을 의미한다. 교사가 제공하는 이러한 연습의 과정에서 학습자는 자신이 획득한 일반적 원리를 얼마나 이해하고 있는지를 확인할 수 있고, 또한 그러한 원리들을 구체적인 사례에 올바르게 적용할 수 있는지를 확인해 볼 수 있다(Herbart, 1835: 55-56: 이환기, 2004: 166에서 재인용). 우퍼(Ufer, 1899)는 이 단계의 과제를 획득된 개념이나 법칙을 적용하기 위하여 새로운 사례를 찾는 것이라고 말하였으며, 이때 특히 일상적인 삶에서의 여러 사례가 제시되는 것이 중요하다고 보았다(김창환, 2002: 212).

예를 들어, 방법의 단계에서 교사는 학생들이 은유법을 제대로 내면화했는가를 알아보기 위하여 은유와 관련된 연습 상황 또는 문제를 제공해 줄 수 있다. 학생들에게 생활 또는 교과서에서 부딪힐 수 있는 다양한 비유의 사례를 나열한 다음, 그중에서 은유에 해당하는 것을 찾아낼 수 있는지 여부를 확인해 볼 수도 있고, 역으로 학생들로 하여금 은유에 해당하는 구체적인 사례를 그들의 주변 생활 속에서 발굴해 내거나, 스스로 창의적으로 지어낼 수 있는지를 확인해 볼 수 있다.

방법 → 결말

현재 수업지도안의 단계는 명확하게 정립된 것이 없는 형편에 놓여 있다. 3단계 또는 4단계로 구분되기도 하고, 각각의 단계의 명칭 또한 제각기 다르다. 예를 들어, '도입-전개-정리' '도입활동-중심활동-정리활동' 등과 같이 3단계로 구분되는 것이 대부분이고, '도입-전개-정립-종결' '도입-전개-

정리-결말' 등과 같이 4단계로 구분되는 사례도 더러 있다. 아마도 방법은 3단계로 구분되는 경우에는 불가피하게 체계와 함께 '정리'에 속하게 될 것이고, 4단계로 구분되는 경우에는 무엇이라고 부르든지 간에 '결말' 또는 '종결'에 해당되는 수업방법이 될 것이다.

앞에서 지적한 바와 같이, 방법이 인식론적으로 움직이는 치사인 만큼 이 단계에서는 지식의 체계나 질서에 안주하지 않고 그 체계화된 지식의 적용이나 연습을 통하여 학습자가 새롭게 배운 내용을 확실히 이해했는지가 확인되어야 한다. 내면화된 지식의 힘은 안정감보다는 오히려 역동성에서 나온다는 점을 잊어서는 안 된다. 방법의 의미를 마땅하게 존중할 때 수업은 결코 체계의 수업적 의미만 적용된 정리 단계에서 마무리될 수 없다. 아무리 작은 단위의 수업 국면에서일지라도, 교사는 수업의 매듭 단계에서 학생들에게 형성 평가를 실시하거나 여러 가지 학습자료를 제공함으로써 학습자 스스로 획득한 일반적 원리를 얼마나 이해하고 또 그것을 구체적인 사례에 올바르게 적용할 수 있는지를 확인해 볼 수 있는 기회를 학습자에게 반드시 부여해야 한다.

한편, 이 단계에서 빠뜨리지 않아야 할 한 가지 수업활동이 또 하나 있다. 헤르바르트에 따르면, 수업지도안은 학습의 연속성을 반드시 반영해야 한다. 학습자의 마음의 부단한 발달을 고려할 때 어떤 수업이든지 간에 원칙상 수업에는 끝이 있을 수 없다. 앞에서 언급한 바와 같이, 방법은 정의상 치사가 움직여 다음 수업 차시의 전심과 관련을 맺는 것을 가리키는 만큼, 학습내용의 연속성이 끊어지지 않고 발전적으로 이어질 수 있도록 배려해야 한다. 따라서 이 단계에서 다음 시간에 이루어질 수업내용에 대하여 사전에 고지하는 일, 이른바 '차시 예고'는 필수적인 수업활동이다. 또한 바로 이 점은 도입단계에서도 반드시 '전시 학습내용 확인' 요소가 들어가야만 하는 이유이기도 하다.

이 두 가지 수업활동이 너무 중요한 만큼, 이 두 가지 수업활동의 중요성을 배려하여 이하에서 제시될 〈표 6-1〉과 같이 방법의 의미를 명확하게 반영할 수 있는 별도의 단계('결말')를 설정하는 것이 보다 바람직해 보인다. 또한 그렇게 할 때 비로소 헤르바르트의 교수 4단계를 충실하게 수업 장면에 옮겨 놓을 수 있게 된다. 다시 말하여, 헤르바르트의 교수 4단계를 보다 충실하게 수업 장면에 반영하려면 〈표 6-1〉과 같이 지금까지의 관행과 달리 수업지도안을 4단계로 분명하게 구분하여 구성하는 것이 보다 적절해 보인다.

〈표 6-1〉 4단계 수업지도안(수업 주제: '은유법') 양식 예시

학습 단계	학습 요소	교수 · 학습 활동
도입 (명료)	• 전시 학습내용 확인 • 동기 유발 • 학습목표 제시(학습 내용 안내 포함)	• 전 시간에 학습한 직유법과 상징에 대하여 복습한다.("저 번 시간에 배운 내용을 한번 요약해 볼 학생은?") • 은유법을 학생들의 구체적인 생활 사태와 연관시켜 분명 하게 인식(부각)시킨다. • 새롭게 배울 은유법의 내용과 가치를 간략하게 소개한다.
전개 (연합)	• 폭넓고 다양한 사고(신 · 구 학습내용 간)의 자유로운 결합 시도	• 지금 배우고 있는 은유법이 학생들이 이미 알고 있는 직 유법과 상징 개념과 어떤 관련이 있는지 알려 준다. • 학생들로 하여금 은유의 개념을 다양한 상황에 적용해 보 게 한 후에 그것이 옳은지 그른지를 검토해 준다.
정리 (체계)	• 학습내용에 대한 질 서와 체계(안정감) 부여	• 은유법을 수사학 전체의 '비유'라고 하는 큰 틀에서 자리 매김해 준다. 또한 은유법이 직유법과 상징 개념과 어떻게 차별성을 가지는지도 분명하게 구분해 준다.
결말 (방법)	• 학습결과 확인을 위 한 연습 문제 또는 상황 제공 • 차시 학습내용 예고	• 학생들이 은유법을 제대로 이해했는지를 알아보기 위하 여 은유법과 관련된 연습 상황 또는 문제를 제시한다. • "다음 시간에는 오늘 배운 은유법이 두드러진 '이미지 시' 를 공부하게 될 것이다."

4. 결론

📖 요약

1절에서도 지적한 바와 같이 수업지도안을 짜는 일은 수업의 성패 여부와 교사의 수업 능력을 어느 정도 미리 가늠해 볼 수 있는 잣대가 된다는 점에서 매우 중요한 일임에도 불구하고, 이 분야에 대한 국내외 연구 동향을 살펴보면 아직도 그 대부분이 주로 수업지도안을 짜는 지침이나 요령을 제시하는 것에서 크게 벗어나지 못하고 있으며, 수업지도안이 왜 그렇게 구성되어야 하는지에 대한 이론적 설명은 그 어디에서도 찾아보기 힘들다.

따라서 이 장에서는 수업지도안의 이론적 배경을 헤르바르트 이론을 통하여 모색해 보고자 하였다. 현재 수업지도안의 구성이 '도입-전개-정리'로 되어 있는 것은 헤르바르트의 교수 4단계(명료, 연합, 체계, 방법)에서 기원한다고 막연하게 알려져 있을 뿐, 헤르바르트의 교수 4단계가 구체적으로 어떤 방식으로 수업지도안에 반영되어 있는지는 해명되고 있지 않다.

이 장의 결과에 따르면, 첫째, 헤르바르트의 교수 4단계 중 명료의 의미가 반영된 것이 '도입' 단계라고 볼 수 있다. 명료의 의미에 충실하자면, 도입 단계에서는 해당 수업에서 다루고자 하는 주제를 학생들에게 명확하게 각인시키는 작업이 요청된다. 이를 위한 구체적인 실천 방안으로는 흔히 '동기 유발'과 '학습목표 제시'가 주로 동원된다.

둘째, 연합의 의미가 반영된 것이 '전개' 단계라고 볼 수 있다. 연합의 의미에 비추어 보면, 전개 단계에서 교사는 주어진 교육내용을 학습자가 이미 가지고 있는 기존의 지식과 연결 지어 해석해 줌으로써 학생의 자유롭고 활발한 사고의 결합을 도모해야 한다. 이를 위해서는 질의응답, 자유발표 등과 같은 교사와 학생 간의 상호작용이 그 어느 단계에서보다도 가장 활발하게 이루어져야 한다.

셋째, 체계의 의미가 반영된 것이 '정리' 단계라고 볼 수 있다. 체계의 의미를 충실하게 반영한다면, 학습자의 사고 안에서 자유보다는 질서나 안정이 우선이다. 즉, 정리 단계에서는 교사가 방금 가르친 학습내용이 학습자의 기존 지식체계 내에서 안정적으로 자리 잡을 수 있도록 도와주어야 한다. 이를 위해서는 교사가 주도적으로 학습자에게 여러 질문을 던져서 새로운 학습내용이 학습자의 마음속에서 겉돌지 않고 일정한 틀 안에서 체계적으로 자리매김될 수 있도록 하여야 한다. 일반적으로 이때까지 정리 단계는 그야말로 문자 그대로 수업의 정돈 또는 마무리로서 잘못 이해되어 왔지만, 체계의 정확한 의미에 비추어 볼 때 정리 단계는 인식론적으로 학습한 내용들 간의 질서 지움 또는 체계화를 의미한다.

마지막으로, 방법의 의미를 수업지도안 내에 어떻게 반영할 것인가 하는 것이 난제이다. 기존의 '도입－전개－정리' 3단계로 구분되어 있는 수업지도안에서는 방법의 의미 또한 '정리' 단계에서 체계와 함께 다루어지는 경우가 많다. 그러나 그렇게 되면 방법이 가지는 핵심 의미가 파묻혀서 그 중요성이 잘 부각되지 않을 우려가 있다. 따라서 이 장에서는 현재 퇴색되어 있는 방법의 의미를 되살리고자 '결말' 단계의 중요성을 3절에서 제안한 바 있다. 지금으로서는 수업지도안을 '도입－전개－정리' 3단계로 구분하는 것이 왜 대세가 되어 버렸는지 알 수는 없지만, 이상의 고찰에서 드러난 바와 같이 헤르바르트의 교수 4단계를 온전히 수업지도안에 반영하기 위해서는 앞으로라도 수업지도안을 '도입－전개－정리－결말' 4단계로 분명하게 구분하여 작성하는 것이 보다 바람직해 보인다.

우리가 현대 최신의 교수이론 또는 교수단계라고 생각하는 것들도 면밀히 따져 보면 대부분 표현만 다소 다를 뿐, 그 근본적인 형식에 있어서는 거의 헤르바르트 교수 4단계로 수렴된다. 이것은 그만큼 헤르바르트 교수 4단계는 마음의 근본적 속성과 변화 운동에 뿌리를 두고 있는 가장 근본적인 수업방법임을 입증하고 있다. 앞서 말한 바와 같이 헤르바르트 교수 4단계는 근본적으로 '학습자 마음 안의 통합', 즉 학습자 마음의 정지 및 운동의 측면에 토대를 두고 '교사와 학습자의 실제적인 교수 및 수업활동의 측면'을 도출했으며, 이 측면은 현존하는 수업지도안에 고스란히 반영되어 있다.

수업의 단계와 리듬

물론 수업의 국면 또는 단계에 대한 고려가 수업지도안의 전부는 아닐 것이다. 수업지도안에는 그것을 제외하고도, 예상되는 학습자의 반응, 적절한 시간 배분, 시청각 자료의 투입 시기, 판서 계획 등등과 같이 고려해야 할 많은 것이 포함되기 마련이다. 그러나 교사가 수업이 어떻게 전개될 것인가를 미리 상상해 보는 청사진을 머릿속에서 그린다고 할 때, '도입─전개─정리─결말'과 같은 수업의 단계와 리듬을 고려하는 것은 무엇보다도 가장 먼저 해야 할 기초에 해당한다. 수업의 단계는 수업의 골격인 동시에 수업의 전체 흐름을 좌우하기 때문이다.

1절에서도 지적한 바와 같이, 예비교사들이 '교육학 이론(교과교육학 이론 포함)은 이론일 뿐이고 수업지도안을 작성하는 실제와는 아무 상관이 없다.'라고 여기는 것은 결코 바람직한 사태가 아니다. 이 장에서 수업지도안의 이론적 배경으로서 모색해 본 헤르바르트 이론은 그러한 사태를 불식시킬 수 있는 아주 좋은 본보기이다. 이 장을 통해서 약간 드러난 바와 같이 그에 있어서는 교육철학, 교육인식론, 교수방법, 수업 단계 등은 하나의 고리로서 일관되게 연결되어 있다. 그러한 맥락에서 이 장 또한 예비교사들이 다양한 강좌 경로를 통하여 각각 따로 배운 일반교육학(교과교육학 이론 포함)이 실제 수업 사태에 어떻게 통합적으로 접목될 수 있는지를 드러내 보여 줄 수 있는 하나의 사례로 기억되기를 희망해 본다.

📖 참고문헌

大學

朱子語類

김승호(1989). 빗대어 말하기 론. 국어교육. 67 · 68, 205-210.

김승호(2001). 수업의 인식론. 교육학 연구, 39(1), 267-294.

김승호(2004). 통합교과 교수방법론. 초등교육연구, 17(1), 1-23.

김창환(2002). 헤르바르트: 실천학으로서의 교육학. 서울: 문음사.

박채형(2002). 교과의 내면화: 주역의 교육학적 해석. 서울대학교 대학원 박사학위 논문.

이홍우, 유한구, 장성모(2003). 교육과정이론. 서울: 교육과학사.

이환기(2004). 헤르바르트의 교수이론(2판). 서울: 성경재.

한승희(2011). 발달이론의 교수적 의미. 교육논총, 48(1), 75-84.

Boyd, W. (1921). *The history of western education*. 이홍우, 박재문, 유한구 공역 (1994). 서양교육사. 서울: 교육과학사.

제7장

일의 개념에
비추어 본
평가의 한계

1. 서론

📖 과잉 평가

사람들은 '우리나라는 평가공화국이다.'라는 푸념 섞인 말들을 많이 한다. 학교뿐만 아니라 우리 사회 각 분야에서 수없이 많은 평가가 난무하고 있으며, 우리나라 구성원들은 모두가 필요 이상의 '과잉 평가'로 숨이 막힐 지경이다. 어떤 때는 평가할 내용이나 준비도 안 된 채, 평가가 졸속으로 무작정 실시되어 많은 문제점을 야기하기도 한다. 초·중·고등학교 과정만 하더라도, 학생들은 중간고사, 기말고사, 각종 모의고사, 각 지역단위 학력평가 시험뿐만 아니라 학기 중에도 수행평가 또는 과정평가라는 명목으로 수시로 평가받으면서 항상 신경이 곤두서 있으며, 교사들 또한 중간고사, 기말고사, 수행평가 문제를 내느라, 또 평가의 결과를 내서 학교생활기록부에 기재하느라 정신이 없다. 이뿐만 아니라 교장이 교사를 평가하고, 동료 교사끼리 평가하며, 심지어 학부모와 학생까지도 교사를 평가하는 등 아주 복잡한 평가 구조 속에서 끊임없이 시달리고 있다.

📖 평가의 폐해

더군다나 대학입시와 관련된 일련의 평가들과 그로 인해 벌어지는 일들을 고려해 보면, 평가공화국이라는 이미지는 그 정점에 다다르게 된다. 대학입시와 관련하여 비단 중·고등학교뿐만 아니라, 초등학교 및 그 이하 유치원 교육까지도 모두 대학입시 교육에 초점을 맞추고 '올인' 하고 있으며, 그에 따라 어마어마한 사교육 시장이 형성되어 '교육불평등' '선행학습' 등과 같은 여러 사회 문제를 양산하고 있다.

이제까지 우리 교육에서 평가는 무조건 '좋은 것' 또는 '완전한 것'이라는 이미지를 견지해 왔다. 평가의 장점만 일방적으로 부각된 것이다. 그러나 이상에서 살펴본 바와 같이, 오늘날처럼 평가가 삶의 모든 국면을 지배하는 형국에서는 왜곡된 교육현상이 얼마든지 나타날 수 있다. 요즘 학생들이 평가에 매달리는 시간이 너무 많아서 정작 차분히 공부할 시간이 없다는 볼멘소리도 들려오고 있고, 학생들은 시험에 나오는 것만 공부하려는 경향을 보이다가 거꾸로 교사들에게 시험에 나오는 것만 가르쳐 달라고 무언의 압력을 가하기도 한다. 또한 지금까지 평가 위주의 교육은 수업이나 학습의 과정은 생략하고 평가의 결과만을 따지는 풍조를 일선 교사나 학생들에게 조장해 왔다. 평가와 관련이 없는 학습은 아예 안 하려는 관행이 이미 우리 교육에 고착되었다. 이러한 분위기 속에서 학습의 과정에서 느껴야 하는 내적 행복감이나 만족도는 생략되기 마련이며, 장기적이고 원대한 배움은 아예 처음부터 기대할 수조차 없다. 더 나아가서 사회 전반에 걸쳐 인생의 과정 속의 행복이나 보람보다는 외적 결과나 물질적 보상을 더 존중하는 그릇된 가치관이 득세하고 있다.

이와 같이 평가는 모든 사람이 인정하는 장점 못지않게 단점도 있다는 점 또한 결코 간과해서는 안 된다. 이제까지 평가는 일을 잘되게 하는 데 필수적인 것으로 인식되어 왔지만, 관점에 따라서는 평가가 일과의 관련에 있어서 오히려 부정적인 영향을 미칠 수 있다는 시각도 얼마든지 있을 수 있다. 일각에서는 평가가 교육활동에 오로지 도움만 줄 수 있다는 평가지상주의적 사고방식이야말로 3차 산업혁명 시대의 전형적인 유물이라고 지적한다. OECD 국가 중에서 학생들의 학력이 최고 수준인 핀란드만 하더라도 저학년에서는 아예 평가를 하지 않고 그 이후에도 가급적 평가를 자제하는 것은, 모든 학령기에서 평가를 절대시하는 우리 교육에 시사하는 바가 매우 크다.

📖 평가에 대한 평가의 필요성

일반적으로 교육 분야뿐만 아니라 인간이 하는 모든 영역에서 평가는 이루어지고 있다. 평가는 일정 기간 안에 어떤 활동이 잘되었는지 또는 그렇지 않은지를 알아보는 도구로서 유용하게 사용된다. 여기서 '활동'이라는 막연한 용어를 보다 초점이 맞추어진 용어인 '일(work)'로 바꾸면, 평가는 어떤 일을 대상으로 하여 그 성취 여부를 따지는 활동으로 간단하게 정의 내릴 수 있다. 이러한 정의를 감안할 때, 평가는 개념상 '평가의 대상', 곧 어떤 일, 활동, 현상 등의 성격에 의하여 절대적인 영향이나 제약을 받을 수밖에 없다. 비록 교육평가 전문가들뿐만 아니라 우리도 자주 망각하는 사실이지만, 교육평가는 그 대상인 교육 활동이나 현상의 '성격'에 귀속되어야 하며, 또 그것에 의하여 크게 좌우될 수밖에 없다.

우리는 이제까지 평가 자체의 내적 논리에 따라 평가 이론과 방법의 거듭된 발전에만 신경 써 왔을 뿐, 결코 무시할 수 없는 짝인 '평가대상'으로서 일, 활동, 현상의 성격에 대해서는 무관심해 왔음을 부인하기 어려울 것이다. 물론 어떤 관점에서 보면 평가대상의 성격은 너무 넓고 다양하기 때문에 한 평가 전공자가 다룰 수 있는 영역을 훨씬 넘어선다. 그럼에도 불구하고 평가 전공자가 평가 패러다임으로 평가대상을 연구하는 방향만이 아니라, 평가 전공자가 아닌 일반 교육학자가 평가대상을 본격적으로 연구하여 평가의 한계나 제약을 드러내는 반대 방향의 연구 또한 절실하게 요청된다. 교육이라는 일 또는 영위만 하더라도, 교육 활동 또는 현상이라는 거시적 시각이나 입장에서 교육평가 자체의 성격을 점검해 보는 연구가 필요한 시점이다.

이 장은 바로 그러한 관점에 입각하여 평가의 역기능을 탐색해 보고자 한다. 사실, 연구의 시각이 평가라는 패러다임 안에 갇혀 있을 때에는 평가의 단점이 잘 보이지 않는다. 그러나 평가가 절대적 의미에서 귀속될 수밖에 없는 '일'이라는 보다 큰 개념에 비추어 보면, 평가의 위치가 제대로 보일 뿐만 아니라 그 한계 또한 분명하게 드러나게 될 것이다. 물론 앞에서도 지적했듯이 평가대상으로서의 일 개념의 외연이 너무 광범위하고 그 내포적 의미가 막연하기 때문에, 이 장 자체의 한계 또한 있을 것이라는 점은 부인하기 어렵다. 그러나 늘 그래 왔듯이 평가의 편에서 평가대상을 바라보는 것이 아닌, 평가대상인 '일'의 편에서 평가를 바라보는 반대 방향의 연구도, 앞으로 이어질 연구의 초석이 되고자 하는 심정으로 적어도 한 번쯤은 꼭 시도해 볼 필요가 있다.

이 장은 일의 개념에 비추어 평가의 한계를 탐색하는 데 그 목적이 있다. 먼저, 이러한 연구 목적을 달성하기 위해서 일의 개념을 이 장의 논의에 필요한 만큼 정립할 필요가 있다. 이 작업에서 일이 어떻게 규정되는가에 따라 평가의 한계 또한 얼마든지 달라질 수 있기 때문이다. 이에 이 장에서는 일의 의미를 여러 학자의 의견을 정리하여 정립한 후에, 그것을 바탕으로 하여 평가가 일에 구체적으로 어떻게 관여하고 또 어떤 부정적인 영향을 미치게 되는지 알아보고자 한다. 만약 이 작업이 계획대로 성공한다면, 평가의 한계 또한 자연스럽게 드러나게 될 것이며, 그 대안 또한 모색될 수 있을 것으로 기대된다.

2. 일의 개념 탐색

우리는 늘 일을 접하고 있으며, 한시라도 일을 떠나서는 살 수 없다. 그럼에도 불구하고 일에 대한 정확한 정의는 주변에서 찾아보기 쉽지 않다. 이 장에서는 일의 개념과 관련된 여러 학자의 의견을 종합적으로 살펴본 후에, 그것을 바탕으로 하여 사람들이 간과하기 쉬운 일의 중요한 측면을 몇 가지로 나누어 발굴해 보고자 한다.

1) 일의 내재적 측면

일은 매우 다양한 의미를 가진다. 따라서 일의 개념은 각양각색이다. 먼저, 사전적 의미를 살펴보면, '일(work)'이라는 단어는 인간 활동에 매우 일반적으로 적용되는 용어이다. 이 단어의 어원은 10세기로 거슬러 올라가서 고대 영어의 명사 'woerc'와 동사 'wyrcan'으로부터 파생된다. 오늘날에는 그 의미가 쇠퇴했지만 고대 영어에서 일은 '(한 개인의) 일반적인 행동, 실행하는 것, 행위'라고 정의되었다. 옥스퍼드 영어사전에 나오는 첫 번째 정의는 '행해지거나 이미 행해진 어떤 것, 어떤 사람이 행하거나 이미 행한 것, 행동, 행위, 조처, 업무'로, 이보다 좀 더 구체적일 뿐이다. 웹스터 영어대사전에서는 '어떤 것을 하거나 만들기 위해 기울이는 육체적 혹은 정신적 노력, 노동, 수고'라고 하여 일의 첫 번째 정의에 목적론적 특성을 더하고 있다(Ciulla, 2000: 54-55). 요컨대, 일은 어떤 목적을 달성하기 위하여 인간이 하는 행위 또는 활동이라고 규정될 수 있다. 동물들의 활동이 거의 무의식적이고 본능적으로 이루어지는 데 반하여, 인간의 일은 대부분 의식적이고 목적지향적인 활동에 해당한다.

📖 일의 정의

일의 개념은 분야마다 다르게 규정되고 있다. 예를 들어, 과학에서 일은 에너지의 이동을 의미한다. 일은 어떤 물체에 힘을 작용하여 그것을 힘의 방향으로 이동시킨 것을 말한다. 첫째, 힘을 작용시키고, 둘째, 힘의 방향으로 이동시키는 두 가지 조건을 만족시켜야 일의 개념이 성립된다. 일이란 힘과 이동거리를 곱한 값이다. 예컨대, 수업 시간에 교사가 칠판을 지우개로 지우는 행위, 청소 시간에 바닥을 닦기 위해 의자를 책상 위에 올리는 행위 등이 앞의 두 가지 조건을 만족시켰다는 점에서 일의 외연에 들어간다. 또한 경제학자들에 의하면, 일은 자신이나 타인에게 가치 있는 재화나 용역을 생산하기 위한 활동을 의미한다. 일은 경제적 가치를 창출하기 위하여 노력을 투입하는 행위라고 정의할 수 있다. 이 점에서 일은 우연적인 행동과는 차별화되며, 단순 놀이 활동과도 구분된다. 현대 사회에서 일은 대부분 금전과 교환되는 고용을 의미하며, 일이 가지는 의미는 일이 사회 속에서 이루어지는 만큼 사회적 신념에 의하여 그 가치가 매겨진다(김승호, 2017: 3).

📖 일의 내재적 측면

그러나 이상에서 살펴본 일의 개념들이 일의 개념의 전부라고 말할 수는 없을 것이다. 일의 개념은 단순히 어떤 목적을 달성하기 위하여 어떤 대상이나 세계에 변화를 주는 활동의 의미에 머무를 수는 없다. 이상에서 다룬 일의 개념은 주로 '일의 외재적 측면'을 염두에 두고 있다. 여기서 말하는 일의 외재적 측면은 일 그 자체, 또는 일의 내부 과정보다는 일 밖에 있는 것들, 예를 들면 일의 결과로서의 산물, 일의 파급 효과, 일의 유용성, 일에 대한 보상이나 칭송 등과 같은 것을 가리킨다. 일의 외재적 측면에 초점을 둔 일의 개념이 가지는 문제점은 일에 대한 관심이 오로지 일의 '밖'에 있기 때문에 일의 '안'에서 일어나는 것들에 대해서는 무관심하거나 도외시할 수밖에 없게 된다는 것이다. 그러나 일의 외재적 측면만이 아니라 일의 내재적 측면에 대해서도 조금만 관심을 가지면 보다 원만한 일의 개념을 확립할 수 있게 된다.

일의 외재적 측면과 내재적 측면은 동전의 양면에 비유될 수 있을 정도로 서로 밀접한 관련을 맺고 있다. 양자는 개념적으로는 구분되지만 사실상 서로 분리될 수 없다. 일의 내재적 측면은 일의 외재적 측면의 '이면(裏面)'이다. 사람들은 일을 할 때 흔히 일의 외재적 측면만 고려하지만, 사실 일의 외재적 측면에 일의 내재적 측면은 반드시 수반된다. 분명, 일은 '외부적으로' 세계를 인간의 필요와 목적에 맞게 변형시키는 것이지만, '그와 동시에' 그 과정 속에서 '내부적으로' 일하는 당사자의 인성도 변모하게 되어 있다. 이와 같은 논리에 따르면, 인간은 일생 동안 수많은 일을 하고 살아가며 또 그 가운데서 스스로의 존재 자체를 형성하게 된다. 요컨대, 일의 내재적 측면에서 보면 일은 곧 인간이 자기 스스로를 실현하는 과정이다.

인간은 일을 통하여 자신의 삶을 만들고, 일을 통하여 인간 본성을 획득하며, 더 나아가 자신을 만들어 간다. 인간은 자신의 생활 과정, 특히 일을 통하여 관념에서뿐만 아니라 실제적으로 자기 자신을 객체화하고, 일을 통하여 자신의 세계를 만들며, 또 자기 자신이 창조한 세계와 자기 자신을 객관적으로 관찰한다. 그래서 일은 사람으로 하여금 세계와 적극적인 관계를 형성하게 하는 매개체이며, 구체적인 세계를 통하여 인간이 자기 자신에 대한 관계를 만들어 가는 과정이다. 일의 수행은 주체와 객체의 양극이 상호 침잠해 가는 과정이며, 인간이 자기실현을 성취하는 주체적 과정이다(박영은, 1991: 584). 이상에서 고찰한 일의 내재적 측면은 일의 전부라고까지는 말할 수 없어도 핵심적인 측면임에 틀림없다. 일의 개념을 논할 때는 항상 일의 외재적 측면과 일의 내재적 측면이 서로 균형을 이룰 수 있도록 배려하는 패러다임의 전환이 요청된다.

2) 일의 묵시적 측면

폴라니의 초점지와 보조지

폴라니(M. Polanyi)에 의하면, 어떤 일을 할 수 있는 기술을 익히는 데에는 서로 다른 두 가지 과정이 있다. 그 하나는 '보조지(補助知, subsidiary awareness)'이고, 다른 하나는 '초점지(焦點知, focal awareness)'이다. 초점지는 어떤 활동을 수행할 때 당사자가 활동에 숙달되거나 몰입하여 활동이나 그 활동의 대상이 되는 것과 혼연일체가 되어 있는 경우를 가리키며, 보조지는 초점지 총

205

체를 구성하는 데 있어서 필수 불가결한 세부 요소들이기는 하지만 초점지가 활용되는 순간에는 좀처럼 의식이 되지 않는 것을 의미한다(Polanyi, 1958: 55-57). 요리를 예로 들면, 지금 막 능숙하게 자유자재로 요리를 할 때 활용되는 능력이 초점지라면, 초점지 이전에 이미 몸에 내면화하고 있던 좋은 요리 재료를 고르는 방법에 대한 이해, 재료를 잘 다듬을 줄 아는 것, 재료를 넣는 순서에 대한 지식 등이 보조지에 해당한다.

한편, 초점지는 보조지의 특수한 세부 요소들이 통합되어 의미를 가지게 된 것이지만, 그 통합된 결과는 보조지의 세부 요소들에 들어 있지 않은 속성을 지닌다. 따라서 초점지를 그것을 뒤에서 가능하게 해 준 보조지로 환원시켜 이해하려고 하는 것은 무의미한 일이다. 설사 보조지의 세부 요소들을 망라한 후에 각각으로 분리하여 열거할 수 있을지라도, 그 일단의 세부적인 내용에 대하여 비통합적으로 주의를 주는 순간, 그것들은 그것들이 가져오는 통합적인 의미를 상실하고 비교적 의미 없는 것이 되고 만다(장상호, 1994: 35). 예컨대, 지금 막 독해(讀解)를 하고 있는 능력, 곧 초점지에는 철자의 구분, 낱낱의 단어의 의미 파악, 문장 구조의 이해, 문법의 적용 등의 보조지가 들어 있으나, 독해를 하다가 그러한 각각의 보조지의 세부 요소들에 의식을 전환시키는 순간, 독해는 더 이상 불가능해진다.

사실, 초점지는 항상 보조지의 산술적인 합을 초월하는 것이다. 독해는 앞에서 열거한 바 있는 보조지의 세부 요소들의 총합이 더 이상 의의를 가질 수 없는 순간 또는 지점에서부터 초월적으로 발휘되기 시작한다. 이제까지는 서로 분리되어 연결되지 않았던 무의미한 세부 요소들이 초점지라는 어떤 통일된 하나의 맥락 속에서 주목의 대상이 되면서 새로운 총체적 의미를 가지게 되는 것을, 폴라니는 '회득(會得, comprehension)'이라고 부르기도 한다(장상호, 1994: 33). 그렇다면 세부 요소들로서의 보조지가 구체적으로 어떤 과정을 거쳐 총체적 의미로서의 초점지로 통합되는 것인가? 폴라니 스스로는 이 질문에 대해서 분명한 답을 하고 있지는 않았지만, 이상에서 고찰한 바와 같이 나름 해답이 될 만한 중요한 단서를 이미 시사한 바 있다.

폴라니에 의하면, 모든 지식은 신체 내부에 그 뿌리를 두고 있다. 기본적으로 보조지는 신체를 숙주(宿主)로 하고 있고, 신체는 보조지를 통합하여 초점지로 승화시키는 역할을 수행한다. 우리는 신체를 확장시켜서 원거리의 보조지를 확보하면서 외부 세계 속에 뛰어든다고 말할 수 있다. 이것은 보조지와 초점지의 관계가 점차 확장됨으로써 가능해진다. 보조지의 끝에 초점지가 나타나며, 그 초점지가 다시 보조지가 되어 새로운 통합적 발견에 이른다 (Polanyi, 1958: 61). 몸을 기반으로 하여 보조지가 초점지가 되고 또다시 초점지가 보조지가 되는 식으로 인간은 신체를 확장시켜 나가면서 외부 세계를 이해하거나 외부 세계와 관계를 맺어 나가게 된다. 이와 같이 신체적 자아를 중심으로 집중적으로 주목하는 대상까지 뻗어 나가기 때문에, 폴라니는 이러한 작용을 '자아 중심적 통합작용(self-centered integration)'이라고 부른다(장상호, 1994: 37).

이와 같이 인간이 어떤 일을 통하여 세계와 관계를 맺을 때 그 중심이 되는 것은 바로 행위주체의 '신체' 또는 '자아'이다. 인간의 '신체' 또는 '자아'는 보조지의 숙주 역할을 하게 되는데, 스스로도 의식하지 못하는 가운데 여러 보조지를 연결하고 통합하여 새로운 초점지를 생산해 낸다. 이때, 신체와 자아의 여러 상태와 작용이 중요한 역할을 하게 되는데, 열정, 믿음, 열망, 선의, 감상, 태도, 바람, 헌신, 몰입 등과 같은 '인격적인(personal)' 것들이 오히려 일의 통합과 창의성에 지대한 공헌을 하게 된다(김승호, 2017: 6).

📖 폴라니의 묵지

폴라니는 그의 이러한 인식론적 견해를 '자득지(personal knowledge)'라는 표제를 붙여 제창한다. 자득지 속에는 언제나 명료화할 수 없는 '묵시적 차원 (tacit dimension)'이 있으며, 그것은 객관적인 방식으로 실증할 수 있는 것이 아니다(장상호, 1994: 29). 어떤 일이 되게 하는 단서들은 신체 내부에 있다고 할 때, 그 신체 내부의 것들은 객관성, 명료성, 공공성이 희박하며, 얼른 보기에 지식이라고 말하기 어려운 면이 있다. 그것이 폴라니가 말하는 이른바 '묵지(tacit knowing)'라는 것이다(장상호, 1994: 30). 묵지는 보조적인 제반 특수사항들로부터 시작하여 우리가 명시적으로 기술(記述)할 수 없는 긴 통로를 거쳐 마지막으로 하나의 통합된 초점지에 이른다(장상호, 1994: 34). 일의 주체가 그의 몸에 이미 가지고 있던 여러 기능이 정확하게 무엇이고 또 그것들이 어떤 과정을 거쳐서 수렴되어 어떤 통합적 행위를 가능하게 하는지는 말로 명확히 설명하기 어려운 차원에 속한다.

폴라니에 의하면, 어떤 새로운 인식이나 일의 성립은 묵지에 기반을 두고 있다. 새로운 인식이나 일의 성립은 '내주(indwelling)', 곧 자득지로서의 묵지의 형성을 통한 참여의 결과이다. 우리가 의식할 수 없는 과정에 의해서 보조지가 점차 성숙되고 그것들이 이전보다 더 의미 있는 방식으로 통합될 때 드디어 새로운 발견에 이를 수 있게 된다(장상호, 1994: 68). 어떤 일이든지 간에 그것이 어떻게 신체와 자아에 기반을 두어 성사(成事)되는지를 정확하게 아는 사람은 아무도 없다. 그러나 우리가 일의 성사 과정에 대하여 말로 설명할 수 있는 것보다 그렇지 못한 영역이 일의 성립에 있어서 보다 중요한 작용을 한다. 굳이 비유하자면, 일의 성립에 있어서 말로 설명할 수 있는 것이 수면 위 빙산의 일각이라면, 그렇지 못한 영역은 수면 아래 보이지 않는 빙산 전체에 해당한다.

3) 일의 여가적 측면

현대인들은 흔히 일과 여가를 대비시키면서 일을 잘하기 위해서는 여가가 필요하다는 말을 한다. 이때 여가는 문자 그대로 '시간적 짬이나 겨를' '휴식' '레저활동'이나 '취미활동'을 의미한다. 그러나 아리스토텔레스가 교육의 목적이자 인간의 궁극적 행복으로 여긴 '여가(schole)'는 결코 그러한 차원의 문제가 아니다. 피이퍼(J. Pieper, 1952)에 의하면, 진정한 여가는 아퀴나스(Aquinas)가 말한 '관조적 삶(vita contemplativa)'과 긴밀한 관계가 있는 것으로서, 일과 사실상 따로 분리되어 있지 않다. '일의 여가적 측면'이라는 제목이 시사하는 바와 같이, 여가와 일의 관계는 동전의 양면에 비유될 수 있으며, 여기서 여가는 일의 이면, 곧 묵시적 차원에 속한다.

여가의 개념

오늘날 일의 세계가 삶의 모든 부분을 지배하는 비정상적인 형국에서는 여가의 측면이 잘 드러나지 않지만, 이전만 하더라도 희랍 이후로 유구한 세월 동안 '여가가 삶의 중요한 한 축(軸)이며, 인류 문명의 기초가 되었다.'라는 인식하에 여가의 가치는 제대로 존중받아 왔다. 이 절 이하에서는 묵시적 차원에 속하는 일의 여가적 측면을 피이퍼의 견해를 통하여 보다 구체적으로 알아보고자 한다. 피이퍼는 '여가'의 개념을 '일'의 개념에 대비시켜 드러내고자 하였다. 피이퍼에 의하면, 일은 세 가지 뚜렷한 특징을 지닌다. 첫째, 일은 긴장을 하면서 무엇인가를 하는 것, 곧 '활동(activity)'이다. 둘째, 일은 항상 노력과 고통을 수반한다. 셋째, 일은 실용적 목적 달성을 위해 결합되어 있는 사회적 유기체 속에서 한 기능을 담당한다(Pieper, 1952: 38-45).

이러한 일의 세 가지 특징에 대비시켜 볼 때, 첫째, 여가는 '일은 활동이다.'라고 했을 때 그러한 의미의 활동이 아니다. 일이 활동을 절대적 이상으로 삼는다는 것과 비교해 보면, 여가는 우선 '무활동(non-activity)'의 태도, 내적 평정의 태도, 침묵의 태도를 뜻한다. 여가는 바쁘게 있는 것이 아니라 일이 저절로 일어나도록 내버려 두는 것을 의미한다(Pieper, 1952: 41). 여가는 침묵의 한 형태인데, 입을 다물고 있는 것도 소리를 내지 않는 것도 아니다. 그것은 실재에 '응답하는' 영혼의 힘이 산만하게 흐트러지지 않은 상태에 있다는 것을 의미한다. 여가는 수용적 자세와 관조의 태도이며, 창조된 세계 전체에 몰입하게 하는 계기일 뿐만 아니라 능력이다(Pieper, 1952: 41). 그러나 여가는 사실상 활동과 분리되어 전혀 무관한 것으로 존재하지 않는다. 피이퍼에 의하면, 여가는 일과 동일한 평면 위에 있는 것이 아니라 일과 직각을 이루며 교차한다. 여가는 활동의 연장이나 연속이 아니라 일과 수직으로 만난다. 일이 언제나 시간과 관계된다면 여가는 영원('영원한 현재')에 관계된다(Pieper, 1952: 43).

둘째, 일이 고역(苦役)을 절대적 이상으로 삼는 데 비하여, 여가는 성격상 관조적 '축제의 태도'를 나타낸다(Pieper, 1952: 42). 이 축제라는 단어는 그 원래의 뜻으로 이해한다면 여가의 핵심적인 의미를 반영한다. 축제의 의미에 따르면, 여가는 오직 인간이 그 자신의 진정한 본성을 수락하고 우주의 의미에 합치되는 삶을 산다는 전제하에만 성립한다. 『성경』(창세기 1장)에 "창조하신 것을 보시니, 보시기에 심히 좋았더라."라는 구절이 있다. 여가 속에서 인간도 바로 그러한 일, 곧 자신이 한 일의 결과를 자축(自祝)한다. 달리 말하면, 인간은 바라보고 긍정한다. 긍정의 가장 높은 형식은 축제이다. 축제는 여가의 기원이요, 여가의 내적 · 항상적 의미이다. 여가는 이와 같이 축제의 태도를 나타내기 때문에 단순히 '무노력'이 아니라, 그 이상으로 노력의 정반대인 것이다(Pieper, 1952: 42-43).

셋째, 여가는 일이 사회적 기능을 절대적 이상으로 삼는 것과는 정반대되는 쪽에 있다. 일을 하는 동안의 휴식 시간은 한 시간이든 하루이든 일주일이든 관계없이 여전히 일의 일부분이다. 그것은 일이라는 실용적 기능을 이어주는 연결고리일 뿐이다. 잠시 휴식을 취하는 것은 일을 위해서이며 더 일하기 위해서이다(Pieper, 1952: 43). 그러나 여가는 일과 동일한 평면에 있는 것이 아니라 일과 직각을 이루며 교차한다. 여가는 본질상 일을 위해 존재하는 것이 아니다. 여가는 관조와 마찬가지로 '활동적인 삶'보다 한층 높은 수준에 속한다(Pieper, 1952: 43). 여가의 중요성과 가치는 사회적 직무를 수행하는 기능인이 그의 일을 조금의 착오도 없이 수행하도록 한다는 데 있는 것이 아니라, 그 일을 하는 동안 내내 '인간'으로서 존재하도록 한다는 데 있다. 인간은 엄격하게 제한된, 명확하게 구획된 기능의 영역에 완전하게 흡수되지 말아야한다. 달리 말하면, 인간은 총체로서의 세계를 파악하는 능력, 총체에 도달할 숙명을 지닌 존재로서의 그의 완전한 잠재력을 실현하는 능력을 언제나 간직해야 한다(Pieper, 1952: 44).

🗐 일과 여가의 관계

여가는 주말 오후의 전원주택과 같은 것이 아니라 자유와 교육과 문화가 자라도록 하는 보호구역과 같다. 요컨대, 여가는 총체로서의 세계를 보는 충만하고 완전한 인간성의 온상(溫床)이다. 여가로 말미암아 인간은 오로지 기능인, 전문가, 노동자로 전락하는 것으로부터 구원을 받는 것이 가능해진다(Pieper, 1952: 46). 이상의 고찰을 통하여 일의 개념에 대비시켜 일의 여가적 측면을 알아보았다. 일에는 '무활동으로서의 관조' '고역이 아닌 축제' '사회적 기능에 정반대에 있는 총체적 인간'이라는 세 가지 요소를 발굴해 보았다. 일과 여가는 사실적으로 분리되어 있지 않다. 온전한 일을 한 개의 동전에 비유한다면, 일과 여가는 동전의 양면이라고 할 수 있다. 역으로 일의 관점에서 보더라도 일에 여가적 측면이 들어 있어야 그 일이 비로소 온전한 일이 될 수 있다. 그러나 현대로 오면서 온전한 일에서 일적인 측면 또는 일의 비중만 강조됨에 따라서 일의 여가적 측면은 지나치게 폄하되거나 훼손되어 왔다. 그러나 분명히 말하여, 여가의 측면이 결여된 일은 이미 제대로 된 일이 아니다(김승호, 2017: 9).

4) 일의 교육적 측면

여기에서는 이상에서 고찰한 일의 내재적 측면, 일의 묵시적 측면, 일의 여가적 측면을 종합하여 일의 교육적 측면을 모색해 보고자 한다. 우리는 일을 정의할 때마다 '외부적으로' 세계를 인간의 필요와 목적에 맞게 변형시키는 것에만 주목한 나머지, 그와 동시에 그 과정 속에서 '내부적으로' 인간의 인성도 점차 변모하게 된다는 점을 간과하는 경우가 많다. 앞에서 일의 세 가지 측면을 살펴본 바와 같이, 내부적으로 인성이 형성되고 자아가 실현되는 측면은 묵시적 차원에 속하기 때문에 특별히 관심을 두지 않는 한 전면에 부각되는 경우는 극히 드물다.

그러나 프뢰벨(F. Fröbel)에 의하면 인간은 일을 통하여 외부의 유용성을 추구해야 할 뿐만 아니라, 자기 자신으로 돌아가서 자신 속에서 힘을 얻음으로써 스스로를 발달시키고 양성시키며 드러내야만 한다(Fröbel, 1887: 35). 마르크스(K. Marx) 또한 일을 통하여 자신의 모든 능력의 전면적 계발을 성취하는 것이 모든 인간의 사명이자 운명이요, 과업이라고 강조한 바 있다. 결국 일의 진정한 가치는 단순한 경제적 목적에 있는 것이 아니라 일과 관련하여 자신의 지성과 재능을 계발하는 데 있다(Entwistle, 1970: 14-16). 인간이 일하는 오직 한 가지 이유가 그의 신체를 유지하는 것, 즉 의식주를 확보하기 위한 것이라고 말하는 것은 그야말로 인간의 존엄성을 더럽히는 망상에 불과하다(Fröbel, 1887: 32). '일이 일하는 사람에 대하여 외적인 것이라는 사실, 다시 말하여 일이 그 고유한 본성에서 벗어나 있다는 사실, 따라서 일하는 동안에 일하는 사람은 자신을 긍정하는 것이 아니라 부정하고, 만족해하는 것이 아니라 불행을 느끼며, 자신의 육체적·정신적 에너지를 자유롭게 발전시키는 것이 아니라 자기 몸을 망가뜨리고 자신의 정신을 황폐하게 한다는 사실이 중요하다. 이 경우에 일하는 사람은 자신의 자아를 오로지 일을 하지 않는 상태, 일의 바깥에서만 발견하게 된다(Marx, 1884: 274: Lukes, 1985: 128에서 재인용).

關 관조

'3) 일의 여가적 측면'에서 고찰한 바와 같이, 여가의 핵심 의미 요소인 '관조(contemplation)'는 단순히 바깥 세계를 바라본다는 의미에 그치는 것이 아니라 안으로 자아의 성장을 이룩하는 것을 포함하며, 더 나아가서는 그 관조 속에서 인간 이상의 것에 도달할 수 있게 된다. 세계를 관조한다는 것은 여러 의미를 지니는데, 사실 각기 다른 의미들이 한곳으로 수렴한다. 우선, 우리는 관조를 통해 자연으로 향한다. 다시 말하여, 개인적인 영역에서 빠져나와 자아의 경계선을 넘음으로써 자아가 분출되고 확장되는 것을 의미한다. 따라서 관조란 단순히 천체나 풍경을 만들어 내는 볼거리를 수동적으로 즐기는 것에 그치는 것이 아니라, 자아의 팽창이자 해방까지도 의미한다. 그뿐만 아니라 관조는 영적 의미도 내포한다. 인간은 관조를 통해 우월한 현실, 즉 신적 이성과 동체를 이루는 질서와 조화의 세계에 이르게 되기 때문이다. 즉, 인간이 신성의 일부를 획득하는 것이다(Cianni, 2016: 136-137). 따라서 관조하는 인간은 인간적이면서 동시에 초인간적인 상태에 있는 것이다.

'3) 일의 여가적 측면'에서 고찰한 바와 같이, 관조를 핵심 의미 요소로 하는 여가 속에서 진정한 인간의 가치는 보호되고 보존된다(Pieper, 1952: 44). 총체는 인간이 추구하는 궁극적 목적인 만큼, 여가를 성취하려는 힘은 인간 영혼의 근본을 이루고 있다. 있는 그대로의 사물 속으로 관조적으로 빨려 들어가는 능력처럼, 그리고 축제를 벌이는 동안 높게 솟아오르는 정신처럼, 여가를 맛보는 능력은 일상적인 일의 한계를 넘어서서 초인간적인 힘, 생명의 근원이 되는 실존적 힘으로 뻗어 가는 능력이며, 그 힘으로 말미암아 우리는 새로운 활력을 얻는다(Pieper, 1952: 44). 이 힘 또는 능력으로 말미암아 인간은 모든 것이 유용성이나 기능으로밖에 설명이 안 되는 총체로서의 노동 세계를 극복할 수 있게 되며, 총체로서의 마음을 회복할 수 있게 된다.

📖 듀이의 일 개념

이상에서 살펴본 바와 같이 일은 단순히 외적 결과나 유용성을 달성하기 위한 수단이 아니라 자아의 성장을 이루어야 한다. 일은 인간이 일을 하는 동안 내내 '인간'으로서 존재해야 하고 또 지속적으로 성장해야 하며, 그 궁극적인 끝인 완전한 자아의 실현, 곧 '전인(whole man)'에 도달하는 데에 이바지하는 측면, 곧 교육적 측면을 지니고 있다. 교육의 역사에서 일의 교육적 측면을 누구보다도 많이 강조한 대표적인 학자는 아마도 듀이(J. Dewey)일 것이다. 듀이에 의하면, 일은 단순히 외적 결과를 산출하는 데 목적이 있는 것이 아니라 아동의 지력을 계발하는 데 유용한 유목적적인 활동이다. 일은 목적이 있는 연속적인 활동이다. 따라서 일을 통한 교육은 그 속에서 학습으로 연결되는 요인들을 다른 어떤 방법보다도 더 많이 결합해 가지고 있다. 그런 교육은 본능과 관습을 가동하며 수동적으로 받아들이는 학습을 용납하지 않는다. 그것은 구체적인 목적을 가지고 있으며 달성해야 할 결과가 분명하게 제시되어 있다. 따라서 그것은 사고를 자극한다(Dewey, 1916: 447). 일의 외적인 결과가 주된 목적으로 되어 있고, 결과에 도달하는 과정에 포함된 정신적·도덕적 상태나 성장이 문제되지 않는 사태는 결국 직업 훈련이라고 할 수 있을지 몰라도 감히 교육이라고 지칭할 수는 없을 것이다.

듀이가 '일은 유목적적인 활동이다.'라고 했을 때 유목적적인 활동은 결코 외적 결과를 의미하는 것이 아니다. 그것은 일 자체의 추진 논리가 있다는 뜻이다. 듀이에 의하면, 어떤 일을 순수하게 하다 보면 예견된 목적이 생기고, 그것을 달성하기 위한 수단이 강구되며, 그리하여 예견된 목적이 달성되면 그것이 또 수단이 되어 또 다른 예견된 목적을 위하여 기여하게 된다. 이러한 방식으로 일 자체의 힘에 따라서 활동을 계속하다 보면 행위자의 내면에서 끊임없는 성장이 이루어지게 된다(김승호, 2017: 12). 예를 들어, 화가가 그림을 그릴 때, 작품에 대한 외적 대가(代價)나 보상과 상관없이 오로지 회화(繪

畵)라는 활동 그 자체의 논리에 따라 앞으로 벌어질 것들을 예견하고 그 맥락들에 적합하게 현재의 활동을 매번 조정하는 일을 계속하여 이어 나가다 보면, 종국에 그림도 잘됨은 물론이고 화가 본인도 성장하게 된다.

📖 일 자체의 내적 논리

이 점은 비단 회화라는 예술활동에 국한되는 문제는 아닐 것이다. 일반 사람들이 자신의 일을 앞에 예시된 회화와 같이 일 자체의 추진 논리에 따라 행할 경우에 행위자는 일에 집중되어 있다고 말할 수 있다. 일에 집중한다는 것은 '일은 일 그 자체로만 고민되어야 한다.'는 것을 의미한다. 사람이 일을 고민하는 형태가 되어서는 안 되고, 내가 곧 그 일 자체가 되어서 일은 일 스스로 고민될 수 있어야 한다. 일에 집중한다는 것은 일이 일을 죽 고민해서 일이 일 자체를 판단하고 평가하는 가운데 일이 움직이는 일 속에서의 본원적인 자기 추동력을 찾아내는 과정을 의미한다(박병원, 2016: 254). 일에 외적인 동기를 부여하면 일에 대한 집중이 흐트러진다. 집중이 아닌 동기 부여나 의미 부여는 한정적인 목적을 가지기는 하지만, 인위이고 억지이며 조작이다. 일은 일 자체에 이미 그 동기가 있다(박병원, 2016: 264).

일의 주체가 일 그 자체에 집중 또는 몰입되어 있다는 것은 스스로를 일에 투신하여 자신이 일과 하나가 되어 대상으로서의 일과 거리가 없음을 의미한다. 일에도 '안과 밖'의 비유가 적용될 수 있다면, 그 상태는 일의 주체가 일의 '밖'에 머물러 있지 않고 일의 한 부분을 이루어 일의 '안'에 있다고 설명될 수 있다. 이때가 바로 칙센트미하이(M. Csikszentmihalyi, 1990)의 '플로우(flow)'라는 표현과 같이, 일이 마치 물 흐르듯이 기가 막히게 잘 이루어지는 순간일 뿐만 아니라, 시간을 초월한 일의 여가적 측면이 성취되는 찰나이기도 하다. 결국 일의 교육적 측면은 학습자가 일을 일답게 제대로 배우게 되는 것을 의미한다(김승호, 2017: 12). 여기서 일을 일답게 제대로 배운다는 것은 학습자가 단순히 일의 외적 기술이나 기능적 측면에만 경도되지 않고, 그 일을 하는 동안 내내 '전인'으로서 존재해야 할 뿐만 아니라, 지금 당장 그가 하는 행동이 그의 혼신을 담은 전인적 행위가 되어야 한다는 것을 가리킨다.

📑 일의 전인적 측면

학습자는 일을 하면서 일의 외적 논리에 휩쓸리지 않고, 비록 눈에 잘 보이지는 않더라도 일의 내재적 측면, 일의 여가적 측면, 일에 대한 헌신, 몰입 등을 통하여 내적으로 끊임없이 성장해 나가야 한다(김승호, 2017: 12-13). 그럼으로써 더 나아가서 궁극적으로 총체에 도달할 숙명을 지닌 존재로서의 그의 완전한 잠재력을 실현한 모습, 곧 '전인'을 지향해야만 한다. '일과 여가' 개념뿐만 아니라, '일과 전인' 개념 또한 불가분의 관계에 놓여 있다. 일이 전인이라는 교육의 궁극적 목적에 충실하게 이루어지려면, 그 안에 일의 여가적 측면이 반드시 포함되어 있어야 한다. 보다 구체적으로 말하면, 일을 하는 동안에 당사자에게 자유로움, 통찰 또는 각성의 희열, 관조의 기쁨 등과 같은 것이 일어나야 한다. 이러한 측면들이 빠져나간 일은 아무리 그 외적 결과가 성대하다고 하더라도 그 원래의 근본적인 목적, 곧 전인을 길러 내는 데에 이바지할 수는 없다(김승호, 2017: 11). 반면에 어떤 일이, 비록 그 외적 결과나 파급 효과가 보잘것없다고 하더라도 혼신을 다한 전인적 행위에 해당한다면, 그것이 가지는 교육적 의의는 매우 클 수밖에 없다. 요컨대, 전인적 측면이 빠져나간 일은 이미 온전한 일이 아니다.

3. 일의 개념에 비추어 본 평가의 한계

이상에서 고찰한 바와 같이, 2절에서는 일의 의미를 여러 학자의 의견을 참조하여 '일의 내재적 측면' '일의 묵시적 측면' '일의 여가적 측면' '일의 교육적 측면'을 발굴해 낸 바 있다. 비록 이러한 측면들은 현실 속에서 일과 관련된 논의가 이루어질 때 잘 부각되지 않는 일의 특성을 갖고 있지만, 인간이 하는 일이 진정으로 온전한 것이 되기 위해서는, 달리 표현하면 일이 교육적인 효과를 낳기 위해서 결코 간과되어서는 안 되는 것들이기도 하다. 이 절에서는 이러한 일의 네 가지 특성이 평가와 어떤 관련을 맺게 되며, 또 평가로 인하여 구체적으로 어떤 영향을 받게 되는지를 알아봄으로써 평가의 한계를 드러내 보고자 한다.

1) 일의 개념에 비추어 본 평가의 순기능

평가가 일에 미치는 긍정적인 영향은 매우 많다. 먼저, 평가는 일을 하는 사람을 자극하여 그 일에 대한 동기를 유발한다. 육상 선수들이 달리기를 할 때마다 그 속도를 매번 측정하여 순위를 매겨 보았더니, 측정 횟수가 증가할수록 육상 선수들의 달리기 실력이 점차 증가하는 결과가 나왔다는 사례가 있다. 학교에서 이루어지는 평가 또한 학생들의 주의를 환기시키고 학습에 대한 동기와 경쟁을 유발하여 학생들의 학업 성취를 보다 높은 차원으로 끌어올릴 수 있다는 점은 이미 상식에 해당한다.

둘째, 평가는 현재 하고 있는 일을 정확하게 진단하여 피드백을 제공함으로써 그 일을 수정 또는 보완하거나 대안을 모색하는 데 기여할 수 있다. 평가가 교수·학습 효과에 관한 의사결정을 하는 데 도움을 줄 수 있다(황정규, 1998: 634). 인간이 하는 일인 한, 어떤 일이든지 처음부터 결함 없이 완벽할 수는 없을 것이며, 따라서 일을 처음보다 더욱 진보시키기 위해서는 현재의 일을 정확하게 진단하여 피드백을 제공함으로써 계속해서 일의 수정, 보완, 대안 모색이 상시적으로 이루어질 수 있도록 해야 한다. 학교에서 어떤 새로운 교육 프로그램을 1학년 학생들에게 처음으로 적용했을 때 그 일이 정말로 잘되고 있는지 진단하여 피드백을 제공함으로써 수정 또는 보완할 점은 없는지, 더 나아가서 대안이 무엇인지 알아보고자 할 때 평가가 중요한 역할을 할 수 있다.

셋째, 평가는 일의 최종적인 결과에 대한 정확한 설명이나 해석을 통하여 그 일에 대한 책임 소재를 밝힐 수 있을 뿐만 아니라, 일의 최종 결과에 대한 순위를 매길 수 있으며, 더 나아가서 그것을 바탕으로 하여 해당 일을 할 수 있는 인원을 선발하거나 자격을 부여할 수 있다. 학교에서는 평가를 통하여 학습 결과를 정확하게 설명하고 해석해 줌으로써 학습자 스스로 자신의 성취도를 확인할 수 있게 해 주고, 담임교사에게는 학업 지도나 생활 상담의 정보를 제공해 줄 수 있으며, 더 나아가서는 균형 있는 학급 편성, 진급 및 진학 지도, 취업 지도에 기초적이고 실질적인 도움을 줄 수 있다.

이 밖에도 여기에서는 미처 언급하지 못했지만 무수히 다양한 평가의 순기능이 존재한다. 예를 들면, 교사는 학생의 학업 성취에 대한 평가 결과를 통하여 간접적으로 자신이 행한 일, 곧 수업에 대한 반성 또는 평가의 기회를 가질 수 있고, 학부형이나 지역사회는 평가 결과를 통하여 자신의 아이들의 학업 성취에 대한 정보를 얻을 수 있으며, 학교장이나 교육청은 평가 결과를 바탕으로 하여 거시적으로 교과서 및 교육 프로그램 수정, 교육 정책 전환, 교육 여건 및 환경 개선 등의 행정적 판단과 결정을 할 수 있다. 이상에서 살펴본 바와 같이, 인간에게 일이 존재하는 한, 더 나아가서 좀 더 그 일을 잘해보고자 한다면, 평가는 필연적인 것은 아니라고 하더라도 결코 억지로 하는 것만은 아니다.

2) 일의 개념에 비추어 본 평가의 역기능

이상에서 일과 관련하여 평가의 순기능을 살펴보았다. 그러나 모든 일에는 양면성이 있듯이 평가라는 활동에도 순기능에 상응하여 역기능도 존재한다. 이제까지 사람들은 평가의 순기능들에 대해서는 익히 알고 있기도 하고 당연하게 받아들이고 있지만, 평가의 역기능에 대해서는 별로 들어 본 적도 없을 뿐만 아니라 좀 생소한 느낌을 가질 수밖에 없을 것이다. 그러나 평가에는 모든 사람이 인정하는 장점들만큼이나 그에 못지않게 단점들도 많다는 점 또한 간과해서는 안 된다. 여기에서는 2절에서 고찰한 일의 네 가지 특성과 관련하여 평가의 역기능을 알아보고자 한다.

일의 내재적 측면 저해

첫째, 평가가 일의 내재적 측면을 저해한다. 사실, 평가는 일의 외재적 측면에 잘 어울리는 영위이다. 평가는 한편으로 앞 절에서 고찰한 바와 같이 일을 더 잘할 수 있도록 자극하는 동기 부여적인 측면이 있기도 하지만, 다른 한편으로는 행위주체로 하여금 일의 외재적 측면에 필요 이상의 과도한 관심을 두게 만든다. 일단 평가를 한다고 공언하면, 사람들은 누구나 다 일이 되어 가는 과정보다는 일의 최종적인 결과, 더 나아가서 일에 대한 외적 보상이나 일의 효용성에 보다 신경을 쓰기 마련이다. 이 경우, 평가는 일의 '밖'에 존재하면서 일 그 자체의 논리에 따른 일 '안'의 진행을 현저하게 방해할 가능성이 많다. '일의 교육적 측면'에서 고찰한 바와 같이, 일에 외적인 동기를 부여하면 오히려 일의 과정은 생략되고 일에 대한 집중이 흐트러지는 경우가 많다. 사실, 일 안에서 바라볼 때, 일에 대한 집중 또는 몰입 이외에 여타의 동기나 의미 부여는 그야말로 인위적이고 억지스러운 것이다. 듀이의 '수단과 목적의 연결'이 진정으로 시사하는 바와 같이, 일은 일 자체의 논리에 따라

진행되어야 하며, 그 안에는 이미 단계마다 다음의 일을 해야만 하는 동기가 들어 있다.

앞서 '일의 묵시적 측면'에서 고찰한 바와 같이, 일은 본질상 통합적인 성격을 띤다. 어떤 새로운 일의 숙달은, 이미 몸에 내면화하고 있는 보조지에 기초하여 명시적으로 설명할 수 없는 어떤 과정을 거쳐 궁극적으로 하나의 통합된 초점지에 도달함으로써 가능해진다. 초점지는 항상 보조지의 산술적인 합을 초월하며, 때로 초점지를 가능하게 해 준 보조지로 환원하려는 순간, 산산조각이 나게 된다. 앞에서 고찰한 바와 같이, 평가는 기본적으로 일의 순위 선정, 사람의 선발, 책무성에 관계되는 것이기 때문에 무엇보다도 객관성이나 타당성에 구애받지 않을 수 없다.

그렇기 때문에 평가는 불가피하게 이미 행위주체가 몸에 지니고 있는 것으로 판명된 보조지를 재는 데에만 매진하게 된다. 또 그럼으로써 자연스럽게 평가는 처음부터 초점지를 재는 과업과는 거리를 둘 수밖에 없다. 그러나 평가가 초점지를 고려하지 않고 오로지 보조지에 관심을 두는 것은 결국 지금 잘되어 가고 있는 초점지를 깰 우려가 있다. 다시 말하면, 평가는 일의 묵시적 차원, 곧 '일에 대한 집중 또는 몰입'을 저해하거나 파괴하게 된다. 비유컨대, 무대 위의 배우가 연기 그 자체에 몰두하지 않고 자꾸 의상과 분장의 됨됨이나 대사 암기에 연연할 경우 결코 명품 연기를 시연할 수 없다. 또 다른 한편으로 어떤 분야에서든지 평가가 보조지에만 신경을 쓸 경우, 오직 초점지로만 설명되는 광대무변한 탁월성의 영역은 사람들의 의식이나 포부에서 자취를 감출 우려가 있다. 요컨대, 평가는 대체적으로 초점지의 수준을 높이고 진작하기보다는 오히려 일의 하향평준화를 부추기는 결과를 낳게 된다.

📖 척도 이외의 것 배제

둘째, 평가는 평가 항목이나 척도에 포함되지 않는 것을 배제한다. '1) 일의 개념에 비추어 본 평가의 순기능'에서 살펴본 바와 같이, 평가는 현재 하고 있는 일을 정확하게 진단하여 피드백을 제공함으로써 그 일을 수정 또는 보완하거나 대안을 모색하는 데 기여할 수 있다. 그러나 한편으로, 평가는 평가하기 어렵거나 평가할 수 없는 것은 과감하게 배제해 버린다. 사실, 평가는 평가하는 사람의 철학이나 관점에 따라 평가 항목이나 척도가 얼마든지 달라질 수 있다. 평가 항목이나 척도는 한편으로 일의 중요한 부분을 드러내 보여 주기도 하지만, 다른 한편으로는 평가 항목이나 척도에 포함되지 않는 요소나 영역은 철저하게 배제하는 경향이 있다. 2절에서 살펴본 바와 같이, 일의 내재적 측면은 묵시적 차원에 속한다. 그러나 그렇다고 하여 일의 내재적 측면을 평가에서 배제한다면 온전한 일에 대한 제대로 된 평가가 이루어졌다고 보기 어렵다. 사실, 평가는 눈에 띄는 일의 '활동적 측면'에 적합한 도구일 뿐이다. 따라서 평가는 일에 대하여 직교적 위치에 있는 여가적 측면을 제대로 측정할 수 없다. 일의 여가적 측면을 담아낼 수 없는 평가는 그 쓰임새가 제한된 반쪽 도구에 불과하다.

평가의 경우에도 법률 용어인 '일사부재리(一事不再理)'의 원칙이 고수되는 경우가 많다. 일단 평가의 세례가 지나가고 나면 그 이후에는 그 일을 다시 거들떠보지도 않게 된다. 평가의 결과가 나와서 한번 일의 순위가 결정되고 나면, 일의 과정을 반추하거나 복기하는 경우는 극히 드물다. 평가의 잣대에 의하여 빙산의 수면 위에 나타나지 않는 중요한 일의 측면들은 영원히 수면 밑으로 점차 사라져 버린다. 평가가 끝난 뒤에 행위주체는 '이 정도면 되었다.'라든지 '이것밖에 안 되는가?' 등과 같은 만족이나 자괴 속에서 일의 수월성을 추구할 더 이상의 의지를 보이지 않는 경우가 많다.

더군다나, 평가 항목이나 척도에 포함되지 않는 것을 배제하는 관행은 전체 교육과정까지 왜곡시킨다. 평가가 평가 항목이나 척도에 포함되지 않는 것은 배제하는 관행이 오랜 기간 지속되면, 평가가 거꾸로 일의 내용이나 교육과정을 지배하는 기이한 현상이 생겨난다. 일 자체가 평가의 틀에 맞추어 재단된다. 비유컨대, 꼬리가 개를 흔들게 된다. 평가의 그물에 포착되는 것만이 일의 내용이나 교육과정이 될 수 있는, 정말로 어처구니없는 사태가 발생한다. 예를 들어, 요즘 학생들은 평가의 대상이 되는 것, 달리 말하면 시험에 나올 개연성이 있는 것만 공부하려는 경향을 보이며, 거꾸로 교사들에게 시험에 나오는 것만 가르쳐 달라고 무언의 압력을 가하기도 한다.

형편이 이렇게 되면 일의 내용이나 교육과정 그 자체가 심각하게 축소 내지는 손상을 입을 수밖에 없게 된다. 우리나라의 경우 비교적 오랜 기간 동안 대학수학시험과 초등임용시험이 5지선다형이나 단답식 문제로 출제되어 왔다. 이러한 평가 방식이 제도화되고 굳어지면서, 고등학교와 교육대학교의 교육과정이나 구체적인 수업 또한 거기에 맞춰서 길들여져 왔다. 실제 수업시간에도 정규 교과서 대신 EBS 교재나 사설 문제집을 들고 들어가는 교사들, 학문적 저서가 아니라 주기적으로 바뀌는 출제 범위인 교사용 지도서를 강의 주교재로 쓰는 교수들의 모습이 이제는 결코 낯설지만은 않다.

📖 인성적 측면의 평가 불가능

셋째, 평가는 인성적 측면을 가늠하는 데 근본적인 한계를 가진다. 사실, 어떤 일정한 평가 기준이나 척도에 의하여 명시적으로 드러낼 수 있는 일의 측면은 빙산의 일각에 불과한지도 모른다. 일을 하는 데 있어서 평가의 대상이 되지 않는 것들이 더 많을 뿐만 아니라 더 중요할 수도 있다. 예를 들면, 일의 묵시적 측면에서도 살펴보았듯이, 일을 할 때 보조지들이 어떤 방식으로 결합하여 통합적인 초점지를 만들어 내는지, 일을 할 때 행위주체의 인내심, 열정, 신념, 헌신, 태도 등과 같은 인격적인 요소들이 보다 높은 수준의 초점지를 이루거나 창의적인 일을 생산해 내는 데 얼마나 기여하게 되는지, 또한 일의 여가적 측면에서 볼 때, 일을 하는 동안 예상치 않게 새롭게 깨닫게 된 점은 무엇인지, 일을 하는 동안에 당사자에게 통찰의 희열, 관조의 기쁨이 일어났는지, 일을 하면서 행위주체는 그 과정 내내 즐겁고 행복했는지, 또한 일의 교육적 측면에서 볼 때, 일 그 자체의 내재적 논리는 무엇인지, 일 그 자체에 들어 있는 추진력은 무엇인지, 일의 주체가 일의 결과와 관계없이 소명(召命)을 가지고 혼신을 다하여 일을 하고 있는지, 지금 현재 배우고 있는 일의 내용이 이전의 배운 것들과 결합하여 행위주체의 전인적(全人的) 발달에 어떤 영향을 미치게 되는지 등등은 유감스럽게도 모두 묵시적 차원에 속하기 때문에 평가의 대상이 되기 매우 어렵다.

평가는 성격상 타당성과 객관성의 문제 때문에 불가피하게 일의 눈에 보이지 않는 것들에 대해서는 소홀히 할 수밖에 없다. 일에 대한 평가가 일의 결과나 방법 등과 같은 계속적으로 외부로 드러내 객관화될 수 있는 요소들에 집중되는 동안, 일의 교육적 측면, 곧 인성적 측면은 자연스럽게, 연극 용어로 '페이드아웃' 될 수밖에 없게 된다. 일에 있어서 인성의 문제는 중요하기는 하지만 평가의 대상이 될 수 없다는 자조(自嘲)가 그야말로 당연한 것이 되고 만다.

📑 수단·목적 사고방식의 조장

넷째, 평가는 '수단과 목적의 관계' 사고방식을 사람들에게 조장한다. 일반적으로 이제까지 대부분의 평가는 '투입과 산출' 모형에 근거하고 있다. 일에 대하여 인력, 자본, 에너지를 투입한 만큼 얼마나 일의 결과가 산출되었는지 여부를 확인하는 것이 곧 평가라는 것이다. 이러한 생각은 크게 보면 원인을 제공했으면 결과가 반드시 있어야 한다는 '인과론적(因果論的)' 사고방식에 해당한다. 그러나 이러한 사고에 묶이거나 고착되면 부작용도 적지 않다. 그것은 바로, 일에 대하여 수단과 목적의 관계만 고려할 뿐, 정작 소중한 '일의 과정'을 과감하게 생략해 버린다는 점이다. 일의 결과나 그 파급 효과에만 관심을 두다 보면 일의 과정은 슬그머니 배제된다. 과정의 중요성과, 앞에서 고찰한 일의 여러 측면은 밀접한 관련을 맺고 있다. 일의 산물이나 결과만이 강조될 때 일하는 과정 속에서 일 자체의 논리라든가 추진력, 행위주체가 느낀 보람이나 행복, 일하는 가운데 생긴 깨달음이나 자기 성찰, 일이 행위주체의 전인적 발달에 기여하고 있는지, 일에 전인적 요소가 담겨 있는지의 여부 등과 같은 일의 과정 속에 내재해 있는 측면들이 은폐 또는 생략되기 마련이다.

수단과 목적을 연결하는 도식적 사고는 결과지향적이기 때문에 행위주체의 마음은 단순히 거치기만 하는 '빈 상자'처럼 취급되곤 한다. 이 경우에 평가는 투입되는 수단과 예상되는 결과 간의 일치 정도에 주안점을 둔다. 그러나 인간의 마음은 그와 같은 블랙박스에 불과하지 않다. 인간의 마음은 하나의 총체로서 수단과 목적의 관계가 일의적(一義的)으로 적용될 수 없을 정도로 무척 심오하고 복잡하다(유한구, 김승호, 1998: 45). 설사 어떤 일의 결과가 수단의 투입에 따라 예상대로 산출되었다고 하더라도, 그것은 단지 수단과 목적의 관계로만 파악될 수 없으며, 거기에는 분명 알게 모르게 행위주체의 마음이 다방면으로 융합적으로 작용했다고 보아야 한다. 일의 결과는 단순히 투입된 수단의 결실만이 아니라, 이때까지 쌓아 온 행위주체의 마음 전체가 녹아 들어가 반영된 결과로 보는 것이 타당하다.

📖 일과 자연

물론 일의 묵시적 측면에 미루어 볼 때, 도대체 어떤 이유에서 시작되어 서로 어떻게 연결되고 어떤 과정을 거쳐서 마음 전체가 쓰이고 행위로 발현되는지는 아무도 알 수 없다. 하지만 앞에서 일을 수단과 목적의 관계로 설명하는 방식에 대안적으로 제안한, 행위주체의 마음 내부의 정중앙에서 외부의 행위에 이르는 과정은, 노자(老子)나 루소(J. J. Rousseau)가 주장한 '자연(自然, nature)'이라는 개념에 그대로 부합한다는 점만은 분명하다. 혼신의 힘이 반영된 일, 곧 전인적 행위가 성립되는 과정은 '자연스러움'이라는 특성을 지닌

다. 절대적 수준에서 전인적 행위로서의 일은 이때까지 본인이 형성한 마음
의 '자연적' 발로이다. 여기서 동양의 '중용(中庸)'이나 '자득(自得)'을 굳이 거
론하지 않더라도, 가장 이상적인 마음('中')이 반영된 일은 모름지기 그렇게
하지 않으려야 그렇게 하지 않을 수 없는 참으로 자연스러운 것이다. 칙센트
미하이(1990)도 강조했듯이, 일이 최고도로 잘되는 바로 그 순간, 곧 중용의
순간은 어떤 일이 마치 '물 흐르듯이 자연스럽게(flow)' 이루어지는 경우를 가
리킨다.

반면에 수단과 목적의 관계라는 사고방식에 입각한 평가는 이러한 자연의
개념을 거스른다. 결국, 평가는 과정의 자연스러움을 파괴한다. 일하는 중에
자신도 모르게 문득 깨닫거나 배우게 되는 것은 마치 꿈을 의도적으로 꿀 수
없듯이 마음먹는다고 이루어질 수 있는 성격의 것이 결코 아니다. 앞에서 고
찰한 일의 여러 측면은 일의 과정 중에 의식하지 못하는 가운데 그야말로 자
연스럽게 우러러 나오는 것이다. 따라서 마음과 일의 관계에 관한 한, 단순
한 '인과'가 아닌 복잡한 '인연'이 작용한 것으로 보아야 한다. 그러나 오늘날
처럼 평가가 지금처럼 제도화되고 사람들이 평가의 결과에만 집착하게 되면
서, 인간의 일과 관련된 모든 국면에서 평가가 거꾸로 일을 지배하게 되었다.
그렇게 됨으로써 거의 모든 분야에서 일의 과정은 생략하고 결과만 중시하는
풍조가 더욱더 성행하고 있다.

4. 결론

1) '수행평가' 또는 '과정 중심 평가'의 역설

이상에서 고찰한 평가의 역기능을 바로잡거나 조금 완화시키기 위하여 이
제까지 여러 가지 새로운 평가방법이 강구된 바 있다. 아마도 그중 대표적인

것이 '수행평가' 또는 '과정 중심 평가'일 것이다. 수행평가는 비단 평가의 시기나 횟수에서뿐만 아니라 현실 속에서 타당한 평가대상을 확정했다는 점에서 총괄평가의 약점을 크게 보완해 주었다(김석우, 2009: 194-197). 요즘 들어서는 수행평가보다는 '과정 중심 평가'라는 용어가 더 포괄적으로 많이 쓰이고 있다. 과정 중심 평가는 명칭에도 드러난 바와 같이 일의 결과뿐만 아니라 일의 과정을 중시하는 수시 평가이고, 실제 상황에 가깝도록 구성한 참평가이며, 비단 학습의 결과뿐만 아니라 지·정·의 측면 모두의 발달을 중시하는 전인적 평가라는 것이다.

과정 중심 평가의 문제점

특히 비교적 최근에 2009 개정 교육과정에서 강조한 바와 같이, 과정 중심 평가는 평가의 과정이 교수·학습 과정과 분리되지 않고 서로 통합되어 하나의 교육활동으로 이루어지는 데 주안점을 두고 있다. 그러나 '2) 일의 개념에 비추어 본 평가의 역기능'에서 제시한 여러 가지 평가의 역기능이나 문제점은 평가 절차나 방법이 잘못되어서 생기는 문제라기보다는 보다 근원적인 데 원인을 두고 있다. 과정 중심 평가가 평가의 역기능을 해소하거나 보완해 줄 수 있는 대안이 결코 될 수 없다. 3절에서 고찰한 바와 같이, 평가의 역기능이나 문제점은 일의 내재적 측면, 묵시적 측면, 여가적 측면, 교육적 측면 등과 같은 일의 여러 측면과 상충하면서 근본적으로 따라 나온 결과이기 때문이다.

평가는 사람들로 하여금 일의 외적 결과, 곧 일에 대한 외적 보상이나 일의 효용성에 관심을 기울이게 만듦으로써 일의 내재적 측면, 곧 심성 함양이나 자아 형성의 측면을 저해하게 된다. 또한 평가는 일의 묵시적 측면, 곧 일에 대한 집중 또는 몰입을 파괴한다. 평가는 일의 주체로 하여금 가시적이고 부분적인 보조지들에 신경을 쓰게 함으로써 보다 수준이 높은 초점지의 성립을 방해한다. 일의 여가적 측면에서 볼 때도, 평가는 본질상 일의 과정에서 예상치 못한 통찰의 희열, 관조의 기쁨이 일어났는지, 일을 하면서 행위주체는 '전인'으로서 일의 과정 내내 즐겁고 행복했는지의 여부를 제대로 측정할 수 없다. 또한 일의 교육적 측면에서 볼 때, 평가는 일 그 자체의 내재적 논리가 추진력이 되어 잘 작동하고 있는지, 일이 외적 성과와 관계없이 전인이라는 교육의 궁극적 목적에 충실하게 이루어지고 있는지를 제대로 가늠할 수 없다. 특히 인위적인 평가는 온전한 일의 가장 두드러진 특징이라고 할 수 있는 자연스러움을 파괴한다.

📖 과정과 평가의 밀착

사실 이상에서 고찰한 일의 여러 측면에서 바라보면, 과정 중심 평가는 그 취지와는 달리 일을 더 방해할 뿐이다. 역설적으로, 평가가 일의 과정에 밀착되면 될수록 일 그 자체의 논리나 자연스러운 진행을 매 순간마다 집요하게 방해하게 된다. 일은 일 그 자체의 내적 논리에 따라 자연스럽게 진행되어야 하며, 물론 직접 일을 해 보기 전에 미리 알 수는 없는 것이지만, 그 안에는 일의 단계마다 다음의 일을 해야만 하는 동기가, 듀이의 용어를 빌리자면 '목적이면서 동시에 수단'이 들어 있다. 수행평가이든 과정평가이든지 간에 일단 평가를 실시한다고 공언하면, 일의 주체에게 의식적 대상이 된 평가는 항상 일의 '밖'에 존재하면서 일 그 자체의 논리에 따른, 일 '안'의 진행을 현저하게 방해할 가능성이 다분하다. 평가가 일의 '밖'에 존재할 때 일이 되어 가는 과정의 자연스러움은 깨지기 마련이다. 일의 수행이 바로 앞에 있는 교사의 기준에 맞추어지게 되면, 일이 자신의 내면 깊숙한 곳에서 자연스럽게 우러나오기가 어렵게 될 수밖에 없다. 일을 하는 사람의 입장에서 일을 하는 과정마다 평가의 척도나 기준을 항상 의식하다 보면 몰입이 안 되고 초점지가 깨지고 만다. 행위주체는 일하는 동안 내내 평가의 포인트가 되는 일의 요소들, 곧 보조지에만 신경 쓰게 됨으로써, 결국 감히 스스로도 예상할 수 없었던 높은 수준의 초점지를 이루어 내지 못하게 된다. 바로 이러한 이유에서 과정 중심 평가는 일반 상식과 다르게 오히려, 일의 과정을 충분히 모두 지켜본 후에 마지막에 판단하는 총괄평가보다도 일에 더 나쁜 영향을 미칠 가능성이 높다.

2) 대안 모색

📖 학습은 일인가

학습은 일인가? 당연히 학습도 하나의 활동으로서 일임에 틀림이 없겠지만, 여타의 일과는 큰 차별성을 가지는 아주 특별한 일이다. 어떤 점에서 차별성을 가지는 것인가? 학습도 일은 일인데, 다른 일에 비하여 '일의 내재적 측면'이 절대적으로 우위에 있는 활동이다. 학습은 일의 외적 결과나 유용성의 측면은 가능한 한 축소되고 일의 교육적 측면은 가능한 한 확대되어야 하는 일이다(김승호, 2017). 다시 말하면, 학습 또한 하나의 일로서 내재적 측면, 묵시적 측면, 여가적 측면, 교육적 측면이 그 어느 일보다도 두드러진 활동이다. 학습의 경우에는 그 결과의 파급력이나 성대함보다는 학습이 행위주체의 심성 함양에 얼마나 긍정적인 영향을 주었는지가 성공의 관건이 된다.

그러나 앞서 평가의 역기능에서 살펴본 바와 같이, 평가가 일에 개입하는 순간, 그 활동은 곧바로 상투적이고 직업적인 일에 가깝게 변질되고 만다. 하나의 일로서 학습의 경우도 그 예외는 아닐 것이다. 특별히 학교에서 이루어지는 학습은 그 자체가 하나의 일로서 학생들로 하여금 일을 일답게 제대로 배우는 것을 연습하게 만드는 중요한 목적을 가진다. 여기서 일을 일답게 배운다는 것은 일을 하는 동안, 비록 눈에는 잘 보이지 않지만 일에 내재되어 있는 여가적 측면, 심성 함양적 측면을 깨닫게 된다는 것을 의미한다. 달리 말하면, 그것은 일을 일의 바깥 것들로부터 방해받지 않고 순수하게 일 그 자체의 논리와 흐름에 따라 즐길 줄 아는 법을 배우게 되는 것을 뜻한다.

우리나라의 경우 비교적 오랜 기간 동안 평가지상주의적 패러다임에 빠져 있었던 결과, 교육 분야뿐만 아니라 거의 모든 국면에서 일의 과정과 흐름은 무시되고 그 결과만이 존중받는 풍조가 여기저기에 만연해 있다. '평가될 만큼만 일을 한다.'에서 더 나아가 '보상받을 수 있는 만큼만 일을 한다.'라는 얄팍한 가치관이 각 분야에서 난무하고 있다. 어느 분야를 막론하고 온전한 일의 또 다른 징표인 장인(匠人, meister)이 점차 사라져 가고 있다. 이제 일의 각 과정에서 느낄 수 있는 행복이나 보람, 인생의 의미는 우리의 사전에 이미 존재하지 않는다. 또한 그러한 가치관은 행위주체가 스스로 자신의 일의 한계를 긋는 일이다.

사실, 일 그 자체의 논리와 흐름에 따라 일을 하다 보면, 일의 결과가 어느 수준에까지 도달할지는 누구도 미리 예측할 수 없다. 왜냐하면 앞서 예로 든 '일에 대한 투입과 산출 모형'과 달리, 제대로 된 일은 투입된 것이 고스란히 산출되는 것이라기보다는 행위주체의 내면을 거쳐서 증폭된 것이기 때문이다. 앞에서 언급한 가치관이 지배하는 한, 오랜 기간에 걸쳐 숙성시켜야 비로소 가능한 학습, 중간 과정에서는 도저히 평가하기 어려운 위대한 일의 성취, 생각의 경계를 넘나드는 창의·융합적 사고, 기발하고 풍부한 상상력은 도저히 기대하기 어렵다.

이상의 걱정에서 교육 분야도 결코 자유로울 수는 없을 것이다. 아니, 어쩌면 우리나라 교육이 이러한 사고방식을 더욱 부추기지는 않았나 하는 반성도 충분히 가능하다. 그동안 평가 위주의 우리 교육은, 교육의 과정이나 학습의 과정은 생략한 채 평가의 결과만을 따지고 외적 결과를 성급하게 내려는 풍조를 낳고 조장해 왔음을 부인하기 어려울 것이다. 학생, 교사, 학부형 등 교육에 관계되는 사람들이 모두가 하나같이 오로지 평가 점수에만 지나치게 집착하며 한 치의 오류나 오답도 허용하지 않는 분위기 속에서, 학생들은 오로지 정답만 맞추려는 방향으로 사고하고 공부하며, 오류가 무서워 약간의 지적 모험도 감행할 엄두조차 못 낸다. 학생들은 나름 공부를 열심히 하는데도 불구하고 자신의 실존과 분리된 학습으로 인하여 항상 조급하고 불안하며, 학습의 각 과정에서 느껴야 하는 내적 행복감이나 만족도는 그들에게 공염불에 불과하다.

📖 평가에 의한 내용의 왜곡

평가지상주의가 학교교육에 미친 악영향은 비단 평가 분야에 그치지 않는다. 3절에서도 지적했듯이, 이제까지 평가 위주의 사고방식은 심각한 교육내용의 왜곡을 초래해 왔다. 여기서 교육내용의 왜곡은 교사나 학생들이 평가항목이나 척도에 포함되지 않는 교육내용은 가르치거나 배울 때부터 아예 배제하는 경향을 보이는 것을 의미한다. 실제 현장에서는 평가의 그물에 포착되는 것만이 교육과정이나 수업활동이 될 수 있다. 이것은 전체 교육과정과 수업활동 자체가 평가의 틀에 맞추어져 왜곡되는 '본말전도(本末顚倒)'이다. 이러한 관행이 오랜 기간 지속되다 보면, 평가가 교육과정으로부터 분리되어 거꾸로 평가가 그 몸통인 교육과정과 수업을 지배하는 심각한 현상이 생겨난다. 이 현상은 그야말로 개의 꼬리가 거꾸로 개의 몸통을 흔드는 것에 비유될 수 있다. 형편이 이렇게 되면, 교육과정과 수업 그 자체가 심각하게 축소 내지는 손상을 입을 수밖에 없게 된다. 평가만을 위해 존재하는 탈맥락적 지식, 오로지 시험 문제를 위해 탄생된 족보도 없는 파편적 지식, 평가 양식에 맞추어 길들여진 사고방식, 평가항목(또는 성취기준)만을 노린 상투적이고 기계적인 수업, 평가 결과와 실제 역량 사이의 괴리 등이 탄생한다.

📖 교육과정과 교육평가의 밀착

이러한 사태에 대한 대안은 무엇인가? 흔히 사람들은 평가방법이나 절차의 획기적인 개선을 통해서 이 문제를 해결할 수 있다고 믿는다. 그러나 그것은 이제까지의 평가의 역사와 시행착오가 증명해 주듯이 신기루와 같은 것으로서 결코 대안이 될 수 없다. 평가가 일의 여러 측면을 저해하는 것은 평가방법상의 문제라기보다는 평가의 본질적인 한계 때문이다. 앞으로도 수행평가, 질적 평가, 과정 중심 평가, 정의적 평가 등과 같이 평가방법이 보다 정교해질수록 역설적으로, 평가가 교수·학습 활동에 더욱 밀착하여 간섭함으로써 하나의 일로서의 학습을 보다 저해하게 될 것이다. 타일러(R. W. Tyler, 1949)가 한 것처럼, 외현적으로 평가 가능한 행동적 목표를 교육과정이나 수업의 맨 앞에 제시해 놓고 거기에 맞추어서 교육내용을 선정·조직하는 방안은 그 당시에는 혁신적인 것이었는지 모르겠지만, 후세에는 이미 많은 문제점을 노정한 바 있다.

최근에 부각된 위긴스와 맥타이(Wiggins & McTighe, 2005)의 교육과정 아이디어 역시 교육과정과 평가를 밀착시키려고 한 점에서 타일러와 마찬가지 경우이다. 그들에 따르면, 교육과정 절차란 교사가 일정한 교과 내용을 학생들에게 정보로서 전달했을 때, 학생들이 최종적으로 습득하게 되는 성취기준 격인 '영속한 이해(enduring understanding)', 브루너(J. S. Bruner, 1960)의 용어로는 '지식의 구조(structure of knowledge)'를 밝혀내어 그것을 학습목표로 삼아 '거꾸로(backward)' 먼저 평가 계획을 세우고 거기에 맞추어 교육내용도 선정하는 것이다. 그러나 아무리 정교하게 이 과정을 설계한다고 하더라도, 거기에는 근본적인 한계가 있을 수밖에 없다. 영속한 이해가 기반으로 하는 '빅 아이디어(big ideas)'는 '지식의 구조'나 '초점지'와 마찬가지로 성격상 묵시적 차원에 속하기 때문에 밖으로 명시적으로 드러낼 수 있는 것이 아니다. 설사 그것을 언어로 '외화(externalization)'시켰다고 하더라도, 그것은 이미 내적 안목으로 작용해야 하는 빅 아이디어가 아니다. 이와 같이 타일러 사고에 뿌리를 둔 위긴스와 맥타이의 아이디어 또한 평가가 거꾸로 교육내용과 교육과정 설계 전체를 흔드는 대표적인 사례에 해당한다.

▤ 교육과정의 순리 회복

그렇다면 평가를 전혀 하지 않는 것이 대안이 될 수 있는가? 평가의 순기능들도 분명 존재하지 않는가? 이 딜레마에 대한 해결의 실마리는 이홍우의 「전인교육론」(1996: 10)에서 찾을 수 있다. "만약 우리가 현재의 지배적인 교육과정 이론에서와 같이 교육과 평가를 밀착시키는, 이른바 '평가 위주의 교육'에서 벗어나서, 먼저 가르치고 나중에 그 결과를 평가한다는 교육의 정상적인 순서를 받아들인다면, 우리는 아마 지식 이외의 다른 것들을 위한 별도의 평가를 실시하지 않고도 '지·덕·체의 조화로운 발달'을 도모할 수 있을 것이다." 물론 앞에서 예시한 타일러나 위긴스와 맥타이의 아이디어는 여기서 말하는 정상적인 순서와는 상당한 거리가 있다. 어떻게 어찌 될지 모를 '학습의 결과와 수준'을 미리 예단하고, 또 그것을 어떤 형태로든지 간에 가시적인 학습목표로 먼저 제시할 수 있다는 말인가?

정상적으로 교육내용을 충실하게 가르치고 나중에 자연스럽게 평가한다는 것은, 평가가 일에서 분리되지 않고, 일의 '밖'이 아닌 일의 '안'에 있어야 한다는 것을 의미한다. 평가가 일의 '안'에 있다는 것은 평가의 기준이 일도 시작하기 전에 인위적으로 또 객관적으로 외부에서 주어지는 것이 아니라, 일을 하는 가운데 일의 내부에서 자연스럽게 드러나서 일의 과정마다 묵시적으로 그 잘됨과 못됨을 판단해 줌으로써 일의 진척을 돕는 것을 의미한다. 아마 이것이 과정 중심 평가의 진정한 의미일지도 모른다. 앞서도 언급한 바와 같이, 일은 일 자체로만 고민되어야 한다는 것, 달리 말하면 학습은 학습 그 자체로만 고민되어야 한다는 것이다. 이때는 바깥에서 평가가 개입할 여지도 없고 학습주체가 학습활동 그 자체에 완전히 몰두하여 물아일체가 된다. 듀이의 '수단과 목적의 연속'이 진정으로 시사하는 바(Dewey, 1939: 73-89)와 같이, 학습 그 자체가 학습을 판단하고 평가하는 가운데 학습이 자기 추진력을 가지고 저절로 앞으로 나아가며 학습자는 스스로가 어느 경지에까지 도달할지 가늠하거나 한정 지을 수 없을 정도로 끊임없이 성장하게 된다.

📑 평가의 제자리 찾기

이 경우는 평가가 교육과정, 수업, 학습에 대하여 우위에 서지 않고 전적으로 귀속되어 있음을 의미한다. 평가의 한계를 알고 평가를 할 때 비로소 평가가 제 기능을 다할 수 있다. 평가는 요즘처럼 그 대상인 교육과정, 수업, 학습으로부터 마치 독립된 실체인 양 사실적으로 분리되어 비중이 마구 커져서는 안 된다. 평가가 교육과정, 수업, 학습 안에 완전히 녹아들어 있어 교육과정, 수업, 학습의 물리적 시기와 상관없이 무의식적으로 아주 자연스럽게 이루어져야 한다. 이러한 절대적 경지에서는 외적 평가는 무의미할 뿐이며, 행위주체의 유일한 경쟁자는 바로 내일의 '나'일 뿐이다. 학습이 얼마나 잘되어 가고 있는지를 가장 잘 판단할 수 있는 사람은 바로 학습자 본인이다. 대개 하나의 일로서 학습은 다른 사람의 기준이나 외부의 척도에 맞추어져 있다. 그러나 다른 사람이나 외부의 눈을 의식하면서 학습을 하게 되면, 학습이 결코 자연스럽게 이루어질 수 없다. 자신의 내면 깊숙한 곳에서 자연스럽게 우러나오는 것, 곧 '전인성(wholeness)'이 학습에 반영되기 어렵다.

📑 행복한 수업과 학습

우리나라의 연간 노동시간은 OECD 국가 중에 거의 최고로 많은 반면에, 직업만족도는 거의 최하위에 포진해 있다. 학습 면에서도 우리나라 학생들의 각 과목에서의 학업 성취도는 OECD 국가 중에 최상위권에 속하지만, 그들이 받는 학업 스트레스는 세계 1위라는 보고도 나와 있다. 이 기이한 사실은 지나친 평가 위주의 교육이 학습을 학생들의 실존과 분리시키고 학생들의 학업 만족도를 떨어뜨린 결과라는 점을 시사한다. 학습은 일의 내재적 측면이 절대적 우위에 있는 즐거운 활동임에도 불구하고, 평가 위주의 교육으로 인하여 학습은 '여가(schole)'가 아닌, 상투적이고 직업적인 일처럼 긴장과 고통과 경쟁만 있는 것이 되어 버렸다. 비유컨대, 학습은 '제로섬(zero sum)'이 아니라 '윈윈(win-win)' 게임임에도 불구하고, 요즘 학생들은 서로 경쟁하고 다투면서 자신의 실존과는 무관한 '소외된 학습'을 하고 있다. 그들은 스스로가 학습의 주인이 되지 못하고, 오로지 평가만을 위해서 공부하는 것처럼 학습의 '밖'이나 '언저리'에서 서성이면서 학습의 과정 내내 여유나 즐거움을 느낄 수 없으며, 각성이나 통찰의 기쁨, 발견의 희열 등은 상상조차 하지 못하고 있다.

이러한 맥락에서 현재 OECD 국가 중에서 학생들의 학력이 최고 수준인 핀란드가 '학교교육에서 가급적 평가를 하지 말자!'는 운동을 이미 오랫동안 펴 온 것은 우리에게도 시사하는 바가 매우 크다. 예전에 교육 후진국이었던 핀란드는 'No Test Movement'로 교육개혁의 극적인 전기를 마련하였다고 한다. 요즘 우리나라는 '배움 중심 수업' 또는 '학습자 중심 수업'이라는 기치를 내걸고 있다. 만약 그것이 교사 중심 수업에 대한 반작용이라면 그것은 개혁의 좌표를 한참 잘못 설정한 것이다. 이상에서 진단한 것처럼 배움 중심 수업은 평가 위주의 교육을 주된 공격 목표로 삼아야 할 것이다. 결국 배움 중심 수업은 평가로 인하여 수업이나 학습의 과정 자체가 방해받지 말아야 한다는 것을 뜻한다. 앞으로 평가를 의식하지 않고 평가로부터 자유로운 수업, 수업의 과정 자체가 행복한 수업, 학습주체가 학습에 완전히 몰입하여 깨달음의 희열을 경험할 수 있는 수업을 기대해 본다.

김석우(2009). 교육평가의 이해. 서울: 학지사.

김승호(2017). 일의 교육적 의의. 교육논총, 54(1), 1-15.

박병원(2016). 일철학. 서울: 판미동.

박영은(1991). 일. 정신문화연구원 편, 한국민족문화대백과사전 18(pp. 583-590). 서울: 정신문화연구원.

유한구, 김승호(1998). 통합교과 교육론. 서울: 교육과학사.

이홍우(1996). 전인교육론. 도덕교육연구, 8, 1-21.

이홍우(2000). 예술과 교육. 도덕교육연구, 12(2), 1-22.

장상호(1994). 인격적 지식의 확장. 서울: 교육과학사.

장성모(2000). 교육의 종교적 측면. 도덕교육연구, 12(2), 23-54.

황정규(1998). 학교학습과 교육평가. 서울: 교육과학사.

Aquinas Thomas. *Quaestiones disputatae de veritate*. S. Edith übersetz. (1952). *Des hl. Thomas von Aquino Untersuchungen über die Wahrheit*. Freiburg: Verlag Herder.

Bruner, J. (1960). *The process of education*. New York: Harvard University Press.

Cianni, J. -L. (2016). *Philosopher a la plage*. 양영란 역(2017). 휴가지에서 읽는 철학책. 경기: 쌤앤파커스.

Ciulla, J. B. (2000). *The working life*. New York: The Crown Publishing Group. 안재진 역(2004). 일의 발견. 서울: 다우출판사.

Csikszentmihalyi, M. (1990). *Flow: The psychological optimal experience*. New York: Harper & Row. 최인수 역(2004). 몰입. 서울: 한울림.

Dewey, J. (1916). *Democracy and education*. New York: Macmillan. 이홍우 역(1987). 민주주의와 교육. 서울: 교육과학사.

Dewey, J. (1939). *The theory of valuation*. Chicago: The University of Chicago Press. 신현태 역(1987). 평가의 이론. 대구: 이문출판사.

Entwistle, H. (1970). *Education, work, and leisure*. London: Routledge & Kegan Paul.

Fröbel, F. (1887). *The education of man*. New York: D. Appleton & Company. 서석남 역(1995). 인간교육. 서울: 이서원.

Lukes, S. (1985). *Marxism and morality*. Oxford: Oxford University Press. 황경식, 강대진 공역(1994). 마르크스와 도덕. 서울: 서광사.

Pieper, J. (1952). *Leisure: The basis of culture*. A. Dru. trans. (1952). New York: Pantheon Book.

Polanyi, M. (1958). *Personal knowledge*. London: Routedge & Kegan Paul.

Tyler, R. W. (1949). *Basic principles of curriculum and instruction*. Chicago and London: The University of Chicago Press.

Wiggins, G., & McTighe, J. (2005). *Understanding by design* (2nd ed.). Alexandria, VA: Association for Supervision and Curriculum Development.

제8장

교사론:
'수업하는
사람'

1. 지식을 보는 두 가지 관점: '소비'와 '도야'

📖 지식의 소비 시대

오늘날 우리는 지식관이 크게 바뀌는 중요한 전환의 시기를 맞이하고 있다. 비록 지식관의 대변혁이기는 하지만 비교적 오랜 시간에 걸쳐서 서서히 일어나는 사건이기 때문에, 한 개인의 입장에서 보면 별로 실감도 안 날뿐더러 그것에 대하여 문제를 제기한다거나 저항하는 일 또한 그리 기대하기 어렵다. 사실 주변에 대다수의 사람이 그러한 동일한 상황에 젖어 있기 때문에 '이 지식관은 문제가 있고 저 지식관은 옳다.'는 식으로 정확한 판단을 내리지 못한다.

현재 우리는 이른바 '지식 소비'의 시대를 살고 있다. 현대인들은 수많은 지식을 생산하고 유통시키며 소비하고 있다. 고전적인 지식관에서 보면 지식 축에도 끼어들지 못할 지식들을 생산하여 유통시키는 사람들이 이제는 당당히 지식 전문가로서 대접받는다. 유통이나 소비에 초점을 맞추고 지식을 바라보게 되면서 지식이라는 말보다는 오히려 '정보'라는 용어가 현대인의 성정에 잘 들어맞는다. 또한 유통의 관점에서 보면 유통기한이 지난 낡은 지식보다는 쓸모 있고 참신한, 활어(活魚)같이 살아 있는 지식, 곧 정보가 당연히 우대받는다. 사고의 깊이가 느껴지는 난해한 순수 고전(古典)보다는, 공공연하게 수준이 낮고 옅음을 표방하는 편집된 지식들이 대형서점의 대세를 이루고 있다.

이러한 시대에는 옛날에는 그리 문제가 되지 않았던 '표절' '버전' '편집' 등이 크게 부각되고 있으며, 진열대에 상품을 어떻게 진열하느냐가 소비의 관건인 것처럼 지식 추구의 치열함보다는 지식의 외양, 곧 전시 또는 진열에 보다 신경을 써야만 보다 많은 지식이 소비될 것만 같은 강박증에 항상 시달리게 된다. 이러한 지식관에 더욱 불을 붙인 것은 바로 정보 통신 및 전달 기술의 급속한 발달이다. 현재 지식의 네트워킹이 얼마나 잘되어 있는가. 현대인들은 인터넷을 통하여 쉽게 최신 정보를 서핑하고, 서로 주고받기도 하며, 사고팔기도 한다. 이제 지식은 귀한 것이라기보다는 흔한 것 또는 별 대수롭지 않은 것처럼 되어 버렸다. 요즘 손 안의 컴퓨터와 같은 스마트폰의 대대적인 보급은 이러한 현상을 더욱 부채질하고 있다.

예전에 조지 오웰(George Orwell)은 그의 책 『동물농장(Animal Farm)』에서 정보사회의 미래를 예측하고 어떤 독재자의 정보 독점과 통제를 우려했다고 하지만, 오웰과 같이 유토피아를 묘사하고자 한 올더스 헉슬리(Aldous Huxley)는 그의 책 『멋진 신세계(Brave New World)』에서 오히려 정보의 과잉 생산 및 전달에서 오는 참된 정보의 부재를 걱정했다고 한다. 오늘날이 그러한 시대가 아닌가 하는 반성이 생긴다. 지식이 너무 가볍고 흔해 보여서 그중에 어떤 지식이 진정으로 가치 있고 당사자에게 의미가 있는지 분간해 내기가 힘들다. 이러한 지식의 분출과 소용돌이 속에서 학교 또는 학교교육 또한 자유로울 수는 없을 것이다. 범람하는 지식들이 아무런 기준과 절차 없이 학교 안으로, 정확히 말하여 학교 교육과정과 교과지식의 형태로 물밀 듯이 밀려들어 오고 있다. 학교에서 가르쳐야 할 지식이 너무 많아지면서 학생들은 교사들에게 지식을 '가르치려고' 하지 마시고 '가리켜만' 달라고 호소한다. 이제 학생들은 학교에서 와서 교과별로 진열된 지식들을 이리저리 돌아다니면서 관광하고 있다.

정보지식 사회의 이기(利器) 중의 하나인 '파워포인트'가 이러한 지식 관광을 더욱 가속화하고 있다. 초·중등교육뿐만 아니라 대학교육에 이르기까지 가르치는 교수나 발표하는 학생 모두 파워포인트에 지나치게 의존하고 있으며, 오로지 지식을 잘 전시하거나 치장하는 데에만 심혈을 기울이고 있다. 교사는 지식을 전시하기에 바쁘고 학생 또한 배움을 과시하는 데 열을 올린다. 이러다 보니 가끔 전원이 꺼지거나 컴퓨터가 고장이 나면 덩달아서 강의나 수업이 조금도 진척되지 못하는 어처구니없는 일도 일어난다. 지식의 생산, 유통, 소비가 비단 학교교육을 통해서만 이루어지는 것이 아니기 때문에, 학교에서 이루어지는 수업의 의미 또한 점차 퇴색될 수밖에 없게 된다.

이러한 분위기 속에서 요즘 학생들은 수업 자체를 지나치게 가볍게 여기는 경향이 농후하다. 이전에는 이유도 될 수 없었던 사적인 일들로 공적 수업을 빼먹거나 등한시하려는 학생이 점차 많아지고 있다. 수업에 임하는 태도 또한 예전에 비하면 이루 형용할 수 없을 정도로 불량하기 짝이 없다. 다만, 지금까지의 관행이나 제도의 힘에 의존하여 수업의 외형만 가까스로 유지되고 있는 형편이다. 수업을 가볍게 여기는 지금 세대의 학생들이 앞으로 교사가 되어서 기계적으로 수업을 진행하는 것은 상상만 해도 끔찍하다.

교사의 위상 약화

지식에 대한 소비적(消費的) 관점에서 보면 수업에서의 교사의 위치와 역할은 그야말로 미미하고 보잘것없다. 지식에 대한 교사의 개입 또는 관여 정도가 작을 수밖에 없으며, 또 그것이 자연스럽게 바람직한 것으로 여겨진다. 교사는 마치 지식이 유통되는 시장의 중간 매개체 또는 상인처럼 여겨질 수 있다. 교사에 의한 지식 유통이 시원치 않으면 학생들은 금방 싫증을 내기도 하고 교사를 경원시한다. 여기서 브루너(J. S. Bruner)가 참된 지식으로서의 '지식의 구조(structure of knowledge)'에 대비시켜 언급한 '중간언어(middle language)'가 연상된다. 학생들 또한 애당초 지식의 유통 구조 속에서 교사의 영향력에 대하여 별로 큰 기대를 걸지 않는다. 지식 시장의 유통 구조하에서는 중간 상인의 개입은 없을수록 좋은 것이 아니겠는가. 요즘 학생들은 특별한 경우를 제외하고는 수업 내내 교사의 개입이 많아지거나 교사가 맹활약을 하면 오히려 의아해한다. 왜냐하면 그것은 오히려 지식의 빠른 유통에 지장을 초래하기 때문이다.

이러한 얕고 가벼운 지식의 전수 분위기 속에서 오랫동안 익혀야 배울 수 있는 지식, 그리고 된장처럼 오래 숙성시켜야 비로소 그 빛을 발하는 지식들은 학교 수업에서 점차 설 자리를 잃어 가고 있다. 수업 현장에 가 보면 '학습(學習)' 중에 '학'만 있고 '습'은 사라진 지 이미 오래이다. 앞에서도 잠깐 언급했듯이, 이벤트성 수업 시간에 교사들은 지식을 전시·나열하기에 바쁘고, 학생들 또한 이미 배운 것 또는 심지어는 앞으로 배워야 할 것까지 발표하기에 정신이 없으며, 배우면서 변화하는 과정이라든가 충분한 시간을 가지고 몸에 익히는 과정이라든가, 차차 익혀 가면서 느끼게 되는 배움의 즐거움 등은 가차 없이 생략되고 있다. 수업 시간은 지식이 거쳐 가는 통로의 구실만을 수행할 뿐, 그 과정 속에서 지식이 생성되는 측면은 도외시된다. 교사와 학생이 서로 상호작용하는 가운데 예상하지 못한 지식이 만들어지는 측면을 전혀 고려하지 못하고 있다.

지식의 도야적 관점

오늘날 학교에서도 정보를 다루지 않는 것은 아니지만 학교가 정보의 온상이기 때문에 존재 의의를 가지는 것은 결코 아닐 것이다. 오히려 학교는, 배우기 전에는 그 가치를 미리 짐작하기 어렵지만 배우고 난 후에야 비로소 그 진가를 깨닫게 되는 지식을 다룬다는 점에서 다른 정보 전달 매체 또는 기관과 차별성을 가진다. 사실, 인류가 지식을 다루어 온 오랜 역사에 비추어 볼 때 지식에 대한 소비의 관점은 아무리 길게 잡아도 최근의 일에 불과하다. 동·서양을 막론하고 지식을 소비의 대상이 아니라 몸에 익혀야 할 내면화의 대상 또는 자기 인격 수양의 방편으로 보는 지식관이 유구한 세월 동안 하나의 뚜렷한 전통으로 자리 잡고 있다.

필자는 이러한 지식관을 지식에 대한 소비적 관점에 대비시켜 '지식에 대한 도야적(陶冶的) 관점'이라고 명명하고자 한다. 때로 지식이 문제해결이나 출세의 도구가 되기도 하고, 즐겁게 시간을 보내는 방편이 되기도 하며, 오늘날 강조되는 '스펙'처럼 겉치레나 과시의 수단이 되기도 한다. 그러나 지식은 그러한 측면들 이전에 현대인들이 간과한 보다 근원적인 존재 이유가 있다고 보지 않으면 안 된다. 그것은 바로, 지식은 본질상 도야적인 측면을 지니며, 궁극적으로는 인간의 인격 수양이나 심성 함양에 이바지하게 된다는 '지식에 대한 도야적 관점'이다.

이 장은 지식에 대한 도야적 관점에 입각하여 교사의 본질을 규명하는 데 그 목적이 있다. 앞에서 잠깐 시사했듯이 지식에 대한 소비적 관점에서 보면 오늘날과 같이 교사는 지식의 유통 시장의 중간 상인처럼 여겨질 수 있으며, 그 위상은 당연히 낮아질 수밖에 없다. 그러나 지식에 대한 도야적 관점에서 보면 교사의 존재는 결코 무시될 수 없을 것이라는 막연한 가정을 이 장에서는 가지고 있다. 지식에 대한 도야적 관점에 입각하여 교사의 본질을 규명하기 위해서, 이 장에서는 우선 2절에서 지식에 대한 도야적 관점과 관련하여 지식의 성격을 모색해 보고자 한다. 다음으로 3절에서는 모색된 지식의 성격을 기초로 하여 그러한 성격의 지식을 전달하고 전수받는 수업의 문제를 고찰할 것이다. 이어서 마지막으로 4절에서는 이제까지 논의된 것을 바탕으로 하여 '수업하는 사람'으로서의 교사의 본질을 모색해 보고자 한다.

2. 지식의 통합적 성격

📑 지식의 명시적 측면

지금까지 지식에 관한 논의는 오랜 세월 동안 철학자들의 주된 관심 분야가 되어 왔다. 일반적으로 철학자들은 주로 지식의 명시적 측면에 주목하고 그것을 범주화하거나 상징적인 형식으로 만들어서 조작하는 일에 치중하는 경향이 있다. 사람들은 그러한 활동의 흔적들로서 언어 또는 그 밖에 상징으로 표현된 것들, 수학적 공식이나 정리(定理)들, 법규나 도덕적 준칙들, 명제화된 이론들 등과 같은 것만이 온당한 지식이라고 생각한다.

그러나 그러한 작업과 그 결과물들이 지식의 전부는 결코 아니다. 그것들은 오로지 철학자들의 책상머리 사유에 근거한 것으로서 현장에서 지식이 실지로 생성되는 과정과는 상당한 거리가 있다. 지식의 명시적인 측면과 객관적인 측면만을 추구하는 사람들은 지식이 생성되는 역동적인 과정을 간과할 뿐만 아니라 지식의 생성 과정에서 결코 빠트릴 수 없는 중요한 역할을 수행하게 되는 '인식주체', 곧 사람의 요소를 배제할 가능성이 많다. 지식 형성 과정에서 사람을 배제할 수는 없다. 지식은 감각자료에서 출발하여 정보로 체계화되고, 그것을 내면화한 사람의 사고가 되어 때로 임박한 문제를 해결하는 판단으로 작용하며, 더 나아가서 그 판단이 자신의 삶을 개척하는 데 지혜가 되어 주기도 하고, 더 나아가서 주변 사람과 더불어 잘 사는 데 도덕이 되어 주기도 하다가 궁극적으로는 나와 세계의 합일을 이루는 종교에 도달하게 된다.

📖 지식의 묵시적 측면

한편, 지식이 만들어지는 과정 그 자체는 성격상 언어로 명료하게 포착되기 어려울 뿐만 아니라 객관화하기도 용이하지 않다. 특히 지식 생성 과정에 사람들이 얼마나 깊게 참여해서 어느 정도 영향을 미치게 되는지를 규명하는 일은 거의 불가능에 가깝다. 그러나 우리가 '지식' 또는 '지식 추구 활동'이라고 부르는 영역 중, 눈에 분명하게 들어오고 객관적으로 인정할 수 있는 부분보다는 앞에서 언급한 바와 같은 지식의 묵시적 측면이 훨씬 더 큰 비중을 차지하고 있다는 점 또한 인정하지 않을 수 없다. 비유하자면 지식의 명시적 측면은 지식의 묵시적 측면에 비하면 이른바 '빙산의 일각'에 불과한지도 모른다. 폴라니(M. Polanyi)의 표현을 빌려서 말하자면, 우리는 말로 할 수 있는 것보다 훨씬 많은 것을 안다.

여기에서는 이상에서 제기한 지식의 묵시적 측면과 지식 형성에 있어서 사람의 역할을 주목한 몇몇 학자의 견해를 살펴보기로 한다. 그러한 가운데 현대인들이 지식에 접하면서 간과하고 있는, 아직 밝혀지지 않은 지식의 중요한 측면이 부각되기를 기대해 본다.

1) 폴라니의 '자득지'

예전에 한때는 지식의 형성 과정에 있어서 객관성을 담보하기 위해서는 인식주체의 개입이 배제되면 될수록 좋은 것으로 여겨졌다. 그러나 폴라니에 의하면, 오히려 인식은 인식주체인 사람의 적극적인 참여에 의하여 성립되며, 따라서 지식의 형성 과정에 있어서 사람은 중추적인 위치에 서 있는 것으로 설명되어야 한다. 이 말은 단순히 지식 형성의 주체는 사람이라는 진부한 주장을 여기서 다시 반복하고 있는 것이 아니다. 폴라니에 의하면, 인간의 인식행위는 인식주체로서의 인격, 가장 기본적인 의미로는 우리의 '신체(身體)'에 기반을 두고 이루어진다.

사람들은 흔히 대상 인식은 바깥에 있는 것들에 의하여 결정된다고 생각하지만, 실지로 인간은 아동들이 일상적으로 그렇게 하고 있는 것처럼 신체 내부에 있는 단서(端緖)들에 의존해서 바깥에 있는 대상들의 의미를 파악해 낸다. 그러나 유감스럽게도 그러한 신체 내부에 있는 단서들은 애당초 객관성, 명료성과는 거리가 멀며, 폴라니의 표현으로 '묵시적 차원(tacit dimension)'에 속한다.

📖 초점지와 보조지

아마도 이 점을 이해하는 데에는 폴라니가 지식 형성의 두 측면으로 설명한 '초점지(focal awareness)'와 '보조지(subsidiary awareness)'의 관계를 알아보는 것이 크게 도움이 될 것이다. 초점지는 어떤 활동을 수행할 때 당사자가 활동에 숙달되거나 몰입하여 활동이나 그 활동의 대상이 되는 것과 혼연일체가 되어 있는 경우의 지식을 가리키며, 보조지는 초점지 총체를 구성하는 데 있어서 필수 불가결한 세부 요소이기는 하지만 초점지가 활용되는 순간에는 좀처럼 의식이 되지 않는 지식을 의미한다. 운전을 예로 들면, 지금 막 능숙하게 자유자재로 운전을 할 때 활용되는 지식이 초점지라면, 초점지 이전에 이미 몸에 내면화하고 있던 자동차 구조와 기능에 대한 전반적인 이해, 자동차를 조작하고 다루는 기술, 도로 운행 규칙에 대한 사전 지식, 백미러를 보는 능력 등이 보조지에 해당한다. 물론 이러한 지식의 구조는 비단 신체적 활동이나 기술 우위의 분야에만 국한되지 않고 예술, 과학, 종교 등 인간이 하는 모든 활동 분야에 적용될 수 있다.

📖 내주와 외화

폴라니에 의하면, 지식 형성은 이미 몸에 내면화하고 있는 보조지에 기초하여 명시적으로 설명할 수 없는 어떤 통로를 거쳐 궁극적으로 하나의 통합된 초점지에 도달함으로써 가능해진다. 요컨대, 일체의 지식은 보조지에서부터 초점지로의 통합적 관계에 의하여 창출된다. 보조지는 인식주체에게 이미 내면화되었다는 의미에서 항상 '근접항(proximal term)'이고 초점지는 아직 통합되지 않았다는 의미에서 '원접항(distal term)'이라고 할 수 있으나, 초점지 또한 일단 인식주체에게 '체득(interiorizing)'되고 나면 당사자에게는 보조지가 되어 더 한층 높은 수준의 초점지를 모색하는 데에 동원된다. 이 점에서 보면, 초점지와 보조지의 관계는 항시적으로 고정된 것이 아니라 인식주체를 중심으로 역동적으로 순환하면서 인식주체로 하여금 점차 세계에 대한 정밀하고 확장된 이해를 가능하게 해 준다. 폴라니는 보조지를 단서로 하여 외부 세계를 우리의 몸의 일부로 동화시켜 나가는 과정을 '내주(indwelling)'라고 부르며, 반면에 초점지를 그 보조적 세부 단서들로 환원시킬 때 통합적 의미가 상실되는 과정을 '외화(exteriorizing)'라고 일컫는다. 예컨대, 연극배우가 무대에서 연기를 할 때 자신의 의상이나 분장에 지나치게 주의를 쏟으면 공연을 망치게 된다. 집중하고 있던 인식주체가 개개의 보조지에 신경을 쓰는 순간, 초점지와 보조지의 기능적 관계는 깨지게 된다(Brownhill, 1983: 44).

📖 회득

초점지는 보조지의 특수한 세부 요소들이 통합되어 의미를 가지게 된 것이지만, 그 통합된 결과는 보조지의 세부 요소들에 들어 있지 않은 속성을 지닌다. 따라서 초점지를 그것을 뒤에서 가능하게 해 준 보조지로 환원시켜 이해하려고 하는 것은 무의미한 일이다. 설사 보조지의 세부 요소들을 망라한 후에 각각으로 분리하여 열거할 수 있을지라도 그 일단의 세부적인 내용에 대하여 비통합적으로 주의를 주는 순간, 그것들은 그것들이 가져오는 통합적인 의미를 상실하고 비교적 의미 없는 것이 되고 만다(Polanyi, 1969: 165: 장상호, 1994: 35에서 재인용). 초점지는 항상 보조지의 산술적인 합을 초월하는 것이다. 글의 주제 파악은 철자에 대한 판독, 개별 단어들의 의미 이해, 문장 구조 파악, 문법의 적용 등의 보조지들의 총합이 더 이상 의의를 가질 수 없는 순간 또는 지점에서부터 초월적으로 발휘되기 시작한다. 이제까지는 서로 분리되어 연결되지 않았던 무의미한 세부 요소들이 초점지라는 어떤 통일된 하나의 맥락 속에서 주목의 대상이 되면서 새로운 총체적 의미를 가지게 되는 것을 폴라니는 '회득(會得, comprehension)'이라고 부르기도 한다(Polanyi,

1969: 92-97: 장상호, 1994: 33에서 재인용).

📖 지식의 인격적 요소

그렇다면 세부 요소들로서의 보조지가 구체적으로 어떤 과정을 거쳐 총체적 의미로서의 초점지로 통합되는 것인가? 폴라니 스스로는 이 질문에 대해서 분명한 답을 하고 있지는 않았지만, 이상에서 고찰한 바와 같이 나름 해답이 될 만한 중요한 단서를 이미 시사한 바 있다. 폴라니에 의하면, 모든 지식은 신체 내부에 그 뿌리를 두고 있다. 기본적으로 보조지는 신체를 숙주(宿主)로 하고 있고, 신체는 보조지를 통합하여 초점지로 승화시키는 역할을 수행한다. 몸을 기반으로 하여 보조지가 초점지가 되고 또다시 초점지가 보조지가 되는 식으로 인간은 신체를 확장시켜 나가면서 외부 세계를 이해해 나가게 된다. 이와 같이 신체적 자아를 중심으로 집중적으로 주목하는 대상까지 뻗어 나가기 때문에, 폴라니는 이러한 작용을 '자아 중심적 통합작용(self-centered integration)'이라고 부른다(Polanyi, 1969: 105: 장상호, 1994: 37에서 재인용).

폴라니가 지적한 전통적인 철학적 인식론의 근본적인 결함은 바로 이러한 통합적인 '묵지(默知)'를 인정하지 않는다는 데에 있다. 인간이 외부 세계의 실재를 파악하게 되는 것은 외부 세계가 마음에 그대로 반영되기 때문이라기보다는 인간이 그것을 점차 우리 신체 내부의 것으로 내면화해 나감으로써 가능해진다. 어떤 지식이나 활동이든지 그것이 '사람'에게 내면화되었을 때 비로소 그 본연의 모습이 드러나게 된다. 거꾸로 말하면, 바깥 세계가 신체의 일부가 되는 내면화 없이 인간의 세계에 대한 진정한 이해는 불가능하다. 그 옛날 토미스트(Thomist)들이 간파하였듯이 실재는 마음속에서 비로소 실현된다.

대상 인식의 발판이 되는, 달리 말하여 보조지의 숙주가 되는 우리의 몸과 마음은 실증주의자들의 생각과 다르게 대상 인식에 아주 중요한 역할을 한다. 우리는 암묵적으로 여러 보조지를 연결하고 수렴하여 새로운 초점지를 창출해 낸다. 이 경우 몸과 마음의 여러 상태와 작용이 중요한 역할을 하게 되는데, 열정, 의지, 믿음, 열망, 선의, 정서, 태도, 소망, 헌신, 몰입 등과 같은 '인격적인(personal)' 것들이 일반적인 예상과는 달리 지식의 통합과 창의성에 지대한 공헌을 하게 된다. 이렇게 볼 때, 지식은 본질상 인격적일 수밖에 없으며, 지식의 인격적 요소는 지식 통합의 기본 전제라고 할 수 있다.

2) 오우크쇼트의 '판단'

📖 정보와 판단의 구분

오우크쇼트(M. Oakeshott)는 그의 논문 「학습과 교수」(1967)에서, 교육은 학생들로 하여금 인류 공동의 업적인 문화유산에 입문시키는 일이라고 보았으며, 그 문화유산의 내용을 크게 '정보(information)'와 '판단(judgement)' 두 가지로 구분한 바 있다. 우리가 보편적으로 '지식'이라고 부르는 것은 문화유산의 내용을 이루고 있는 다양한 종류와 수준의 능력들인데, 그것들은 정보와 판단이라는 두 가지 요소의 결합으로 이루어져 있다. 보다 일반화하여 말하자면, 지식에는 정보와 판단이라는 두 측면이 모두 들어 있다는 것이다.

정보는 사실 또는 지적 활동의 가시적 결과를 뜻하며, 이것은 바깥으로 명백히 드러내어 말할 수도 있고, 또 항목으로 나열될 수도 있는 것이다. 요즘 유행하는 '요리능력'의 예를 들면, 요리책에 들어 있는 여러 레시피, 즉 요리에 들어갈 재료들을 다루는 법, 음식을 익힐 불의 적정 온도, 양념을 넣는 순서 등과 같은 것들이 정보라고 할 수 있다. 정보는 이와 같이 명시적인 것이기 때문에 당사자가 구해 보려고만 한다면, 교과서, 백과사전, 신문, 방송, 인터넷 등의 매체들을 통해서도 얼마든지 구할 수 있다.

　　그러나 정보에 비하여 판단은 쉽게 획득할 수 있는 것이 아니다. 왜냐하면 판단은 '사람'을 숙주(宿主)로 하여 존재하는 것으로서, 지식의 표면에 명시적으로 드러나지 않기 때문이다. 판단은 지식의 '암묵적' 영역, 즉 지식의 밑바닥에 들어 있어서 표면에 드러나지 않는 부분이다. 판단은 정보와는 달리 항목으로 나열하여 제시할 수도 없으며, 따라서 쉽사리 암기하거나 복제할 수도 없는 것이다. 판단은 정보라는 지식의 요소로 환원될 수 없기 때문에, 우리 입장에서 어떤 판단이라는 것이 있음을 알게 되는 것은 오직 판단을 가진 사람에 의하여 그것이 활용되는 순간 또는 그 활용 결과를 통해서만 가능하다. 판단은 그것과 관련된 세세한 정보들을 모두 잊어버린 뒤에도 남는 망각된 지식의 잔영이며(Oakeshott, 1967: 168), 이미 그것을 몸에 익힌 사람의 입장에서는 더 이상 말로 설명하지 못할 수도 있고 또 너무나 자명하여 말로 표현할 필요도 없는 그런 것이다.

　　앞에서 예로 든 '요리능력'을 두고 말하면, 어떤 요리의 대가가 어떤 요리를 신들린 듯이 기가 막히게 잘하는 순간의 능력이 곧 판단이다. 이때 요리능력으로서의 판단은 앞에서 열거한 요리와 관련된 모든 정보의 총합을 초월하는 것이며, 오히려 그러한 정보들이 더 이상 효력을 발휘할 수 없는 시점에서 비로소 작용하기 시작한다. 요컨대, 판단은 특정한 개인이 어떤 분야의 정보들을 완전히 자기 것으로 내면화함으로써 비로소 갖추게 된, 어떤 구체적인 일을 뛰어나게 잘할 수 있는 마음의 통합적 능력이라고 규정해 볼 수 있다.

정보와 판단의 관계

　　물론 정보와 판단은 사실상 각각 별도로 존재하는 서로 다른 두 종류의 지식을 가리키는 것이 아니다. 양자 사이에 사실적인 단절은 없다. 인간의 몸과 마음을 기준으로 하여 볼 때 정보는 우리 마음의 표면에 도달한 정도의 지식이라면, 판단은 관련된 외부 문제를 실제로 잘 해결할 수 있을 정도로 마음속에 보다 깊게 내면화된 지식을 일컫는다. 판단은 정보와는 별도로 존재하는, 정보에 의존할 필요가 없는 특별한 종류의 지식이 아니라, 모든 지식이 반드시 갖추어야 할 지식의 한 구성 요소이다. 일체의 지식에는 정보라는 지식의 구성 요소들로 환원될 수 없는 판단이라는 요소가 반드시 들어 있다.

판단을 획득하기 위해서는 우선적으로 그와 관련된 정보들을 배울 수밖에 없겠지만, 그것들은 우리가 그것들을 통하여 배워야 할 거대한 판단에 비하면 빙산의 일각에 지나지 않는다. 앞에서 거론한 바 있는 후세에 학생이 배워야 할 문화유산의 내용들 전체를 놓고 생각해 보더라도, 그것의 정보적 요소들은 그에 상응하는 판단에 비하면 문자 그대로 표면상 보이지 않는 빙산의 일각에 그칠 것이다. 반대로 판단을 염두에 두고 이야기하면, 폴라니의 표현으로 우리는 우리가 말할 수 있는 것보다 훨씬 더 많은 것을 알고 있다. 그렇기 때문에 우리가 후손에게 반드시 전수해 주고 싶을 만큼의 근사한 여러 분야의 활동과 능력들, 그것들이 구성하고 있는 인류의 문화유산 전체는 세부적 내용으로서의 정보라기보다는 여러 정보가 서로 연결되어 통합된 능력으로서의 판단에 속한다고 보아야 한다.

판단 또한 앞에서 고찰한 폴라니의 초점지와 마찬가지로 지식의 묵시적 측면에 속하며, 사람의 몸을 떠나서는 더 이상 의미를 가지지 못한다. 인류 역사상 각 분야에서 탁월한 업적을 낸 대가들의 죽음과 더불어 판단도 함께 사라지고 마는 것만큼 아쉬운 일도 다시 찾기 어려울 것이다. 사람이 몸에 지니고 있는 판단은 제아무리 상세하게 열거하더라도 그 목록 속에서 찾아질 수 있는 성격의 것이 결코 아니며, 설사 판단을 밖으로 드러낸다고 하더라도 그것은 이미 판단이 아닌 것으로 변질되고 만다.

아무튼 오우크쇼트는 지식을 정보와 판단이라는 두 측면으로 구분함으로써, 폴라니의 초점지가 보여 주었던 바와 같이 지식의 묵시적 측면을 다른 각도에서 다시 한 번 강조하고 있다. 비록 정보가 어떻게 해서 사람의 몸으로 들어가서 판단으로 승화되는지는 알 도리가 없지만, 분명 일체의 지식은 개

넘상 사람에 의한 통합을 전제로 하고 있으며 사람에 의해서 비로소 최대한
으로 발현된다는 것이다.

3) 키에르케고르의 '주관적 지식'

📖 주관적 진리

키에르케고르(S. Kierkegaard)의 실존철학은 헤겔(G. W. F. Hegel)의 관념
철학에 대한 반발로 출발한 것으로 알려져 있다. 주지하다시피 헤겔은 절대
정신이라고 하는, 우주 전체를 보편화하는 본질적 이념을 토대로 하여 모든
것을 통일하는 거대한 객관적 진리체계를 수립한 바 있다. 그러나 키에르케
고르는 과연 객관적 지식 속에 인간의 실존이 존재하는가에 대한 의문을 품
으면서 헤겔의 객관적 진리관에 정면으로 반대한다. 그는 헤겔에 따르게 되
면 지식 형성에 있어서 개인의 존재 의미는 상실된다고 보고, 인식주체 스스
로의 주관적 진리에 주안점을 두어야 한다고 주장하였다. "진리는 주관성이
다."(Kierkegaard, 1941: 181)라는 말은 키에르케고르의 이러한 지식관을 한마
디로 요약해 주고 있다.

일반적으로 진리는 보편성과 객관성 그리고 타당성을 가지고 있어야 하는
것으로 규정된다. 그러나 키에르케고르에 따르면, 진리는 실존적 자아가 자
기실현을 해 나가는 가운데 불가피하게 마주 대하게 되는 절망 속에서 개인
을 구원해 줄 수 있는 주관성 또는 주관적 지식이다. 객관적 진리는 추상적이
고 보편적인 관념으로서 지적 탐구라는 욕망의 대상에 불과하다. 객관적 진
리에는 인식주체로서 '사람'이 개입될 여지가 없기 때문에 실존하는 한 사람
이 구체적으로 삶을 영위하는 데 아무런 영향을 미칠 수 없다.

반면에 키에르케고르가 추구했던 주관적 진리는 특정한 상황에 있는 실존
적 자아가 스스로를 극복하고 보다 도약하고 발전시킬 수 있는 주체적 지식

이다. 참된 지식은 본인 주변의 사물이나 현상을 연구함으로써 외현적으로 발생하는 것이 아니라, 오히려 그러한 객관적 지식의 허구성을 깨닫고 자신의 실존에 집중하여 스스로가 무엇을 행하고 어떻게 살아야 할지를 내면적으로 고민함으로써 성취할 수 있다. 요컨대, 진리는 결국 바깥이 아니라 내 몸속에서 실현되어야 할 주관적 성격의 문제이다.

📖 자아 형성의 3단계

키에르케고르는 이상에서 설명한 주관적 지식의 본질과 성격을 잘 드러내 보여 줄 수 있는 예로서 실존의 '자아 형성 3단계'를 거론한 바 있다. 이와 관련된 키에르케고르의 가장 기본적인 질문은 '진정한 기독교인은 어떻게 될 수 있는가?'였다. 키에르케고르가 살았던 그 시대에 대부분의 덴마크인들은 별다른 아무 의심 없이 '우리는 모두 이미 기독교인이다.'라고 생각하고 앞의 질문을 고려조차 할 필요가 없었다. 교회의 객관적인 교리나 교칙을 따르기만 하면 누구나 다 당연하게 기독교인이 될 수 있다는 믿음이 팽배해 있었다고 한다.

그러나 주관적 지식에 비추어 볼 때, 진정한 기독교인은 교리를 수용하는 객관적 사건에 의해서가 아니라 자기 스스로를 끊임없이 의심하고 실존적으로 반성하면서 정신적으로 단련하고 신 앞에서 처절하게 깨지는 가운데 도달될 수 있다. 키에르케고르는 그 당시 기독교인들의 위선과 허세에 절망한 나머지, 앞의 논의에서 시사한 바와 같이 참된 기독교인의 실존은 객관적으로 달성될 수 없다는 것을 보여 주려는 의도로, 그의 저서 『이것이냐 저것이냐』에서 참된 기독교인에 도달하기까지의 자아 형성의 3단계를 다음과 같이 제시한 바 있다.

🔖 감각적 자아

첫 번째는 감각적 단계이다. 인간의 가장 원초적인 자아의 모습으로서 아무 생각 없이 감각적 쾌락을 추구하면서 부평초같이 덧없이 사는 단계이다. 성숙한 단계에 미루어 볼 때 감각적 단계의 자아는 때로 엉뚱하고 상상력이 풍부한 면이 없지 않지만 단순한 실재의 표면에 머물고 있으며 진지성이라든가 깊이 면에서 턱없이 부족하다(Pojman, 1984: 79). 늘 현재의 욕망 실현에 만족스러워하며 미래에 이루고자 하는 어떤 삶의 목표가 없다. 키에르케고르는 자아를 현실성과 가능성의 관계로 설명하는데, 감각적 단계에서는 현실성만 있고 가능성이 없다는 점에서 자아가 아직 형성되지 않았다고 볼 수 있다. 감각적 단계의 한계는 여러 상황적인 조건으로 말미암아 우수의 짓눌림에 사로잡힐 수밖에 없으며, 그 우수의 이면에 들어 있는 정서가 바로 절망이다(임병덕, 1998: 169).

🔖 윤리적 자아

두 번째는 윤리적 단계이다. 윤리적 단계의 자아는 보편적 도덕적 원칙의 수용에 의하여 특징지어진다(Pojman, 1984: 80). 감각적 자아처럼 쾌락만을 좇아 무비판적으로 사는 것이 아니라 인간으로서 지켜야 하는 보편적 가치와 윤리에 따라 생활하는 것이다. 이 맥락에서 키에르케고르가 말하는 윤리는 넓게는 자연법칙과, 너무나도 자명한 이성적이고 자율적인 도덕적 삶에 기반을 둔 의무 윤리를 의미한다(Pojman, 1984: 81). 감각적 자아는 현실성과 가능성이 미분화된 즉각적 존재라면, 윤리적 자아는 현실성과 가능성의 긴장 관계 속에서 자아의 형성을 경험하며, 그에게 중요한 것은 현재 어떤 상태에 있는가가 아니라 '어떻게 장차의 모습으로 되는가' 하는 것이다(임병덕, 1998: 170). 윤리적 자아는 '보편적인 인간'이 되려고 노력하는 과정에서 자신이 얼마나 불완전한 존재인가를 깨닫게 되고, 결국 그것 때문에 뼈저린 슬픔을 맛본다(임병덕, 1998: 172).

종교적 자아

세 번째는 종교적 단계이다. 종교적 단계의 자아는 합리성에 반하거나 그것을 초월하여 성립한다. 『성경』에 등장한 바와 같이 자신의 하나밖에 없는 귀한 아들인 이삭을 제물로 바치는 아브라함의 행동은 '엉터리'라고밖에 받아들일 수 없으며, 적어도 정상적인 이성적 행동 규범에 반하는 것이었다(Pojman, 1984: 84). 키에르케고르는 그의 저서 『공포와 전율(Fear and Trembling)』에서 이것을 '윤리적인 것의 목적론적 정지'라고 부른 바 있다. 그와 같이 종교적 자아는 윤리적 자아의 한계를 이성의 범위 내에서 해결하려고 하지 않는다. 종교적 단계는 신을 가능성으로 선택하는 단계이며, 이 단계에서 현실성과 가능성의 관계는 균형의 중심이 더 이상 이동할 필요가 없는 완전한 균형을 이루게 된다(임병덕, 1998: 175). 종교적 단계는 신앙을 가지고 살아가는 실존으로서 하나님과 민낯으로 대면하는 단독자로서의 삶이다. 종교적 자아는 스스로의 결심에 따라 신의 세계의 가치에 따라 살면서 일개 인간으로서의 무력감과 허무함을 떨쳐 버리고 본래의 자신을 찾으려는 삶을 추구한다.

자아의 관계 양상

물론 이상에서 기술한 자아 형성의 3단계는 구조적으로 서로 단절된 것으로 이해되어서는 안 된다. 키에르케고르가 자아를 3단계의 여러 관계 양상으로 설명하고 있듯이, 자아 형성의 3단계는 한 인간이 겪어야 할 전체적인 자아 발달의 과정, 곧 총체적 자아로 받아들여야 한다. 사실, 우리 삶에는 자아 형성의 모든 단계가 현존하고 있다(Manheimer, 1977: 125). 예를 들어, 종교적 자아라고 할지라도 그는 감각적 자아처럼 오감을 가지고 인생을 즐긴다. 또 한편으로 윤리적 자아처럼 여러 가지 소소한 일을 포함하여 사회적 책임을 회피하지 않는다. 그러나 분명한 것은 종교적 자아는 그 모든 것을 신에게 돌리고 그에 의지하여 살아간다는 점에서 차별성을 가진다. 그리고 그것이 곧 진정한 기독교인이 된다는 것을 뜻한다.

진정한 기독교인이 된다는 것은 결코 객관적 사태가 아니다. 거기에 도달하기 위해서는 실존적 개인의 자아가 위계적인 3단계를 반드시 거쳐야 한다. 특히 각 단계를 뛰어넘는 데 있어서 실존적 개인의 역할은 매우 중요하다. 키에르케고르는 자아 형성의 3단계 사이사이에 과도기적 중간 단계로서 '아이러니'와 '유머'를 설정한 바 있다. 이것도 저것도 아닌 자아의 갈등 내지는 긴장 관계에서 여러 가지 가능성 중 하나를 선택하고 결단을 내리는 것은 결국 실존적 개인의 주관성이다. 한 단계에서 다음 단계의 자아로 도약하는 것은 '자기 자신의 주체적 결단'에 의해서만 가능하다는 것이다.

진정한 기독교인이라는 진리는 형식적 명제나 문장의 집합이나 개념의 정의가 아니라, 구체적인 삶이다(Pojman, 1984: 73). 인식론적으로 볼 때 우리는 우리가 아는 지식에 실존적으로 가깝게 사는 만큼 진리에 도달할 수 있게 된다. 여기서 어떻게 우리가 감각적 단계와 윤리적 단계를 거쳐서 주관적 지식에 도약할 수 있는가 하는 문제는 차치하더라도, 주관적 지식은 진정한 기독교인을 형성하도록 하는 지식이며, 진정한 기독교인은 주관성으로서의 신앙이 내면화된 상태를 의미한다. 주관적 지식은 영원한 진리에 도달할 수 있는 필요와 충분조건 모두에 해당한다. 그러나 한편, 이러한 실재의 성격 때문에 우리는 결코 진리를 완전히 파악할 수 없게 될 것이다(Pojman, 1984: 74-75). 이상에서 고찰한 바와 같이 지식은 객관적으로 규정될 수 있는 성격의 것이 아니며, 당사자가 그 지식 자체가 되어야 함을 하나의 전제로 요청한다.

🕮 지식의 통합적 성격

어떤 측면에서 보면, 지식을 추구하는 당사자가 실지로 그 지식이 되어야 함을 요구하는 키에르케고르의 지식관은 진리 추구에 있어서 당사자의 참여를 절대시했다는 점에서 앞에서 고찰한 폴라니와 오우크쇼트의 지식관을 훨씬 뛰어넘는 것인지도 모른다. 그럼에도 불구하고 이상에서 고찰한 세 가지 지식관은 지식에 관한 한 지향점을 제시하고 있다. 그것은 바로 지식의 통합적 성격이다. 지식은 원래 통합적인 성격을 가질 수밖에 없다. 달리 말하면, 지식이라는 개념에는 이미 '사람에 의한 통합'이라는 의미 요소가 들어 있다. 아마도 '사람에 의한 통합' 또는 '인격적 통합'이라는 가장 중요한 특성을 제외하고 지식을 논하기 어려울 것이다.

폴라니가 언급한 자득지는 지식의 통합에 있어서 인격적 요소의 개입의 불가피성을 강조한 것이고, 오우크쇼트의 판단은 인간의 몸에 통합된 지식의 유용성과 탁월성을 논한 것이며, 키에르케고르의 주관적 지식은 지식의 통합 과정에 있어서 당사자적 참여의 절대성을 부각시키고 있다.

3. 수업의 자득적 측면

🕮 수업 개념의 부재

'수업이란 무엇인가?'라는 질문은 의외로 대답하기 매우 어려운 질문이다. 수업은 학교의 존재 이유이기도 하고, 어떻게 보면 교사들이 봉급을 받는 거의 유일한 근거이기도 하다. 그럼에도 불구하고 항상 수업을 하고 있는 연륜이 있는 현직 교사들조차도 이 질문에 분명한 대답을 하지 못한다. 수업은 농작물을 길러 내거나 상품을 생산하는 일도 아니면서, 그렇다고 요즘 많은 사람이 착각하고 있듯이 소위 '서비스 활동'으로만 보기도 어려운 측면도 포함하고 있다.

이 의문을 해결하고자 교육학 개론이나 수업이론 책들을 참고해 보면 수업의 개념은 대부분 천편일률적으로 '교사와 학생 사이의 상호작용'이라고 기술되어 있다. 그러나 이 규정은 복잡한 수업현상을 지나치게 단순화한 설명에 해당한다. 교육에 관계하지 않는 문외한이 수업하는 장면을 보고 그 외현만을 간단하게 묘사한 것에 불과하다. 이는 수업을 심리학적 관점, 좀 더 좁혀서 말하면 행동주의적 관점에서 수업을 하나의 행동적 처치(處置)로서 파악한 것이며, 정작 유사 이래로 계속되어 온 수업의 본질적 의미는 놓치고 있다.

일단, 수업을 단순히 교사와 학생 사이의 상호작용으로만 설명하는 것은 수업에서 '교육내용' 또는 '교과'가 차지하는 비중을 지나치게 폄하한 것이다. 수업에서 교육내용의 위치와 역할은 그야말로 절대적인 것이다. 어떻게 보면 교육내용은 수업이 성립하게 된 계기라고 말할 수 있다. 우선순위를 두자면 교사와 학생의 상호작용 이전에 교육내용이 존재한다. 먼저 교육내용이 있기 때문에 교사는 그것을 학생에게 전달하기 위하여 수업을 하는 것이고, 학생은 교육내용을 교사로부터 배워서 자기 것으로 만들기 위해서 수업을 받는 것이다.

교사의 입장에서 보면 수업은 교육내용과 학생 마음 간의 간극을 점차 메워 나가는 활동이며, 학생의 입장에서 보면 수업은 교사의 그러한 매개활동을 통하여 교육내용을 자신의 것으로 내면화해 가는 활동으로 볼 수 있다. 이 두 가지 정의를 통합하면 수업은 '학생이 교사의 매개활동을 통하여 교육내용을 내면화하는 과정'이라고 잠정적으로 규정해 볼 수 있다. 물론 이 정의 또한 복잡하고 신비로운 수업의 전모를 드러낸 것으로 볼 수 없지만, 수업이라는 구조의 기본 골격으로서 교사, 학생, 교육내용이 모두 포괄된, 그런대로 균형 잡힌 개념임에 틀림없다.

그러나 앞에서 규정한 개념에도 역시 수업의 전모를 분명하게 드러내기에 아직 부족한 점이 많이 있다. 앞의 개념에서 '매개활동'이 무엇인가는 차치하고서라도 도대체 '내면화'라는 것은 무엇이며 또 내면화는 어떻게 가능한 것인가? 여기서 내면화라는 것은 2절에서 언급한 '지식의 통합적 성격'에서 '통합'의 개념과 동일한 것으로서 사람의 마음 밖에 존재하는, 마음과는 이질적인 교육내용이 어떤 이유에서인지 몰라도 마음 안에 들어와서 겉돌지 않고 온전하게 자리를 잡게 되는 것을 일컫는다. 일반적으로 사람들은 내면화 또는 통합을 너무나 당연한 것으로 받아들이는 경향이 있지만, 내면화는 실지로 수업활동을 하는 가운데 늘 일어나는 것이기도 하면서도, 논리적으로 분석해 보면 도저히 불가능한 것이기도 하다.

수업의 모순

내면화의 논리적 불가능성에 대한 논란은 교육의 역사만큼이나 오랜 역사를 가지고 있다. 폴라니도 줄곧 의식했던 '메논의 패러독스'(Menon, 80d)에 따르면, "(지식은) 이미 아는 사람에게는 가르쳐 줄 필요가 없고, 아직 모르는 사람은 가르쳐 주더라도 그것이 자신이 모르는 것인지 알지 못하기 때문에 어떤 지식이든지 간에 다른 사람에게 가르쳐 주는 것은 불필요하거나 불가능하다". 이에 수업은 결국 불필요하거나 불가능한 일이 되고 만다. 그러나 실지로 지금 이 순간에도 수업의 깊은 의미를 알든지 모르든지 간에 관행적으로 이 세상의 수많은 교사가 수업을 열심히 하고 있고, 다른 한편으로 전부는 아니라고 하더라도 수많은 학생이 교과를 배워서 내면화하는 일이 벌어지고 있다. 이와 같이 논리적으로 불가능한 것을 현실적으로 시도하는 것은 바로 수업의 '모순'이다. 이러한 이론과 실제의 괴리는 반드시 해소되지 않으면 안 된다. 만약 이 모순을 그대로 두고 수업이론을 언급한다면, 그것은 수업에 대한 이론적 설명을 기대하는 많은 사람을 기만하는 일일 것이다.

📑 지식의 구조 전달의 난점

아마도 교육과정 분야에서 교과의 진정한 내면화의 중요성을 부각시킨 학자는 브루너일 것이다. 브루너가 얼마나 내면화된 지식의 가치를 강조했는지는 그가 대비시킨 두 가지 개념인 '중간언어(middle language)'와 '지식의 구조(structure of knowledge)'에 잘 드러난다. 브루너가 보기에 그 당시에 미국의 학교에서는 수학, 과학 등 각 학문의 핵심적 내용으로서의 '지식의 구조'가 아닌, 학자들의 발견이나 탐구 활동의 결과물 또는 잔재들을 학생들에게 전달해 준다는 의미에서의 '중간언어'를 가르치는 데 급급했다. 학자들이 자기 분야에서 무언가 열정적으로 탐구할 때의 사고방식 그 자체가 아니라, 그러한 사고방식을 전달하기 위하여 사용하는 중간언어를 참된 지식인 양 가르치는 것은 교과의 진정한 내면화와는 거리가 먼 이야기가 아닐 수 없다.

그러나 브루너에게 반문하고 싶은 것은, 중간언어를 마치 지식의 구조인 것처럼 가르치는 것이 잘못된 수업이라는 것을 십분 인정한다손 치더라도 그 대안으로서 지식의 구조 그 자체를 직접 학생들에게 전수한다는 것이 과연 가능한 것인가이다. 이쯤해서 메논의 패러독스가 시사한 수업불가론을 다시 한 번 확인해 보게 된다. 아마도 브루너가 말한 중간언어는 앞에서 다룬 바 있는 오우크쇼트의 '정보'에 해당하며, 따라서 지식의 구조는 '판단'의 위치에 있는 것으로 이해될 수 있을 것이다. 이에 토대를 두고 앞의 질문을 다시 진술하면, 정보를 마치 판단인 것처럼 가르치는 것이 잘못된 수업이라고 할지라도 어떻게 정보 없이 판단 그 자체를 학생들에게 온전하게 가르칠 수 있는가?

앞서 고찰한 바와 같이, 판단은 지식의 묵시적 차원에 속해 있다. 사람이 몸에 지니고 있는 판단은 제아무리 상세하게 정보로서 열거하더라도 그 목록 속에서 찾아질 수 있는 성격의 것이 결코 아니며, 설사 판단을 밖으로 드러내는 것이 가능하더라도 그것은 이미 판단이 아닌 것으로 변질될 수밖에 없다. 브루너의 표현을 빌려 말하자면, 학자의 마음 밖으로 표현된 지식의 구조는 역설적으로 브루너가 그렇게도 경계한 중간언어로 변질되고 만다. 일체의 판단은 그것을 소유하고 있는 당사자의 몸을 떠나 외부로 표현되고 나면 결국 정보에 지나지 않게 된다.

정보와 판단의 연속성

한편, 브루너는 '중간언어와 지식의 구조의 관계'와 관련하여 중요한 것 한 가지를 간과하였다. 브루너는 중간언어와 지식의 구조의 구분을 날카롭게 하는 데 심혈을 기울인 가운데, 또 하나의 중요한 측면이라고 할 수 있는 '중간언어와 지식의 구조의 연속성', 오우크쇼트의 용어로는 '정보와 판단의 연속성'을 간과하였다(김승호, 1997: 39). 비록 정보가 곧 판단이 될 수 있는 것은 아니지만, 정보와 판단은 사실상 각각 별도로 존재하는 서로 다른 두 종류의 지식을 가리키는 것이 결코 아니다. 오우크쇼트가 정보와 판단의 구분을 통하여 부각시키고자 한 것은 동일한 지식의 두 가지 상이한 전달 양태였다. 동일한 지식이라고 할지라도 학생에게 정보로 전달될 수도 있고, 아니면 판단으로 전달될 수도 있다.

사람에 의한 간극의 극복

브루너는 중간언어와 지식의 구조 사이에 도저히 메워질 수 없는 간극이 존재하는 것으로 생각한 바 있다. 그러나 중간언어와 지식의 구조 사이에 '사람'이라는 요소를 개입시키면 그 간극이 좁혀질 가능성이 생긴다. 중간언어와 지식의 구조의 구분을 교육내용의 내면화의 정도 차이로 해석한다면, 내면화하는 사람의 능력 여하에 따라서 얼마든지 보잘것없는 중간언어가 가치 있는 지식의 구조가 될 수도 있고, 그 반대로 지식의 구조에 가깝다고 여겨지는 교육내용이 한낱 중간언어로 뒤바뀔 수도 있다. 요컨대, 사람에 의해서 오우크쇼트의 용어로 정보와 판단 사이에 간극이 메워지고 연속성이 생기게 된다(김승호, 2001: 276).

이 점을 폴라니의 용어를 가지고 설명하면, 사람에 의해서 보조지가 초점지로 변환될 수 있다. 기본적으로 보조지는 인간의 몸을 숙주로 삼고 있고, 인간의 몸은 여러 보조지를 통합하여 초점지로 승화시키는 역할을 수행하게 된다. 또한 오우크쇼트가 명명한 바 있는, 서로 관련이 없어 보이는 개별적인 정보들도 사람을 만나서 주입되는 순간, 어떤 구체적인 일을 탁월하게 수행할 수 있는 판단으로 연결될 수 있는 길이 열리게 된다. 마지막으로, 키에르케고르가 구분한 바 있는 자아 형성의 3단계(감각적 단계, 윤리적 단계, 종교적 단계) 또한 설명의 편의상 구조적으로 서로 단절되어 있는 것처럼 보이지만, 최종적으로 동일한 한 사람의 마음에 공존하게 될 때에는 얼마든지 연속선상에서 조화를 이룰 수 있다.

2절에서 고찰한 바와 같이 '사람에 의한 지식의 통합'에 비추어 볼 때 중간 언어와 지식의 구조 간에는 사실적 간극은 존재하지 않는다. 이렇게 보면 브루너의 우려와는 달리 지식의 구조를 제대로 전달하기 위해서는 오히려 중간 언어를 열심히 잘 가르쳐야 한다는 역설이 성립된다. 바꿔 말하면, 판단을 전수하기 위해서는 역설적으로 정보를 열심히 잘 가르쳐야 한다는 결론에 도달하게 된다.

바로 여기서 오우크쇼트의 '가르치는 일은 정보의 전달과 판단의 전수라는 이중의 활동을 가리키며, 배우는 일은 정보의 획득과 판단의 습득이라는 이중의 활동을 의미한다.'라는 다소 난해한 주장이 십분 이해가 된다. 사실상, 구체적인 사람 사이에서 지식을 전달하거나 학습한다고 할 때 지식은 정보 따로, 판단 따로 작용한다기보다는 반드시 정보와 판단이 서로 결합된 형태로 전달되고 또 학습된다. 현실의 구체적인 교수·학습 사태에서는 정보와 결합되지 않은 순수한 판단, 판단과 결합되지 않은 원초적인 정보는 애당초 존재하지 않는다.

📖 수업: 교사에 의한 정보의 전달

이상의 논의에 따르면 수업은 정보를 가르쳐서 판단을 심어 주는 일이며, 언뜻 보기에 서로 이질적인 이 두 가지 일이 모순 없이 동시에 가능한 것은 결국 모두 '사람' 탓이다. 구체적인 수업 사태에서는 교사가 바로 그 '사람'의 위치에 서 있다. 교사는 수업을 통해서 정보와 판단 사이의 간극을 메워 주는 역동적인 가교 역할을 수행한다. 동일한 정보라고 하더라도 교사의 몸을 거쳐 제시되는 정보는 그 의미가 크게 다를 수밖에 없다. 교사에 의하여 직접 제시되는 정보와 판단 사이에는 사실적 간극이 없다. 교사라는 사람에 의해서 앞서 제기한 수업의 '모순'이 수업의 '신비'로 탈바꿈하게 된다.

왜냐하면 교사는 판단을 이미 내면화하고 있는 사람이기 때문이다. 요즘 학생들은 비단 수업에서가 아니더라도 인터넷, 방송, 서책 등을 통하여 얼마든지 정보를 쉽게 얻을 수 있다. 그러나 수업 시간에 교사에 의하여 제시되는 정보는 그러한 탈맥락적이고 객관적인 정보들과는 차원이 전혀 다르다. 교사에 의한 정보의 전달은 단순한 정보의 전달이 아니다. 수업 사태에서 교사는 본인 스스로가 이미 판단을 가지고 정보를 전달하고 있는 것이다. 적어도 교사는 본인이 지금 학생들에게 제시하고 있는 정보들이 현재 자신이 지닌 판단과 관련하여 어떤 의미를 가지는지를 분명히 인식하고 가르치고 있다고 보아야 할 것이다. 아마도 이와 같이 특별한 의의를 가진 '교사에 의한 정보의 전달'이 제도적으로 뒷받침된 것이 바로 수업일 것이다.

📖 자득지로서의 교사

물론 '교사에 의한 정보의 전달', 곧 수업은 억지로 하는 것이 아니라 극히 자연스러운 것이다. 말하자면, 수업은 교사가 자신의 몸에 통합하고 있는 지식이 저절로 우러나오는 사태이다. 어떻게 보면 교사가 해당 지식을 잘 통합하면 할수록 그만큼 자연스럽게 흘러나오는 정보는 훌륭한 것이 된다. 2절에서 고찰한 바와 같이, 폴라니의 '초점지'와 오우크쇼트의 '판단'은 모두 어떤 지식을 완전히 자신의 것으로 통합함으로써 어떤 구체적인 일을 자연스럽게 잘할 수 있는 마음의 통합적 능력이다. 동양의 인식론적 전통에서도 이와 유사한 개념이 아주 중요하게 취급된바, 그것이 바로 '자득(自得)'이다.

맹자가 시사하는 바에 따르면, 자득은 정신적 긴장에서 벗어나 도를 깊은 수준에서 자유자재로 활용할 수 있을 정도로 실재에 도달한 경지(自得之 則居之安 則資之深 資之心 則取之左右逢其原)(『孟子』離婁 下14)를 뜻한다. 주희가 앞의 맹자의 말에 대한 주석에서 '언설이 완전히 자신의 생각으로 바뀌어 더 이상 언설에 의존할 필요가 없는 상태로 되는 것이 자득이며, 말을 이리저리 둘러대고 꿰맞추는 것은 모두 자득이 아니다(學不言 而自得者 乃自得也 有安排布置者 皆非自得也).'(『近思錄』論學41)라는 정호(程顥)의 말을 인용하고 있는바, 여기서 자득은 '안배포치'와 정면으로 대비되어 있다(이홍우, 2000: 31).

자득은 인식주체가 바깥 세계의 사물이나 현상을 완전히 자기 것으로 터득하고 있는, 물 흐르듯이 자연스럽고 자유로운 'flow'의 경지를 가리키며, 긴장을 해 가지고 억지로 말을 이리저리 둘러대고 꿰어 맞추는 것, 안배포치와는 근본적으로 다르다. 자득은 언설이 언설로서의 그 형태를 잃어버리고 우리 존재의 한 부분이 되는 것을 의미하며, 이때에 모든 언설은 이미 의식적 노력의 대상이 아니고, 우리의 앎은 '아는 것 같지 않게 아는 것', 곧 묵식(黙識)에 가깝게 된다(이홍우, 2000: 33). 성리학에서 자득은 중용에서 성인(聖人)의 경지를 표현한 '애쓰지 않고도 사리에 들어맞으며 머리를 짜내지 않고도 이해한다(不勉而中 不思而得).'(『中庸』20章)와 동일한 의미를 나타내며, '中'의 현상적 대응물에 해당한다고 볼 수 있을 것이다(이홍우, 2000: 31-33).

이상에서 고찰한 바와 같이 교사가 학생을 대상으로 하여 지식을 잘 전수하기 위해서는 무엇보다도 본인 스스로가 지식을 잘 통합하고 있어야 한다. 교사는 스스로 그가 가르치려고 하는 지식이 본인에게 완전하게 통합되어 저절로 밖으로 드러날 정도, 곧 '자득지(自得知, personal knowledge)'가 되어야 한다. 달리 표현하면, 교사는 교육내용의 구현체 또는 지식의 화신(化身)이 되어야 한다.

🖹 수업의 자득적 측면

이러한 위치에 있는 교사에 의하여 정보가 전달되는 전형적인 제도가 바로 '강의(lecture)'일 것이다. 강의의 역사적 기원을 살펴보면, 강의는 원래 서양 중세대학에서 가르치는 사람 또는 장차 가르치고자 하는 사람이 자신의 지식을 대중 앞에서 표방하는 방법, 즉 가르치는 방법 이전에 여러 사람에게 자신의 '배움'을 연시(演示)하는 수단으로 시작되었다. 요즘처럼 인쇄술이 발달하고 복사기가 흔한 시대에서 강의는 고작해야 순전히 단편적 정보를 전달하는 구태의연한 교육방법에 불과할지도 모르지만, 적어도 그 당시만 하더라도 강의는 교사의 자기 연시를 통하여 학생의 사고를 자극하고 감정을 고조시킬 수 있는 거의 유일한 방편이었다(Rothstein, 1996).

여기서 시사받을 수 있는 강의의 중요한 측면은 연시 이전에 교사의 배움의 정도, 교육내용에 대한 자득의 정도이며, 연시라는 것도 인위적인 것이 아닌 자득의 자연스러운 결과라는 것이다. 이렇게 볼 때, 강의는 '교사가 이제까지 자신의 배움을 통하여 자득하게 된 교육내용을 자신의 몸을 매개로 하여 자연스럽게 밖으로 드러내는 것'이라고 재규정될 수 있다. 강의는 지식을 내 것으로 만든 사람의 입장에서 가르치지 않으려고 해도 그렇게 할 수 없는 그야말로 '부득이(不得已)'한 활동이다(유한구, 김승호, 1998: 117). 물론 이 점은 비단 대학교육뿐만 아니라 초·중등학교 교육에서도 여전히 타당하다고 본다. 초·중등학교에서 이루어지는 수업 또한 이상에서 설명한 강의의 개념에서 크게 벗어날 수 없을 것이다. 그러한 의미에서 수업은 교사의 입장에서는 사고하고 있는 한 인간을 보여 주는 일이며, 학생의 입장에서는 문자화된 개념이나 원리가 아닌 육화된 교육내용을 직접 대면할 수 있는 절호의 기회이다.

이상에서 살펴본 바와 같이 수업은 자득적 측면을 가질 수밖에 없으며, 수업에서 교사는 자득지의 위치에 서 있다. 수업의 자득적 측면은 교사가 자신이 이미 통합하고 있는 지식을 자신의 몸을 매개로 하여 자연스럽게 밖으로 드러내는 것을 의미한다. 수업의 자득적 측면은 2절에서 고찰한 지식의 통합적 성격 또는 인격적 측면에 수반되는 필연적인 것이며, 강의 이외에 다른 교육방법은 원칙상 수업에서 교사가 하는 강의를 보조는 할 수 있을지언정 근본적으로 대체할 수는 없다. 그럼에도 불구하고 현대로 오면서 교사들이 이러한 수업의 본질을 망각하고 점차 자득지로서의 교사의 위치와 역할을 스스로 포기하는 방향으로 나아가는 것이 무척 안타까울 뿐이다.

4. 교사론: '수업하는 사람'

📑 지식의 도야적 관점에서 본 교사

1절에서 언급한 바와 같이 이 장은 지식에 대한 도야적 관점에 입각하여 교사의 본질을 규명하는 데 그 목적이 있다. 지식에 대한 도야적 관점에 입각하여 교사의 본질을 규명하기 위해서 지식의 성격을 규명해 본 결과, 폴라니와 오우크쇼트 그리고 키에르케고르의 지식관을 통해서 지식의 통합적 성격을 밝혀낸 바 있다. 지식의 개념에는 이미 '사람에 의한 통합'이라는 의미 요소가 들어 있으며, 그러한 인격적 요소는 비단 지식의 생성뿐만 아니라 지식의 전달에 있어서 지대한 역할을 수행하게 된다. 3절에서 고찰한 바와 같이 수업하는 사람으로서 교사는 자득지의 위치에 서 있으며, 수업은 교사가 자신이 이미 통합하고 있는 지식을 자신의 몸을 매개로 하여 자연스럽게 밖으로 드러내는 자득적 측면을 가질 수밖에 없다. 요컨대, 수업의 자득적 측면은 2절에서 고찰한 지식의 통합적 측면 또는 인격적 측면에 수반되는 필연적인 것이다. 4절에서는 이 장의 결론으로서, 이제까지 논의된 것들을 기초로 하여 '수업하는 사람'으로서의 교사의 본질을 모색해 보고자 한다.

오늘날 교사의 존재 의의를 지식에 대한 소비적 관점에서만 조명하는 경향이 두드러진다. 1절에서도 지적했듯이 지식에 대한 소비적 관점에서 보면 교사는 지식이 유통되는 과정에 있어서 필수 불가결한 존재가 아닌 보조적인 지위에 머물 수밖에 없다. 학생들이 지식을 소비하는 경로에는 학교의 수업 이외에 여러 가지가 있으며, 설사 수업이라는 경로를 선택하더라도 거기에서 교사는 단지 거쳐 가는 통로에 불과하다. 교사의 존재는 지식이 유통되는 시장의 중간 상인처럼 여겨지며, 따라서 지식의 유통되는 과정에서 교사의 개입이나 관여는 될 수 있는 한 적을수록 바람직한 것이 된다. 왜냐하면 교사의 개입이나 관여는 지식의 신속하고 원활한 유통에 지장을 초래한다고 여겨지기 때문이다.

반면에 지식에 대한 도야적 관점에서 보면 수업에서 교사의 위치와 역할은 절대적인 것이 된다. 이 경우에는 지식이 전달되는 절차나 방법이 아니라, 교사의 몸 자체가 현재 가르치는 지식과 얼마나 혼연일체가 되어 있느냐가 중요한 관건이 된다. 수업의 과정에서 다루어지는 지식과, 그것을 전수하는 교사 사이의 구분은 별다른 의미를 가지지 못하며, 따라서 학생의 입장에서 지식을 획득하기 위해서는 교사와의 상호작용에 전적으로 의존할 수밖에 없게 된다. 상호작용을 하는 가운데 학생은 교사의 지식을 대하는 태도, 지식을 다루는 행동 양식, 지식에 대한 열정 등과 같은 결코 객관화될 수 없는 인격적 요소까지도 흡수하게 된다.

📖 폴라니의 교사론

폴라니는 그러한 인격적 요소들을, 비단 지식의 획득뿐만 아니라 가르침과 배움의 측면에 있어서도 힘주어 강조한다(Brownhill, 1983: 50). 앞서 고찰한 바와 같이 폴라니는 낱낱의 보조지들이 구체적으로 어떤 과정을 거쳐서 총체적 초점지를 이루게 되는지에 대한 질문을 제기한다. 물론 그 과업은 단순히 낱낱의 보조지들을 객관적으로 다룬 전문서적이나 교재를 외우거나 섭렵한다고 해서 달성될 성격의 일이 결코 아니다. 보조지들이 교사의 몸에 들어가서 점차 성숙되고 이전보다 의미 있는 방식으로 초점지로 통합될 때 새로운 발견이 성립된다. 다시 말하여, 교사의 몸에 의하여 보조지가 초점지로 변환된다. 보조지는 교사의 몸을 숙주로 삼고 있고, 교사의 몸은 여러 보조지를 통합하여 초점지로 승화시키는 역할을 수행하게 된다. 교사는 보조지들이 어떻게 초점지로 통합되는지를 학생들에게 몸소 시범을 보인다. 또한 교사는 보조지들이 초점지로 통합되는 데에 열정, 헌신 등과 같은 인격적 요소들이 구체적으로 어떤 역할을 하는지에 대한 시범을 보인다.

사실상 이 '발견의 과정'은 객관적인 것과는 거리가 멀 수밖에 없다. 거기에는 교사의 몸과 결부된 교사의 연구 습관, 생활 태도, 지적 열정, 자기희생 등과 같이 주관적이고 개인적인 것들이 개입되어 있다. 이러한 인격적인 요소들이 중요한 역할을 하는 발견의 과정을 말로 설명하거나 사물을 보여 주거나 하는 식으로 직접적으로 전달하려는 것은 어불성설이다. 폴라니는 이에 대비되는 것으로서 '설득의 과정', 한마디로 '설득'이라는 개념을 내세운다. 이것은 발견의 결과를 수단과 방법을 가리지 않고 전달하고자 하는 기계적인 것과 차별화된다. 이것은 교사가 그 어떠한 강요도 하지 않고 학생을 발견의 과정에 자연스럽게 참여시킴으로써, 인격적인 요소들이 작용하여 보조지들이 초점지로 승화하는 과정을 학생 스스로가 느끼고 체험하고 공감할 수 있도록 하는 과정을 일컫는다. 요컨대, 이것은 교사의 모범에 의한 간접전달을 의미한다.

모범에 의한 설득의 과정에 어울리는 전형적인 교육방법은 '도제관계'일 것이다. 학생의 입장에서 그러한 묵시적인 과정을 배우기 위해서는 거의 매일매일 가장 근접한 거리에서 교사가 하는 일을 느끼고, 따라 해 보며, 반복하여 실습하는 부단한 과정이 반드시 요구된다. 이러한 도제관계에서 폴라니가 특별히 강조하는 것은 무엇보다도 교사의 권위에 대한 학생의 신뢰이다(장상호, 1994: 80). 폴라니에 의하면, 모범에 의하여 배운다는 것은 권위에 복종하는 것이다. 학생이 자신의 교사를 따르는 것은 설사 학생이 그 효과를 분석하거나 설명할 수는 없다고 하더라도 교사의 방식을 학생이 신뢰하기 때문이다(장상호, 1994: 81). 또한 공감, 열정, 설득, 신뢰 등과 같은 교사와 학생 사이의 은밀한 상호작용 또는 교육적 진화 속에서 비단 과학만이 아니라 모든 분야에서 인류의 위대한 발견과 진보가 이루어졌음을 부인하기 어려울 것이다.

📖 오우크쇼트의 교사론

오우크쇼트 또한 그러한 상호작용 중에 가장 중요한 것으로서 '모범'을 제시한다. 교사가 어떤 분야의 지식을 자득했다는 것은 지식과 자신의 몸이 혼연일체가 되었음을 의미하며, 또 그것은 단순히 추상적인 사고나 관념을 소유하는 데 그치지 않고 교사의 기질이나 개성, 어조, 분위기 등을 포함하여 신체 전체의 총체적인 변화를 겪게 되는 것을 의미한다. 그것은 비단 뇌세포뿐만 아니라 손끝의 감각과 얼굴의 혈색에 이르기까지 전 신체적인 변화를 수반한다. 오우크쇼트에 의하면 어떤 분야에서든지 대가라고 불리는 사람들은 반드시 자기만의 '스타일(style)'을 가진다. 결국 이 스타일이라는 것도 바로 교사와 혼연일체가 된 지식의 양상을 의미한다.

교사가 어떤 지식 또는 교육내용이 한 사람의 몸에 들어와 혼연일체로 변화된 모습을 자연스럽게 드러내는 것이 곧 '모범'인 것이다. 오우크쇼트에 의하면, 교수는 '정보의 전달'과 '판단의 전달'이라는 이중의 활동으로 이루어져 있으며, 학습은 '정보의 획득'과 '판단의 소유'라는 이중의 활동으로 이루어져 있다(Oakeshott, 1967: 160-161). 여기서 이중의 활동이라는 말은 판단은 별도로 학습될 수 없으며, 아이로니컬하게도 정보를 전달하는 가운데 함께 전달된다는 것을 의미한다. 그렇다면 교사의 정보 전달 행위에 동시에 작용하는 것은 무엇인가? 그것은 바로 '모범'이다. 판단은 정보가 전달될 때 그 전달되는 방식을 통하여, 정보 전달에 수반되는 어조라든지 몸짓을 통하여, 슬쩍 한마디 하는 여담이나 간접적인 언급을 통하여, 교사가 보여 주는 모범을 통하여, 표면에 드러나지 않게 학생에게 은밀하게 부식된다. 교사는 정보가 어떻게 해서 사람의 몸으로 들어가서 판단으로 승화되는지를 학생 앞에서 연시하는 존재이다.

배우는 학생의 입장에서 보면 아주 구체적인 사태에서 교사가 지식을 다루는 특유의 스타일을 파악하고 모방하다 보면 은연중에 교사의 판단에 점차 접근하고 있는 자신을 발견하고는 스스로도 놀라게 된다. 만약 학생이 수업이라는 구체적인 사태에서 살아 움직이는 교사의 스타일을 제대로 간파하지 못한다면, 그는 교사로부터 형식적으로 나열된 정보 이외에 아무것도 배운 것이 없는 것이나 다름없다. 로스쿨 학생이 법률을 제대로 다룰 줄 아는 판단을 익히게 되는 계기는 법조문 하나하나를 기계적으로 암기했을 때가 아니라 법학 교수가 그것들을 구체적인 사건의 맥락 속에 적용하여 살아 움직이게 만드는 것을 면밀히 관찰하게 되었을 때인 것이다. 정보의 전달과 달리 판단의 전달은 상당한 시간이 걸리며, 그 오랜 기간 동안 조바심을 가지지 않는 인내심 있는 교사에 의해서만 가능하다. 오리 떼가 그 우두머리를 따라 하늘로 날아오르는 것은 그의 울음소리 때문이 아니라 그가 먼저 날아오르기 때문이다(Oakeshott, 1967: 168-169).

📖 키에르케고르의 교사론

키에르케고르가 추구했던 주관적 진리는 형식적 명제나 문장의 집합이나 개념의 정의에 의해서 획득될 수 있는 것이 결코 아니다. 그것은 결국 바깥이 아니라 내 몸 속에서 실현되어야 할 주관적 성격의 문제이며, 따라서 지식 추구 당사자가 실지로 그 지식 자체가 되어야 함을 하나의 전제로 요청한다. 그렇다면 인간은 어떻게 감각적 단계와 윤리적 단계를 거쳐서 종교적 단계로 도약할 수 있는가? 메논의 패러독스에 어느 정도 시사되어 있듯이, 상이한 실존적 단계에 있게 되면 애당초 서로 간의 '직접적인' 의사소통은 불가능하며, 이 점 때문에 일반적으로 사람들은 현실적 자아에 안주하여 새로운 자아를 상상하기조차 어렵게 된다.

사람들은 스스로의 실존은 심미적 단계에 있으면서도 마치 종교적 단계에 놓여 있는 것처럼 이성적으로 착각하기도 하고, 심지어는 높은 단계의 자아를 보다 낮은 자기 수준의 실존으로 억지로 끌어다 맞춘다. 이러한 오해와 왜곡에서 자아 발달에 관건이 되는 현실적 자아와 이상적 자아 간의 적절한 긴장과 균형은 상실되고 말며, 진정한 자아를 이루는 일은 더욱더 요원해지고 만다. 학생들의 입장이 대개 이러한 형편에 놓여 있다고 볼 수 있는데, 학생들은 현재 자신들이 위치한 현실적 자아가 지닌 한계를 알지 못하며 이상적인 자아는 상상조차 하기 어렵기 때문에, 직접적인 언어나 지시로서 그들에게 이상적 자아를 제시하는 것은 애당초 불가능하다고 보아야 한다(김승호, 2001: 283).

키에르케고르는 자아 변화와 도약의 난점을 해결하기 위한 교육방법으로서 '간접전달'을 제안한다. 학생의 진정한 자아 발달을 위해서는 학생에게 관념적인 형태의 자아가 아닌 실존하는 이상적인 자아, 주관적 지식의 화신, 곧 교사의 존재가 반드시 있어야 한다. 학생이 실제 수업상황에서 교사와 직접적으로 만나서 상호작용하는 일은 무엇보다도 중요하다. 앞서 수업의 자득적 측면에 관한 논의에서 알 수 있었던바, 교육내용의 온전한 전달을 위해서는 실존하는 사람, 곧 교사가 반드시 필요하다. 교사는 논리적으로 서로 단절되어 있는 것처럼 보이는 자아 발달 3단계가 동일한 한 사람의 마음 안에 공존하고 연속적으로 조화할 수 있음을 시범 보여 주는 거의 유일한 존재이다. 교사는 전달하고자 하는 교육내용이 통합되어 이루어 내는 이상적 자아의 모습을 학생들에게 몸소 시범 보여 주는 위치에 서 있다. 교사는 화석화된 교육내용의 실존적 구현체이며, 학생들은 교육내용을 구현하고 있는 이러한 교사의 실존 자체에 직접 접하게 됨으로써 비로소 교육내용을 온전히 전수받게 된다.

간접전달은 이와 같이 교사의 실존 그 자체를 전달하는 방법이다. 간접전달은 전달하는 사람의 실존과 분리될 수 없는 지식을 전달받는 사람의 실존과 분리되지 않는 방식으로 전달하는 방법이다(임병덕, 1998: 120-145). 학생 입장에서는 교사에 의하여 복제된 실존적인 삶에 직면하여 때로는 스승과의 격차에 좌절하기도 상심하기도 한다. 그러나 다른 한편으로는 현실적 자아와 이상적 자아 사이의 팽팽한 긴장과 균형 상황을 극복하고자 하는 열정을 가지게 된다. 학생은 교사에 의하여 시범된 이상적 자아를 자신의 현실적 자아로 구현하려는 점유화의 노력을 교사와 함께 꾸준히 하다 보면 자신도 모르는 사이에 교사의 실존에 점차 접근하고 있음을 깨닫게 된다.

📖 간접전달로서의 모범

이상에서 고찰한 바와 같이 폴라니, 오우크쇼트, 키에르케고르 모두 간접전달로서의 모범을 강조한다. 수업은 교사가 터득한 교육내용을 자신의 몸을 매개로 하여 자연스럽게 밖으로 드러내는 자득적 측면을 가질 수밖에 없으며, 교사의 몸과 지식의 혼연일체된 모습, 곧 '자득지'를 보다 전향적으로 하나의 교육방법으로 해석해 낸다면, 그것은 바로 '간접전달로서의 모범'일 것이다. 또 한편, 3절에서 고찰한 바와 같이 메논의 패러독스에 의하면 정보에서 판단으로의 승화, 보조지에서 초점지로의 변환, 윤리적 단계에서 종교적 단계로의 도약은 논리적으로 불가능하다. 그러나 메논의 패러독스는 '수업하는 사람'으로서의 교사라는 존재에 의하여 극복이 된다(김승호, 2015: 186-187).

교사는 수업 중에 자신의 몸을 자득지로 만듦으로써, 달리 말하여 간접전달로서의 모범을 보임으로써 정보와 판단, 보조지와 초점지, 윤리적 단계와 종교적 단계 사이에 간극을 메워 주는 역동적인 다리 역할을 수행하게 된다. 수업을 할 때 교사는 그의 온몸이 언어가 되며, 그 몸을 통하여 활자 또는 그밖에 상징으로 이미 화석화된, 교과서에 실린 지식들에 생기를 불어넣어 그것들을 살아 있는 판단의 모습으로 승화시켜 준다(김승호, 1997: 40).

교사는 흩어져 있는 보조지들을 자신의 몸에 통합하여 이제까지 상상도 못했던 수준의 초점지를 보여 줄 수 있는 사람이다. 부연컨대, 메논의 패러독스는 교사의 모범에 의하여 비로소 극복된다. 이와 같이 교사라는 수업하는 사람에 의해서 앞서 제기한 '수업의 모순'이 '수업의 신비'로 탈바꿈하게 된다. 교사는 항상 자신 가르치고자 하는 수업대상을 몸으로 대변한다(Klafki, 1995: 18). 교사는 몸소 모범을 보임으로써 수업을 지탱하는 존재이다. 이것이 바로 교사의 존재 이유일 것이다.

오늘날 사람들은 대개 교사의 역할과 기능들만 나열하여 탓하고 있을 뿐, 정작 교사의 근본적인 존재 이유는 모르는 경우가 많다. 지금까지 교사의 존재를 막연하게 인격이나 인성 또는 여러 덕목과 연결시키는 연구도 많았으며, 교사의 주된 일로서의 수업과 별개로 여러 행정 업무와 관련하여 교사와 교직을 논하는 경우도 허다하다. 그러나 교사는 지식의 전수를 떠나서 규정될 수 없으며, 따라서 수업과 무관하게 별도로 정의될 수 없다. '수업의 삼각구도에서 교사가 교육내용과 학생 사이를 매개하여 교육내용을 구체화한다.'(김승호, 2007: 210)고 할 때 그러한 구체화의 핵심은 바로 '모범'이다. 오늘날 교사의 전문성에 대한 논란이 많지만 결국 그것은 그 어떤 것도 아닌 바로 '모범'에서 찾아져야 한다.

현대로 오면서 모범은 이미 시대착오적인 구태의연한 교육방법으로 낙인이 찍힌 지도 오래되었지만, 사실 이 장에서 규명한 모범의 의미를 제외하고 나면 수업에서 교사가 할 일은 거의 없다고 해도 과언이 아닐 것이다. 왜냐하면 정보를 단순히 일러 준다거나 학습의 과정이나 절차를 그저 안내한다든가 하는 그 밖에 수업의 일들은 앞으로 교사가 아닌 다른 사람들이나, 인공지능을 비롯한 첨단기계들도 얼마든지 보다 잘할 수 있기 때문이다. 요즘 '학습자 중심 교육' '배움 중심 수업' 등의 표현에 드러나 있듯이 상대적으로 현대 교육방법이 의도치 않게 수업에서의 교사의 위치와 역할을 점차 축소하거나 약화시키는 방향으로 나아가는 것이 안타까울 뿐이다. 지식을 소비적 관점이 아닌 도야적 관점에서 보면, 앞으로도 여전히 수업하는 사람으로서의 교사의 존재 의의는 결코 경시되거나 폄하될 수 없다.

누구나 다 교육에서 교사의 중요성을 막연하게나마 알고 있지만, 의외로 그것을 정확하게 규정할 수 있는 사람은 극히 드물다. 이 장은 교사의 근본적인 존재 이유를 그들이 매일 하고 있는 수업과 관련하여 인식론적으로 규명했다는 점에서 그 의의를 찾을 수 있을 것이다. 특히 그 연구 과정에서 간접전달로서의 '모범' 또는 '사범(師範)'의 교육적 의의를 인식론적으로 밝혀낸 점도 뜻깊게 기억될 만하다. 인류의 역사상 노자(老子)의 '무위(無爲)의 교육', 루소(J. J. Rousseau)의 '소극적 교육'을 교육방법의 이상으로 삼는 경우가 많다. 물론 현실 수업 속에서 도달하거나 실현하기 어렵겠지만, 어떤 강요도 없고 인위적이지도 않은 특색을 지닌 '간접전달로서의 모범' 또한 그러한 이상적인 교육방법의 범주에 속한다고 말해도 크게 무리는 없어 보인다.

近思錄

孟子

中庸

김승호(1997). 교육의 자득적 측면. 우리교육 겨울방학 특별호, 36-41.

김승호(2001). 수업의 인식론. 교육학연구, 39(1), 267-294.

김승호(2007). 수업의 근본 구조 탐색. 교육과정연구, 25(3), 193-214.

김승호(2015). 여가란 무엇인가: 여가와 교육. 경기: 교육과학사.

유한구, 김승호(1998). 통합교과 교육론. 서울: 교육과학사.

이홍우(1996a). 전인교육론. 도덕교육연구, 8, 1-21.

이홍우(1996b). 인간본성론. 교육이론, 10(1), 1-18.

이홍우(2000). 예술과 교육. 도덕교육연구, 38(1), 1-22.

임병덕(1998). 키에르케고르의 간접전달. 서울: 교육과학사.

장상호(1994). 인격적 지식의 확장. 서울: 교육과학사.

정영근(2011). 학교교육의 핵심개념—학생 · 교사 · 학교. 서울: 문음사.

Brownhill, R. J. (1983). *Education and nature of knowledge*. London & Canberra: Croom Helm.

Bruner, J. (1960). *The process of education*. New York: Harvard University Press.

Kierkegaard, S. (1941). *Concluding unscientific postscript to the philosophical fragment*. D. Swenson & W. Lowrie. trans. Princeton: Princeton University Press.

Klafki, W. (1995). Diadactic analysis as the core of preparation of instruction. *Journal of Curriculum Studies, 27*(1), 13-30.

Manheimer, R. J. (1977). *Kierkegaard as educator*. Santa Cruz: The University of California Press. 이홍우, 임병덕 공역(2003). 키에르케고르의 교육이론. 서울: 교육과학사.

Oakeshott, M. (1967). Learning and Teaching. In T. Fuller (Ed.) (1989). *The voice of liberal learning*. New Haven: Yale University Press. 차미란 역(1992). 학습

과 교수. 상 · 하. 교육진흥. 봄 · 여름(pp. 126-143, 155-169). 서울: 중앙교육연구소.

Pojman, L. (1984). *The logic of subjectivity*. Alabama: The University of Alabama Press.

Polanyi, M. (1958). *Personal knowledge*. London: Routedge & Kegan Paul.

Polanyi, M. (1969). *Knowing and being*. Chicago: The University of Chicago Press.

Rothstein, A. M. (1996). Lecture and learning. *AAUP Bulletin*, 214-219.

찾아보기

인명

김석우 226
김승호 43, 48, 76, 141, 147, 184, 188, 204,
 207, 211, 214, 215, 224, 228, 261, 262,
 265, 273
김영미 150, 151
김창환 111, 114, 190

노자 224, 274

맹자 46, 264

박병원 215
박영은 205
박채형 179

서경혜 76
서근원 76

유한구 224, 265

이홍우 36, 47, 51, 142, 146, 147, 166, 264
이환기 36, 180, 189
이황 84
임병덕 55, 56, 99, 254, 255, 272

장상호 206, 207, 208, 247, 248, 269
장성모 161
정호 47, 264
주희 46, 179, 264

한승희 183
황정규 217

Aquinas, T. 158, 159
Aristotle 157

Bloom, B. S. 146
Boyd, W. 182
Brownhill, R. J. 268

277

Bruner, J. S. 22, 42, 43, 108, 117, 118, 129, 146, 160, 231, 241, 260, 261

Cianni, J. -L. 213
Ciulla, J. B. 203
Collingwood, R. G. 148, 149, 150
Comenius, J. A. 79, 109, 110, 111
Csikszentmihalyi, M. 152, 163, 215, 225
Cube, F. v. 112

Dearden, R. F. 61
Dewey, J. 98, 214, 232

Eisner, E. W. 85, 146, 151, 154, 155
Entwistle, H. 212

Fröbel, F. 212

Gardner, H. 85

Habermas, J. 112
Hamlyn, D. W. 49
Hegel, G. W. F. 252
Heimann, P. 112
Helvicus, C. 110
Heraclitus 158
Herbart, J. F. 23, 36, 79, 88, 112, 114, 115, 175, 177, 178, 181, 182, 183, 189, 190, 192, 193, 194, 195
Hopmann, S. 113
Huxley, A. 240

Janson, H. W. 151
Jungius, J. 110

Kansanen, P. 113

Kant, I. 114, 157
Kierkegaard, S. 52, 53, 55, 56, 63, 99, 252, 253, 255, 271, 272
Klafki, W. 94, 113, 117, 118, 119, 126, 273

Lukes, S. 212

Mager, R. F. 146
Manheimer, R. J. 256
Marx, K. 212
McTighe, J. 129, 143, 231, 232
Moran, G. 77

Nohl, H. 112

Oakeshott, M. 40, 41, 43, 46, 77, 78, 85, 128, 249, 250, 251, 257, 269, 270, 272
Orwell, G. 240

Pestalozzi, J. H. 111
Peterßen, W. H. 112
Piaget, J. 36, 178
Pieper, J. 157, 158, 159, 209, 210, 211, 213
Plato 25, 98, 157
Pojman, L. 254, 255, 256
Polanyi, M. 44, 46, 48, 51, 60, 205, 206, 207, 208, 245, 246, 247, 248, 257, 268, 269, 272

Ratke, W. 109, 110, 111
Rogoff, B. 51, 52, 60
Rothstein, A. M. 61, 265
Rousseau, J. J. 111, 224, 274

Schaller, K. 113
Schiller, F. 166

Schleiermacher, F. 114

Schulz, W. 113

Sünkel, W. 21, 74, 97

Tyler, R. W. 22, 32, 108, 117, 118, 139, 140, 142, 185, 231

Ufer, C. 190

Uljens, M. 113

Vygotsky, L. S. 50, 51, 52

Weniger, E. 112

Wiggins, G. 129, 143, 231, 232

Willman, O. 112

내용

didactica 110

Didaktik 22, 109, 110, 128, 129

Didaktik의 교육과정적 함의 22

didáskein 109

from~to relation 45

instruction 32

Learning and Teaching 40

Methodus didactica 110

No Test Movement 234

OECD 200, 233, 234

Padagogik 112

Personal Knowledge 44, 48

research on teaching 114

teaching 32

Unterrichtsforschung 114

간섭 95

간접전달 52, 54, 60, 61, 63, 99, 271, 272

간접전달로서의 모범 272, 274

간접전달로서의 수업 38, 66

감각적 단계 262, 271

감각적 자아 254

감사 164

강의 61, 67, 265

개념 27

개별화 수업 19

개인 간 수준 50

개인 내 수준 50

거꾸로 152

거시적 14

격리 83

격물 35, 179

결말 191

경건함 164

경험적 귀납 19

과잉 평가 199

과정 중심 평가 225, 226, 228

과정 중심 평가의 문제점 226

과정과 평가의 밀착 227

관조 213

관조의 기쁨 222

관조의 태도 210

관조적 삶 159, 209

관조적 요소 158

교과 118

교과의 내면화 과정 37

279

교과의 논리적 측면 92
교과의 심리적 측면 92
교사 77
교사론 268
교사에 의한 언어의 미묘한 구사나 경험의 안
　내 61
교사에 의한 정보의 전달 263
교사와 학생 사이의 상호작용 16
교사와 학생의 관계 78, 96
교사의 간접전달 67
교사의 근본적인 존재 이유 25
교사의 능동적 역할 32
교사의 모범 268
교사의 수업대상의 구체화 93
교사의 수업자유 92
교사의 양방향성 관심 89
교섭 35
교수 19
교수방법 195
교수학적 반성 126
교수학적 분석 117
교수학적 재구성 128
교육공학 14
교육과정 14
교육과정과 교육평가의 밀착 230
교육과정과 수업 15
교육과정과 수업의 기본 원리 139
교육과정의 순리 회복 232
교육과정의 역동적인 양상 15
교육내용 16, 84, 108, 118, 128
교육내용의 구조 122
교육내용의 내면화와 전달의 관계 53
교육내용의 대변자 17
교육목표의 설정 140
교육심리학 20
교육의 과정 160

교육의 본질적인 면모 27
교육인식론 195
교육적 수업 115
교육철학 195
교육학 이론 195
교재 118
교화 67
구심적 51
구조 37, 75, 91
구조로서의 교육내용 128
구조주의 Didaktik 113
근접발달영역 50
근접항 45, 51, 246
기술 148
기술과 예술의 차이 149
기술적 모형 167
기술적 수업모형 136, 143, 148, 166
기술적 측면 22

내맡김 163
내맡김의 지혜 162
내면화 35, 38, 49, 61, 101
내면화 과정 38
내면화 과정으로서의 수업 34
내면화로서의 교육내용 128
내면화로서의 사고 34
내용 22
내용모형 146, 148
내주 46, 208, 247
노동 160

다면적 흥미 36, 37
당사자적 참여 60
대교수학 111
대학 35, 179
도산십이곡 84

도식 37
도야이론적 Didaktik 112
도입 184, 190, 193
도입−전개−정리 174
도제관계 269
동기 유발 184, 185
동물농장 240
동화 37, 178

라티오 157, 158, 159, 161
로쉬타인의 강의 61

마음의 근본적 속성과 변화 운동 194
마음의 자세 168
매개과제 92
매개작업 89, 100
멋진 신세계 240
메논(Menon) 25, 176, 259
메논의 패러독스 39, 54, 176, 259, 260, 273
메논의 학습불가론 176
메타이론 114
명료 174, 180, 181, 183, 193
'명료'의 수업적 의미 183
모범 17, 25, 67, 101, 269, 270, 273, 274
모범에 의한 설득 269
목표 중심 수업모형 142
목표모형 142
무노력 210
무당 164
무위 274
무활동 209
무활동으로서의 관조 211
묵시적 차원 43, 165, 207, 245
묵식 264
묵지 208, 248
물 흐르듯이 자연스럽게 225

미래적 의미 121
미시적 14
미시적 패러다임 24

발견의 과정 268
발달의 잠재적 수준 50
발달의 현실적 수준 50
방법 174, 180, 181, 189
'방법'의 수업적 의미 189
배움 중심 수업 19, 26, 31, 102, 234, 274
배움을 얻는 사람 77
배움을 주는 사람 77
변하는 것 100
변하지 않는 것 100
보조관념 186
보조지 44, 45, 47, 205, 206, 207, 246, 247,
   262, 268, 273
보편적인 인간 254
복제 55, 58
본말전도 230
본질 27
부득이 265
분석적 사고 160
브루너의 지식의 구조 42
블랙박스 224
비추론적 시각 158
비판적−구성적 Didaktik 113
비판적−의사소통적 Didaktik 113
빅 아이디어 231

사례로서의 교육내용 128
사범 274
사제 164
상수 91
상향식 이중반사 58
상호 연관성 91

선지식 148

선천적인 인식능력 35

설득의 과정 268

성(性) 166

성경 255

성리학 47

성리학자 179

성인 47

성인교육 74

성인의 안내 50

성취기준 230

성향 96

성현 161

세계와 마음의 관계 35

소극적 교육 274

소비자 중심 교육 31

수단 강구와 목적 달성의 관계 141

수단과 목적의 관계 143, 223

수단과 목적의 연속 232

수사학 188

授業 32

수업 77

수업 단계 195

수업 연구 14

수업 예술 또는 수업 연구 109

수업대상 78, 79, 81, 83, 84, 118

수업대상과 교사의 관계 92

수업대상의 객관화 83

수업대상의 격리 82

수업대상의 구체화 89, 92, 100

수업대상의 주관적 재구성 86

수업대상의 획득 90

수업모형 135, 148

수업상황 86

수업에서의 정서 96

수업은 간접전달이다 63

수업을 왜 하지? 76

수업의 간섭 94

수업의 개념 19

수업의 결과 88

수업의 구조 21

수업의 근본 구조 75, 89, 97, 102

수업의 내부 구조 102

수업의 내용 21

수업의 명시적 측면 33

수업의 모순 259, 263, 273

수업의 묵시적 측면 33

수업의 보편적 요소 80, 99

수업의 삼각구도 80

수업의 상수 100

수업의 신비 263, 273

수업의 예술적 측면 23

수업의 인과, 인연 그리고 은총 163

수업의 인식론 20, 33, 76

수업의 자득적 측면 38, 55, 257, 265

수업의 절차와 방법 15

수업의 정의 15, 32

수업지도안 173

수업지도안의 이론적 배경 23, 173

수업지도안의 틀 23

수업평가의 한계 24

수업하는 사람 25, 266

수업현상 136

수업현상학 21, 74

수용적 자세 210

수용적인 165

수준별 학습 26

수행평가 225, 226

순수 지식 158

스타일 62, 269

시범 17, 60, 67, 101, 272

신비 161

신성 숭배 167

실존 55, 56, 57

실존적 또는 전 신체적인 변화 62

실체 118

심미적 자아 53

심성 함양적 측면 228

아동 중심 수업 102

아브라함 255

아이디어의 교육적 재현 124

아이스테티카 166

안내된 참여 51

안배포치 47, 264

양상 67, 97

에로스 98

에밀 111

여가 209, 234

역동적인 가교 역할 48

역량 22

역량 중심 교육과정 26

연시 61

연합 174, 180, 181, 185, 193

'연합'의 수업적 의미 185

열린 교육 26, 31

열린 수업 19

영속적 이해 152

영속한 이해 231

예수 57

예술 148

예술적 모형 167

예술적 수업모형 151, 154, 155, 163, 164,
166

예시적 가치 119

예지적 관조 159, 160

외화 46, 231, 247

운동 상태에 있는 전심 181

운동 상태에 있는 치사 181

원관념 186, 188

원접항 45, 246

원원 234

유목적적인 활동 214

육화된 교육내용 17

윤리적 단계 262, 271

윤리적 자아 53, 254

은유법 184, 186

의식 168

이것이냐 저것이냐 253

이상적인 자아 53

이중반사 56

이차반사 56, 57

이해 중심 수업모형 137

인간의 고등정신기능 50

인간의 교육에 대한 학문적인 관심 19

인간이라는 존재에 대한 기본 철학 19

인격적인 207

인과 225

인과론적 가정 144

인과론적 사고방식 144, 223

인류 문화유산의 대리인 17

인성적 측면 222

인식론 20

인식의 객관적 측면 35

인식의 주관적 측면 35

인연 153, 225

인텔렉투스 157, 158, 159, 161, 162, 164

인텔렉투스의 실종 159

일 201, 203

일 자체의 내적 논리 215

일반교수학 교본 112

일반교육학 74, 112, 115, 195

일사부재리의 원칙 221

일에 대한 집중 또는 몰입 220

일에 대한 투입과 산출 모형 229
일의 개념 203, 205
일의 교육적 측면 212, 214, 217, 228
일의 내재적 측면 203, 204, 212, 217
일의 묵시적 측면 205, 212, 217
일의 '밖' 232
일의 '안' 232
일의 여가적 측면 208, 212, 213, 217, 221
일의 외재적 측면 204
일의 전인적 측면 216
일차반사 56, 57

자기 목적적 활동 152
자기주도적 학습 19, 31
자득 46, 47, 225, 264
자득적 측면 266
자득지 44, 48, 49, 60, 207, 245, 265
자득지로서의 교사 263
자발성 86, 88
자아 형성의 3단계 253
자아의 관계 양상 255
자아의 전 신체적인 변화 57
자연 224
자연스러움 224
작품 153
장인 229
전 신체적인 반응 63
전개 186, 190, 193
전시 학습내용 확인 191
전심 36, 178
전인 17, 888, 214
전인교육론 232
전인성 233
절차화 140
점유화 50, 55, 67
정(情) 166

정리 188, 190, 194
정립 190
정보 40, 41, 42, 47, 249, 250, 251
정보와 판단 사이에 간극 48
정보와 판단의 관계 41, 250
정보와 판단의 연속성 261
정보의 전달 270
정보의 획득 270
정보이론적 Didaktik 112
정서적 유대관계 97
정신과학적 Didaktik 112
정지 상태에 있는 전심 181
정지 상태에 있는 치사 181
제로섬 234
제품 153
제품과 작품의 차이 153
조절 37, 179
종결 190
종교적 단계 255, 262, 271
종교적 모형 167
종교적 수업모형 22, 137, 156, 162
종교적 자아 53, 255, 256
종교적 측면 22, 23
종의 모습 57
좋은 수업에 대한 관점과 개념: 교사와 학생
    면담 연구 76
주관적 지식 252, 257
주관적 진리 252, 271
중(中) 51, 63, 166
중간언어 42, 241, 260
중간언어와 지식의 구조 사이의 '연속성' 43
중용 36, 47, 225
중의 정서적 표현 63
'중(中)'의 현상적 대응물 47
중추적 51
지·덕·체의 조화로운 발달 232

지식 소비의 시대 239
지식에 대한 도야적 관점 243
지식의 공적 성격 49
지식의 구조 22, 108, 152, 231, 260
지식의 도야적 관점 242
지식의 명시적 측면 41, 42, 243
지식의 묵시적 측면 41, 42, 244, 251
지식의 인격적 요소 248, 249
지식의 자기복제 67
지식의 자득적 측면 56
지식의 점유화 61
지식의 통합적 성격 243, 257
지식의 화신 60
직관 162
진리에 대한 토론집 158
집단적 삶의 형식 50

차시 예고 191
창의 · 융합 인재 교육 26
창의 · 융합적 사고 229
처치 16
체계 174, 180, 181, 187, 188, 194
'체계'의 수업적 의미 187
체득 45
초점 207
초점지 44, 45, 47, 205, 206, 228, 231, 246,
    247, 251, 262, 268, 273
총괄평가 228
총체로서의 노동 세계 213
총체로서의 마음 213
총체로서의 수업 18, 65
총체적 복합체로서의 수업 102
총체적 인간 211
총체적인 것 62
최고의 행복 161
추론적 사고 159

축제 167
치사 36, 178
치지 35, 179

키에르케고르의 간접전달 53, 98, 99

타일러 모형 141, 142
타일러의 수업모형 139, 145
탐구학습 108
토미스트 248
통각 177, 178, 180
통각의 객관적 측면 178
통각의 능동적 측면 178
통각의 수동적 측면 178
통각의 주관적 측면 178
통찰 162
통찰의 희열 222
특수교육 74

판단 40, 41, 42, 47, 249, 250, 251
판단의 소유 270
판단의 전달 270
평가 결과와 실제 역량 사이의 괴리 230
평가 위주의 교육 24
평가 위주의 수업 26
평가 중심의 수업모형 143
평가대상 201
평가에 의한 내용의 왜곡 230
평가의 대상 201
평가의 순기능 217
평가의 역기능 219, 226, 228
평가의 한계 24, 217
평가지상주의적 사고방식 200
평가항목 230
표상 36, 177
표상 덩어리 178

표상군 177
표준화 93
플라톤의 에로스 97
플로우 163, 215
피아제의 발생적 인식론 37

하향식 이중반사 58
학교교육 74
학생 77
학생과 수업대상의 관계 94
학생의 이중반사 58
학습 19
학습결과의 평가 140
학습경험 127, 147
학습경험의 선정 140
학습경험의 조직 140
학습과 교수 249
학습목표(또는 수업목표)의 제시 184, 185
학습이론적 Didaktik 112

학습이론적-해방적 Didaktik 113
학습자 중심 교육 274
학습자 중심 수업 234
행동목표 127
행동주의 32
행동주의 심리학 16
행동주의적 관점 16
헤르바르트의 교수 4단계 174, 192, 193
헤르바르트의 인식론 177
현상학적 연구 태도 21
현실적인 자아 53
현재적 의미 120
형식 단계 182
활동 86, 201, 209
획득 206, 247
획득 86
획득대상 89
획득활동 93, 101
흥미 87, 88

저자 소개

김승호(Kim Seungho)

서울대학교 국어교육학과(학사)

서울대학교 대학원 교육학과(석사, 박사)

현 공주교육대학교 교육학과 교수

〈대표 저서〉

스콜라주의 교육목적론(2판, 성경재, 2004)

초등학교교육의 이해(교육과학사, 2005)

여가란 무엇인가: 여가와 교육(교육과학사, 2015)

통합교과의 이론과 실제(공저, 교육과학사, 2015)

교육과정과 수업(공저, 창지사, 2019)

수업이란 무엇인가

What is Teaching?

2019년   7월 10일 1판 1쇄 인쇄
2019년   7월 20일 1판 1쇄 발행

지은이 • 김승호
펴낸이 • 김진환
펴낸곳 • ㈜ **학지사**

　　　　　04031 서울특별시 마포구 양화로 15길 20 마인드월드빌딩
대표전화 • 02-330-5114　　팩스 • 02-324-2345
등록번호 • 제313-2006-000265호

홈페이지 • http://www.hakjisa.co.kr
페이스북 • https://www.facebook.com/hakjisa

ISBN 978-89-997-1842-7 93370

정가 17,000원

이 도서의 국립중앙도서관 출판시도서목록(CIP)은 서지정보유통지
원시스템 홈페이지(http://seoji.nl.go.kr)와 국가자료공동목록시스템
(http://www.nl.go.kr/kolisnet)에서 이용하실 수 있습니다.
(CIP 제어번호: CIP2019022653)

출판 · 교육 · 미디어기업 **학지사**

간호보건의학출판 **학지사메디컬** www.hakjisamd.co.kr
심리검사연구소 **인싸이트** www.inpsyt.co.kr
학술논문서비스 **뉴논문** www.newnonmun.com
원격교육연수원 **카운피아** www.counpia.com